ATHANASSIOS D. TSEVAS

Die verwaltungsgerichtliche Kontrollintensität bei der materiell-rechtlichen Nachprüfung des Planfeststellungsbeschlusses für raumbeanspruchende Großprojekte

Schriften zum Öffentlichen Recht

Band 621

Die verwaltungsgerichtliche Kontrollintensität bei der materiell-rechtlichen Nachprüfung des Planfeststellungsbeschlusses für raumbeanspruchende Großprojekte

Von

Athanassios D. Tsevas

Duncker & Humblot · Berlin

Gedruckt mit Unterstützung des
Deutschen Akademischen Austauschdienstes
und der Stiftung „Alexander S. Onassis“

Die Deutsche Bibliothek – CIP-Einheitsaufnahme

Tsevas, Athanassios D.:
Die verwaltungsgerichtliche Kontrollintensität
bei der materiell-rechtlichen Nachprüfung des
Planfeststellungsbeschlusses für raumbeanspruchende
Grossprojekte / von Athanassios D. Tsevas. —
Berlin : Duncker und Humblot, 1992
(Schriften zum öffentlichen Recht ; Bd. 621)
Zugl.: München, Univ., Diss., 1991
ISBN 3-428-07474-2
NE: GT

Fremddatenübernahme: Berliner Buchdruckerei Union GmbH, Berlin 61
Druck: Color-Druck Dorfi GmbH, Berlin 49
Printed in Germany

ISSN 0582-0200
ISBN 3-428-07474-2

Meinen Eltern

Vorwort

Die vorliegende Untersuchung wurde im Sommersemester 1991 von der Juristischen Fakultät der Ludwig-Maximilians-Universität München als Dissertation angenommen.

Meinem verehrten Lehrer, Herrn Professor Dr. Peter Lerche, der die vorliegende Arbeit in jeder Phase ihrer Entstehung aufmerksam verfolgt hat und mir während meiner Promotion ununterbrochen seine unermüdliche und vielfältige Unterstützung zuteil werden ließ, gilt meine tiefe Dankbarkeit.

Herrn Professor Dr. Peter Badura bin ich für seinen Rat und die Erstellung des Zweitgutachtens sehr verbunden.

Herrn Professor Dr. Prodromos Dagtoglou, Athen, gebührt für seine stets entgegenkommende, wohlwollende Förderung meines Promotionsvorhabens mein besonders herzlicher Dank.

Herr Professor Dr. Philippos Spyropoulos, Athen, hat mit Zuwendung mein Studium in Athen und München begleitet und stand mir während meiner Promotion immer hilfsbereit zur Seite. Ihm, meinem Lehrer und Freund, möchte ich meine Dankbarkeit aussprechen.

Frau Ursula Schönleben, Regierungsrätin z. A. im Bayerischen Staatsministerium des Innern, hat mir in zahlreichen langen Diskussionen die Möglichkeit gegeben, die Tragfähigkeit wichtiger Gedanken zu überprüfen. Dafür wie auch für ihren Beistand stehe ich tief in ihrer Schuld.

Der Deutsche Akademische Austauschdienst hat mein Promotionsvorhaben durch die Gewährung eines Promotionsstipendiums und einer Druckkostenbeihilfe unterstützt. Die Stiftung „Alexander S. Onassis" hat den Hauptteil der Druckkosten übernommen. Ihnen gebührt mein aufrichtiger Dank.

Athen, März 1992 *Athanassios D. Tsevas*

Inhaltsverzeichnis

Abkürzungsverzeichnis

a. A.	anderer Ansicht
a.a.O.	am angegebenen Ort
AbfG	Abfallgesetz
Abs.	Absatz
a. E.	am Ende
a. F.	alte Fassung
AllgVerwR	Allgemeines Verwaltungsrecht
amtl.	amtlich
AO	Abgabenordnung
AöR	Archiv des öffentlichen Rechts
ARSP	Archiv für Rechts- und Sozialphilosophie
B.	Beschluß
BauGB	Baugesetzbuch
BauR	Baurecht, Zeitschrift für das gesamte öffentliche und private Baurecht
BayDSchG	Bayerisches Denkmalschutzgesetz
BayEnteignG	Bayerisches Enteignungsgesetz
BayStrWG	Bayerisches Straßen- und Wegegesetz
BayVBl.	Bayerische Verwaltungsblätter
BayVerfGH	Bayerischer Verfassungsgerichtshof
BayVGH	Bayerischer Verwaltungsgerichtshof
BBahnG	Bundesbahngesetz
BBauG	Bundesbaugesetz
Bd.	Band
BGBl. I	Bundesgesetzblatt Teil I
BGH	Bundesgerichtshof
BImSchG	Bundes-Immissionsschutzgesetz
BK	Kommentar zum Bonner Grundgesetz (Bonner Kommentar)
B/K/L	Battis/Krautzberger/Löhr
BNatSchG	Bundesnaturschutzgesetz
BROG	Bundesraumordnungsgesetz
BRS	Baurechtssammlung
BSG	Bundessozialgericht

Buchholz	Sammel- und Nachschlagewerk der Rechtsprechung des Bundesverwaltungsgerichts
BVerfG	Bundesverfassungsgericht
BVerwG	Bundesverwaltungsgericht
BW	Baden-Württemberg
bzw.	beziehungsweise
ders.	derselbe
d.h.	das heißt
DÖV	Die öffentliche Verwaltung
DVBl.	Deutsches Verwaltungsblatt
E	Entscheidungssammlung
ebd.	ebenda
EnWG	Energiewirtschaftsgesetz
EG	Europäische Gemeinschaft
ESVGH	Entscheidungssammlung des Hessischen Verwaltungsgerichtshofs und des Verwaltungsgerichtshofs Baden-Württemberg
evtl.	eventuell
E/Z/B	Ernst/Zinkahn/Bielenberg
f., ff.	folgende, fortfolgende
FG	Festgabe
FlurbG	Flurbereinigungsgesetz
Fn.	Fußnote(n)
FS	Festschrift
FStrG	Bundesfernstraßengesetz
GG	Grundgesetz
ggf.	gegebenenfalls
GmS-OGB	Gemeinsamer Senat der obersten Gerichtshöfe des Bundes
Grds.	Grundsatz
grds.	grundsätzlich
-grds.	-grundsatz
GS	Gedächtnisschrift
GWB	Gesetz gegen Wettbewerbsbeschränkungen
Halbs.	Halbsatz
Hess.	Hessisch
h.M.	herrschende Meinung
Hrsg.	Herausgeber
i.e.	id est
i.e.S.	im engeren Sinne
insb.	insbesondere

i.S.	im Sinne
i.V.m.	in Verbindung mit
i.w.S.	im weiteren Sinne
JA	Juristische Arbeitsblätter
Jura	Jura, Juristische Ausbildung
JuS	Juristische Schulung
JZ	Juristenzeitung
Kap.	Kapitel
LBeschG	Landbeschaffungsgesetz
lit	littera
Ls.	Leitsatz
LuftVG	Luftverkehrsgesetz
m.	mit
m.a.W.	mit anderen Worten
MDHS	Maunz/Dürig/Herzog/Scholz
m.umfass.N.	mit umfassenden Nachweisen
m.w.N.	mit weiteren Nachweisen
m.zahlr.N.	mit zahlreichen Nachweisen
NJW	Neue Juristische Wochenschrift
Nr.	Nummer
NuR	Natur und Recht
NVwZ	Neue Zeitschrift für Verwaltungsrecht
NVwZ-RR	NVwZ-Rechtsprechungs-Report
NW	Nordrhein-Westfalen
OVG	Oberverwaltungsgericht
PBefG	Personenbeförderungsgesetz
Plf	Planfeststellung
Plfbeh	Planfeststellungsbehörde
PlfB	Planfeststellungsbeschluß
PlfVf	Planfeststellungsverfahren
Rdnr(n)	Randnummer(n)
Rspr.	Rechtsprechung
s.	siehe
S.	Seite(n)
st.	ständige
TWG	Telegrafenwegegesetz
U.	Urteil
u.	und
u.a.	und andere, unter anderem

UPR	Umwelt- und Planungsrecht
usw.	und so weiter
u. U.	unter Umständen
UVPG	Gesetz über die Umweltverträglichkeitsprüfung
v.	von; vom
VBlBW	Verwaltungsblätter für Baden-Württemberg
VerwArch.	Verwaltungsarchiv
VerwRspr.	Verwaltungsrechtsprechung in Deutschland
VGH	Verwaltungsgerichtshof
vgl.	vergleiche
Vorb.	Vorbemerkung
VVDStRL	Veröffentlichungen der Vereinigung der Deutschen Staatsrechtslehrer
VwVfG	Verwaltungsverfahrensgesetz
WaStrG	Bundeswasserstraßengesetz
WHG	Wasserhaushaltsgesetz
w.N.	weitere Nachweise
WiVerw.	Wirtschaft und Verwaltung (Beilage zu: Gewerbearchiv)
z.B.	zum Beispiel
ZfW	Zeitschrift für Wasserrecht
ZSR	Zeitschrift für schweizerisches Recht
z.T.	zum Teil

Einleitung

Problemaufriß und Gegenstand der Untersuchung

In den verschiedenen Fachplanungsgesetzen ist die planfeststellungsbedürftige Fundierung von raumbeanspruchenden gemeinnützigen Großprojekten der Infrastruktur vorgesehen. Die gesetzlich begründete komplexe Aufgabe der Eingliederung eines raumbedeutsamen technischen Vorhabens in die Umwelt wirft genauso wie das für sie bereitgestellte, ihren Dimensionen entsprechende Planfeststellungsverfahren eine Fülle von Rechtsproblemen auf, deren Bewältigung Rechtsprechung und Schrifttum seit langem und mit nicht nachlassender Intensität beschäftigt[1].

Zu diesen Problemen gehört auch die bereichsspezifische Ausprägung der konstanten Frage nach dem Umfang gerichtlicher Nachprüfung von Verwaltungsentscheidungen. Das BVerwG hat in seiner einschlägigen Rechtsprechung ein besonderes Instrumentarium verwaltungsgerichtlicher Kontrolle des Planfeststellungsbeschlusses erarbeitet, das hier insoweit interessieren soll, als es sich nicht auf Besonderheiten einzelner Fachplanungsgesetze bezieht, sondern übergreifende, die anlagenbezogene Planfeststellung allgemein bestimmende Grundsätze darstellt[2].

Das Gericht betrachtet als notwendiges Korrelat der gesetzlichen Zuweisung der Befugnis zur Fachplanung die Einräumung einer planerischen Gestaltungsfreiheit, weist aber zugleich darauf hin, daß diese nur rechtsgebunden gewährt wird und Bindungen in formell- und materiell-rechtlicher Hinsicht unterliegt[3]. Die materiell-rechtlichen Bindungen faßt das Gericht in stän-

---

[1] Siehe etwa die umfangreichen Zusammenstellungen der Rspr. bei Ibler, Schranken, S. 288ff.; Kühling, Fachplanungsrecht, XIff.; aus den allgemeinen Werken in der Literatur s. etwa Blümel, Bauplanfeststellung I; Fickert, Planfeststellung; Hoppe / Schlarmann, Rechtsschutz; Kügel, Der Planfeststellungsbeschluß; Ronellenfitsch, Einführung; Peine, Raumplanungsrecht; Ibler, Schranken; Kühling, Fachplanungsrecht; Steinberg, Nachbarrecht.

[2] Auf die in den verschiedenen Fachplanungsgesetzen vorgesehenen, dem PlfVf vorgelagerten Zwischenentscheidungen (die Linienführungsbestimmungen des Bundesverkehrsministers nach §§ 16 FStrG und 13 WaStrG, die Unternehmergenehmigungen nach §§ 6 LuftVG und 2 Abs. 1 Nr. 1, Abs. 2, 9 Abs. 1 Nr. 1 PBefG, die Genehmigung nach § 14 Abs. 3 Satz 1 lit c BBahnG sowie die Abfallentsorgungspläne nach § 6 AbfG) kann hier nicht eingegangen werden; s. zu dieser Problematik statt aller Ibler, Schranken, S. 46ff., 192ff. m.umfass.N.

[3] S. BVerwG, U. v. 12. 7. 1985 – 4 C 40.83 – E 72, 15 [20f.]; BVerwG, U. v. 5. 12. 1986 – 4 C 13.85 – E 75, 214 [232 u. 254].

diger Rechtsprechung dahingehend zusammen, daß die Planung zunächst im Hinblick darauf, daß sie rechtsgestaltend in individuelle Rechtspositionen Dritter eingreift und Grundlage der zur Ausführung des Planes etwa notwendig werdenden Enteignungen ist, einer – auch vor Art. 14 GG standhaltenden – Rechtfertigung bedarf; des weiteren, daß sie sich an den im jeweiligen Fachplanungsgesetz und – gegebenenfalls – in anderen gesetzlichen Vorschriften zum Ausdruck kommenden Planungsleitsätzen ausrichten muß; und schließlich daß alles das, was die Planfeststellungsbehörde unter Berücksichtigung dieser rechtlichen Voraussetzungen planerisch entscheidet, unter jenen Beschränkungen steht, die sich aus den Anforderungen des Abwägungsgebots ergeben.

Im Hinblick auf dieses an der fernstraßenrechtlichen Planung entwickelte[4], inzwischen bei allen Fachplanungen ähnlicher Struktur etablierte[5] System rechtlicher Bindung und Kontrolle wird in der Literatur von einer weitgehend anerkannten Dogmatik des Planfeststellungsrechts gesprochen; gleichzeitig wird aber bemerkt, daß, so unbestritten die Stufen rechtlicher Planungsbindung im Grundsatz sind, doch keine geringen Unsicherheiten über ihren Inhalt und ihre Abgrenzung im einzelnen, ihr Verhältnis zueinander und die Zuordnung einzelner Entscheidungselemente zu einer von ihnen bestehen, was freilich mit dem unterschiedlichen Ausmaß der Einschränkung der planerischen Gestaltungsfreiheit auf jeder Stufe zusammenhängt[6]. Die hier zu verzeichnenden Meinungsverschiedenheiten sind in vielerlei Hinsicht nichts anderes als die Fortführung und der speziellere Niederschlag des allgemeineren Streits um das Profil der planerischen Gestaltungsfreiheit und – auf noch grundsätzlicher Ebene – um die rechtliche Gestalt des Verwaltungsermessens.

Mit diesen Bemerkungen ist der Rahmen der vorliegenden Untersuchung umschrieben. Sie wird von dem Anliegen getragen, zur Problematik des Ausgleichs des Spannungsverhältnisses von Verwaltung und Verwaltungsgerichtsbarkeit, der stets wieder neu als „angemessen" gefunden werden muß[7], im Ordnungsbereich der planfeststellungsbedürftigen Zulassung von raumbeanspruchenden gemeinnützigen Großprojekten der Infrastruktur einen Beitrag zu leisten[8].

---

[4] S. BVerwG, U. v. 14. 2. 1975 – 4 C 21.74 – E 48, 56 [59].

[5] S. BVerwG, U. v. 7. 7. 1978 – 4 C 79.76 u.a. – E 56, 110 [117] (Plf nach dem LuftVG); BVerwG, U. v. 10. 2. 1978 – 4 C 25.75 – E 55, 220 [226f.] (Plf nach dem WHG); BVerwG, U. v. 14. 12. 1979 – 4 C 10.77 – E 59, 253 [256f.] (Plf nach dem BBahnG); BVerwG, B. v. 20. 7. 1979 – 7 CB 21.79 – NJW 1980, 953 (Plf nach dem AbfG); BVerwG, U. v. 12. 7. 1985 – 4 C 40.83 – E 72, 15 [20f.] (Plf nach dem WaStrG).

[6] So Steinberg, Nachbarrecht, III Rdnr. 117; vgl. auch Wahl, NVwZ 1990, 426 [433].

[7] So Weyreuther, UPR 1986, 121.

[8] Im Vordergrund des so umschriebenen Betrachtungshorizonts der Untersuchung stehen das FStrG, das LuftVG, das BBahnG, das WaStrG, das AbfG und das PBefG.

Zu Beginn erscheint es unumgänglich, an den schon länger als ein Jahrhundert[9] umkämpften übergreifenden Problembereich des Ermessens anzuknüpfen. Dabei soll jedoch nicht der ganze Streit in seiner geschichtlichen Entwicklung und mit seinen kaum mehr übersichtlichen Nuancierungen erneut nachgezeichnet[10], sondern nur der Standpunkt der vorliegenden Untersuchung dargetan werden, und zwar beschränkt auf Fragen, die für die hier im Mittelpunkt stehende speziellere Problematik von Bedeutung sind.

Sodann kann im Lichte dieser allgemeineren Überlegungen und auf einer ersten Konkretisierungsebene der Frage nach dem Verhältnis von Verwaltung und Verwaltungsgerichtsbarkeit im hier interessierenden Ordnungsbereich nachgegangen werden.

Die dabei zum Vorschein kommenden Gedanken können dann in weiterer Verdichtung und unter Auswertung der Rechtsprechung die Schrankensystematik des BVerwG kritisch durchleuchten.

---

9 Die Diskussion um das Ermessen entzündete sich in den 80er Jahren des 19. Jahrhunderts am Ausbau der Verwaltungsgerichtsbarkeit; s. dazu statt aller Ehmke, Ermessen, S. 7ff., 12ff.

10 Das ist bereits vielfach geschehen; vgl. die – vom Standpunkt des jeweiligen Autors aus kritischen – Darstellungen bei Ehmke, Ermessen, S. 7ff., 12ff.; H.H. Rupp, Grundfragen, S. 177ff.; ders., FS Zeidler, S. 455; Ossenbühl, Verwaltungsvorschriften, S. 311ff.; Lohmann, Zweckmäßigkeit, S. 53ff., 77ff.; Soell, Ermessen, S. 63ff.; Koch, Unbestimmte Rechtsbegriffe; Tettinger, Rechtsanwendung, S. 67ff.; Hofer-Zeni, Ermessen, S. 9ff.; Bullinger, JZ 1984, 1001.

1. Kapitel

Anknüpfung an die allgemeinere Kontrolldichteproblematik

Das Verhältnis von Verwaltung und Verwaltungsgerichtsbarkeit im Lichte des Gedankens einer funktionsadäquaten und verantwortungsgerechten Aufgabenverteilung bei der Rechtsfindung und -konkretisierung

In der Ermessensdiskussion machen sich nach der langen Herrschaft von Vorstellungen, die die Frage nach den selbständigen Entscheidungsleistungen der Verwaltung hinwegfingiert[1] haben, seit geraumer Zeit Öffnungstendenzen bemerkbar[2]. Aus der Fülle der vorhandenen Ansätze dürfte ein wirklicher Gewinn in denjenigen zu erblicken sein, die sich im breiten Strom normativ geleiteten funktionalen und problemorientierten Rechtsdenkens[3] stellen; denn dies ist allein imstande, die heutige Wirklichkeit zu bändigen und zum eigentlichen Problem vorzustoßen[4].

Der entscheidende Schritt auf dem Weg zum Problem aus rechts(norm)-theoretisch-methodischer Sicht läßt sich – auf der Ebene allgemeiner Strukturen – in der Überwindung des Glaubens an die nachvollziehende rechtslogi-

---

[1] Dieses die Beurteilung verfassungsrechtlicher Bestimmtheitsanforderungen anhand des Dualismus unbestimmter Rechtsbegriff-Ermessen betreffende Urteil von Geitmann, Bundesverfassungsgericht, S. 53, gilt auch für die hier interessierende Fragestellung.

[2] Schon 1960/1961 haben Ehmke, Ermessen, und Lerche, Übermaß, S. 321ff., das Umdenken signalisiert.

[3] Aus der Fülle und Vielfalt des Schrifttums sei hier auf nur wenige Arbeiten hingewiesen, in denen Aspekte dieses Denkens zum Ausdruck kommen (wenn auch jeweils – wie auch hier – in unterschiedlicher Akzentuierung): Lerche, DVBl. 1961, 690; Fr. Müller, Juristische Methodik, der gegenüber als offener erfaßtem topischen Denken (vgl. dazu Viehweg, Topik, insb. S. 19ff., 31ff.) die Rechtssatzbezogenheit der rechtlichen Problemverarbeitung hervorhebt (S. 182ff.); Hesse, Grundzüge; im Hinblick auf die Frage der Aufnahme der Gegenwartsaufgaben der Verwaltung von der Dogmatik des Verwaltungsrechts Brohm, VVDStRL 30 (1972), S. 245; im Umkreis der Frage nach dem Verhältnis Verwaltung-Verwaltungsgerichtsbarkeit ders., DVBl. 1986, 321; ders., DÖV 1987, 265; Schwarze, Der funktionale Zusammenhang; Pfaff, Planungsrechtsprechung, S. 21ff., 39ff.; Rhinow, FS Eichenberger, S. 657; Schmidt-Aßmann, FS Menger, S. 107, wo den Bedenken von Lecheler, NJW 1979, 2273, zu Recht das normative Unterfangen funktionalen Denkens entgegengehalten wird.

[4] Andernfalls bliebe die Rechtswissenschaft ohne eigenes Argumentationsarsenal vor dem Problem stehen, was etwa die frühere Behandlung der Planung als „rechtswissenschaftliches Tabu“ (vgl. Bullinger, JZ 1984, 1001 [1005]) bezeugen kann.

sche Auslegung durch die Einsicht erblicken, daß das Gesetz eher der nachvollziehbar geordneten Konkretisierung bedarf[5].

Damit ist die Erkenntnis angesprochen, daß die Interpretation nicht in der bloßen Ermittlung eines ihr vorgegebenen, dem Rechtssatz innewohnenden Norminhalts besteht, sondern vielmehr die Aufgabe hat, den für einen Fall maßgeblichen normativen Gehalt durch im Wege der inventio aufgesuchten Problemkoordinaten aus dem Rechtssatz und der zu ordnenden Materie und deren sinnvollen Verknüpfung zu erarbeiten[6].

Schon in dieser Umschreibung der Interpretation als Konkretisierung kommt die wesentliche Einsicht zum Ausdruck, daß weder die Norm und die Normativität unabhängig von der dem Rechtssatz zugrundeliegenden Wirklichkeit, der konkreten Wirklichkeit des Falles und dem in Verantwortung entscheidenden Interpreten erfaßt, noch diese Aspekte voneinander getrennt werden können[7]:

Die Erfassung dessen, was im Einzelfall rechtens sein soll, vollzieht sich nicht in einem isolierten Verstehen von etwas auf der Seite des Rechtssatzes Vorgegebenem, das dann auf den ebenfalls in sich verstandenen Sachverhalt durch einen syllogistischen Schluß angewendet wird; sie ist in Wahrheit ein einheitlicher Vorgang, wo Rechtssatz und Wirklichkeit in einem „Verfahren auf Gegenseitigkeit" einander angenähert, als gegenseitig „einschlägig" erkannt und wechselseitig präzisiert werden[8].

In engster Verbindung damit steht der Umstand, daß die an dem Rechtssatz orientierten herkömmlichen Auslegungsregeln ihren Anspruch auf autarke Geschlossenheit nicht behaupten können; sie erhalten ihre legitime Stellung als dirigierende Konkretisierungselemente insbesondere neben den aus der

---

5 Ausdruck von Lerche, DVBl. 1961, 690 [692f.], der dort aus diesem wohl übergreifenden (die Gemeinsamkeiten bei der Grundstruktur praktischer Rechtskonkretisierungsarbeit feststellenden, nicht aber die Unterschiede zwischen Verfassung und Gesetz leugnenden) Aspekt die Konsequenzen für die Verfassungsinterpretation zieht. Vgl. zur Konkretisierung auch Starck, Gesetzesbegriff, S. 251ff.; Hesse, Grundzüge, Rdnrn. 49ff.; Fr. Müller, Juristische Methodik, S. 154ff.

Aus der Kritik etwa Koch / Rüßmann, Juristische Begründungslehre, insb. S. 172ff. und Alexy, Grundrechte, S. 63ff., die aber mit ihrem Rückgriff auf „objektive" Vorgegebenheiten (s. dazu Fr. Müller, Juristische Methodik, S. 157) die Bedingungen praktischer Rechtskonkretisierung nicht hinreichend berücksichtigen; kritisch auch Böckenförde, NJW 1976, 2089 [2095ff.], der jedoch selbst im Rahmen seiner Forderung nach der Entwicklung einer „an der Verfassung und ihrem Text ausgerichtete(n) Verfassungstheorie" mit dem hermeneutischen Problem konfrontiert wird.

6 Vgl. statt aller Hesse, Grundzüge, Rdnrn. 66ff.

7 Dazu insb. Hesse, Grundzüge, Rdnrn. 60ff.; Fr. Müller, Juristische Methodik, S. 154ff.

8 Erst dieses Verständnis bringt das von Engisch (Logische Studien zur Gesetzesanwendung, S. 15) in die juristische Diskussion eingeführte und inzwischen zur Berühmtheit gelangte „Hin- und Herwandern des Blickes" zur vollen Entfaltung; vgl. Hesse, Grundzüge, Rdnr. 64; Fr. Müller, Juristische Methodik, S. 154ff. [159].

Materie kommenden Impulsen[9]. Auch ihr Anspruch auf formallogische Systematisierbarkeit, die nach überbrachtem Glauben die normative Bindung der Interpretation garantieren soll, erweist sich als unhaltbar angesichts der sich aufdrängenden Gegenstandsadäquanz[10]. Nicht eine abstrakte Systematik, sondern die nach der sachlichen Eigenart des zu entscheidenden Falles nachvollziehbare Ordnung der Konkretisierung löst die Forderung nach Bindung in sachgerechter Weise ein[11].

Die eigene geistige (wertende) Leistung des Interpreten[12] fügt sich ihrerseits in diesen Konkretisierungsvorgang ein; und zwar nicht unbeherrschbar, sondern dosiert in untrennbarer Verbindung mit der Erfassung der Konkretisierungselemente *und* deren Verknüpfung: als disziplinierter schöpferischer Beitrag für die Erfassung der konkreten Normativität als Ganzes[13].

Das Gesetz erweist sich somit nicht als Speicher von fertig und abgeschlossen vorfindlichen Inhalten, sondern als offene Vorausbestimmung (Direktive)[14] für den Konkretisierungsvorgang als Ganzes. In den Fällen, wo dem zur Verfügung stehenden Rechtssatzbestand nicht ohne weiteres entnom-

---

[9] Hesse, Grundzüge, Rdnrn. 68f.; Fr. Müller, Juristische Methodik, S. 140ff., 157f., 168ff., der einen umfassenden Überblick über die Konkretisierungselemente (am Beispiel des Verfassungsrechts, vgl. S. 21, 182ff.) gibt.

[10] Gegen eine abstrakte Rangordnung etwa Kriele, Theorie, S. 85ff.; Starck, Gesetzesbegriff, S. 260f.; Hofer-Zeni, Ermessen, S. 91; Fr. Müller, Juristische Methodik, S. 83, 180, 248f.; Chryssogonos, Verfassungsgerichtsbarkeit, S. 120, jeweils m.w.N. A.A. etwa Koch / Rüßmann, Juristische Begründungslehre, S. 163ff., 176ff., wo aber der vorgeschlagenen Rangordnung die „klassische" Version der Gewaltenteilung zugrundeliegt (S. 164). Erheblich flexibler Gern, VerwArch. 1989, 415.

[11] Dazu insb. Lerche, DVBl. 1961, 690 [692f.]; Fr. Müller, Juristische Methodik, S. 138, der zutreffend diese positive Bindung neben die negative Ausgrenzung der Konkretisierung durch den Rechtssatz stellt.

[12] Einschließlich des durch die Arbeiten von Esser so bekannt gewordenen Vorverständnisses (vgl. ders., Vorverständnis). Aufgabe der juristischen Methode ist es nicht, den schöpferischen Beitrag des Subjekts der Konkretisierung zu leugnen oder gar hinwegzudefinieren, sondern ihn aufzunehmen und offenzulegen; vgl. dazu nur Hesse, Grundzüge, Rdnrn. 63 und 76.

[13] Starck, Gesetzesbegriff, S. 267f.; Hesse, Grundzüge, Rdnrn. 61ff.; Fr. Müller, Juristische Methodik, S. 175.

[14] Das bringt die Feststellung von O. Bülow (Gesetz und Richteramt, S. 3) aus dem Jahre 1885 in Erinnerung: „... es ist nur ein *Plan*, nur der *Entwurf* einer zukünftigen, *erwünschten* Rechtsordnung, was der Gesetzgeber von sich aus fertig zu bringen vermag".

Zum Gesetz als offene Vorausbestimmung im hier gemeinten Sinn Starck, Gesetzesbegriff, S. 260ff.; vgl. auch Schmidt-Aßmann, VVDStRL 34 (1976), S. 221 [231 m. Fn. 28], der insgesamt von gesetzesdirigierter Verwaltung spricht und die Fälle ganz eindeutiger Eingriffsermächtigungen als „präziseste Art gesetzlicher Direktiven" charakterisiert. Damit ist nicht nur die Schwäche herkömmlichen Denkens überwunden, das den Ausnahmefall echter Subsumtion zum Regelfall erhoben und dadurch die Sachlage verschleiert hat, sondern auch Raum für sachgerechte Typisierungen gewonnen; zu einem solchen Ansatz etwa Brohm, DVBl. 1986, 321 [330]; ders., DÖV 1987, 265 [270]; Hill, NVwZ 1989, 401 [403] m.w.N.

men werden kann, was im Hinblick auf welche Vorschriften (-bestandteile) für welchen Wirklichkeitsausschnitt angeordnet ist[15], handelt es sich nicht um „Unbestimmtheit" im herkömmlichen Sinne. Das heißt – erstens – daß darin kein Defizit an Normativität und Bindung im Gegensatz zu einem „Bereich" des „subsumtionsfähigen Gesetzeskerns" gesehen werden kann, der wohl eine vorgegebene, aber im Hinblick auf die Entscheidung verengte Norm darstellen soll[16]; denn es handelt sich um offene und durch Zuwendung zur Sache bestimmbare Normativität[17]. Zum zweiten besteht darin auch kein Defizit an sonst vorhandener „Rationalität" oder „objektiver" Erkenntnismöglichkeit, die den subjektiven Beitrag des Interpreten als frei im Rest„bereich" eines logisch nicht beherrschbaren Spielraums beim Erkennen eines vorgegebenen normativen Inhalts erfaßt[18]; denn es geht auch hier um das durch den Konkretisierungsvorgang strukturierte Verstehen bei der Erarbeitung der Normativität[19,20].

---

[15] Diese Charakterisierung nimmt bewußt Abstand vom herkömmlichen Verständnis von „Unbestimmtheit", aber auch vom Vagheitsbegriff der analytischen Sprachphilosophie (dazu Koch, Unbestimmte Rechtsbegriffe, S. 33 m.w.N.) und umfaßt alle aufgrund der überlieferten Lehren unterschiedenen Fälle, insb. „unbestimmten Rechtsbegriff" und „Ermessensermächtigung"; so schon Krebs, Kontrolle, S. 75.

[16] Dieser verengte normative Inhalt des Rechtssatzes oder des Begriffs (: Begriffs„kern" im Gegensatz zum Begriffs„hof") bzw. bloßer „Rahmen" rechtlicher Gebundenheit zieht die Grenze, jenseits derer die „autonomen Determinanten" (bzw. die „metarechtlichen Maßstäbe" bzw. die „Zweckmäßigkeit") oder eine andere, im Hinblick auf das diesen Vorstellungen vorschwebende Objektivitäts- bzw. Eindeutigkeitspostulat „defizitäre" Rechtsgewinnungsmethode (etwa die von Alexy, Theorie, verfolgte juristische Argumentation) zum Zuge kommen sollen und die „Wahlfreiheit" (bzw. Wahlmöglichkeit) beginnen soll. Die Gewinnung der Entscheidung des Falles erscheint somit als Addition von einerseits bloß ermittelten und andererseits selbständig festgesetzten Inhalten aus diesen voneinander abgegrenzten „Bereichen". Dieses additive Vorgehen, das die herk. Ermessensdoktrin so lange ernährt hat, das aber den einer Grenzvorstellung widerstreitenden Strukturbedingungen der Gewinnung von rechtlichen Entscheidungen nicht gerecht werden kann, kommt etwa in der juristischen Begründungslehre von Koch / Rüßmann mit letzter Konsequenz zum Ausdruck; gegen ein solches Vorgehen zu Recht Starck, Gesetzesbegriff, S. 265; Hofer-Zeni, Ermessen, S. 89; Fr. Müller, Juristische Methodik, S. 156f., 188ff.

[17] S. statt aller Starck, Gesetzesbegriff, S. 263f.

[18] Das zuvor gezeigte objektive Normativitätsdefizit tritt hier in subjektivem Gewand in Erscheinung und ist nicht nur in zahlreichen Versuchen zur Erfassung des Ermessens (als „subjektives Fürrichtighalten"), sondern auch in den Figuren des Beurteilungsspielraums und der Vertretbarkeitszone sichtbar; gegen dieses „subjektive" Normativitätsdefizit Fr. Müller, Juristische Methodik, S. 173ff.; gegen die in der Literatur häufig anzutreffenden Sprünge vom Objektiven zum Subjektiven und zurück, die in einem Zirkelschluß enden, Hofer-Zeni, Ermessen, S. 56.

[19] Wobei das kognitive von dem volitiven Moment nicht getrennt werden kann, vgl. nur Fr. Müller, Juristische Methodik, S. 159.

[20] Das Schicksal der von diesen objektiven und subjektiven Bereichsvorstellungen gespeisten Entscheidungsfreiheiten der Verwaltung ist bekannt: Hat die erstere Bereichsvorstellung zur Konsequenz gehabt, daß die Gerichte selbst die „Normativität" durch Rückgriff etwa auf gesellschaftliche Vorstellungen oder eigene Wertungen ausgefüllt haben, so hat die letztere dazu geführt, daß die Richter nur dann weicher kontrol-

Vor diesem Hintergrund läßt sich feststellen, daß die Ansätze der herkömmlichen Doktrin an der Sache vorbeigehen. Weder besteht der Gegensatz bestimmter-unbestimmter Rechtsbegriff[21] noch besteht zwischen „unbestimmtem Rechtsbegriff" und „Kann-Vorschriften" eine strukturelle Differenz[22], noch bestehen die die Konstruktionen des „Beurteilungsspielraums"[23], der „Vertretbarkeitszone"[24] und des „Ermessens"[25] ernährenden Annahmen qualitativer Unterschiede. Überall geht es um die mehr oder minder genaue Vorausbestimmung des Verwaltungshandelns in einer alle nur denkbaren Abstufungen umfassenden Bestimmtheitsskala[26] und um die Erarbeitung des normativen Gehalts durch die das aktive Tun des Juristen bindende Konkretisierung[27], nicht um von Rechtssatzstrukturen abhängige effiziente und defiziente modi der Gesetzesanwendung[28]. Die Frage, wo und welche (quantitativen!) Unterschiede bestehen, wird nicht entschieden durch angebliche Begriffs- und die Einheit der Norm zerreißende[29] Rechtssatzstrukturen (die ja weitgehend eine Frage formulierungstechnischen Geschicks sind[30]) und kann auch keine pauschalierende Antwort im Sinne der herkömmlichen Begriffskategorien[31]

liert haben, wenn sich die Subjektivität im gerichtlichen Verfahren nicht hat ausräumen lassen, etwa wegen beschränkter Mitteilbarkeit der entscheidungserheblichen Situation, vgl. dazu Bullinger, JZ 1984, 1001 [1002, 1004].

21 Die kategoriale Scheidung zwischen bestimmtem-unbestimmtem Rechtsbegriff dürfte keine Anziehungskraft mehr besitzen, vgl. etwa Jesch, AöR 82 (1957), 163 [177f.]; Schmidt-Salzer, Beurteilungsspielraum, S. 16; J. Martens, JuS 1987, 103 [106]; Erichsen, DVBl. 1985, 22; ders., in: Erichsen / Martens, AllgVerwR, S. 202f.

22 Die in den Glauben ausmündet, daß nur bei letzteren wirkliche Freiheit – im Sinne von Wahlfreiheit im Handeln – besteht; dagegen schon Ehmke, Ermessen, S. 23ff.; Geitmann, Bundesverfassungsgericht, S. 55ff.; Lohmann, Zweckmäßigkeit, S. 53ff., 77ff.

23 S. dazu die grundlegenden Ausführungen von Bachof, JZ 1955, 97; vgl. auch ders., JZ 1972, 641.

24 S. dazu die grundlegenden Ausführungen von Ule, GS Jellinek, S. 309; vgl. auch ders., Verwaltungsprozeßrecht, S. 8ff.

25 Zum herkömmlichen Bild des „Ermessens" und seinen „Qualitätsmerkmalen" vgl. die kritischen Zusammenstellungen des Schrifttums bei den in der Einleitung, Fn. 10, zitierten Autoren und aus jüngster Zeit etwa v. Mutius, Jura 1987, 92 [96ff.]; Maurer, AllgVerwR, S. 100ff.; Erichsen, in: Erichsen / Martens, AllgVerwR, S. 208ff.

26 Vgl. etwa Krebs, Kontrolle, S. 76.

27 Hesse, Grundzüge, Rdnr. 60.

28 Ehmke, Ermessen, S. 35ff. [45].

29 Ehmke, Ermessen, S. 28; deshalb werfen die sog. „Koppelungsvorschriften" keine zusätzlichen Probleme auf, insbesondere nicht die falschen Dilemmata der herk. Doktrin, vgl. die vielbeachtete Entscheidung des Gemeinsamen Senats zu § 131 Abs. 1 AO, GmS-OGB, B. v. 19. 10. 1971 – 3/70 – BVerwGE 39, 355 und aus der Literatur statt aller Schuppert, DVBl. 1988, 1191 [1199].

30 Lerche, Art. „Ermessen", in: Staatslexikon, Bd. 3, Sp. 13; ders., Übermaß, S. 326, Fn. 34; Engisch, Einführung, S. 119f.; Starck, in: Götz / Klein / Starck (Hrsg.), Die öffentliche Verwaltung, S. 190 (Diskussionsbeitrag); Schuppert, DVBl. 1988, 1191 [1199].

31 Zur Unterscheidung zwischen Wert- und Erfahrungsbegriffen, d.h. von normativen und empirischen bzw. faktischen bzw. deskriptiven Begriffen vgl. die kritischen

erfahren. Entscheidend für sie ist das Maß an jeweils bei der Annäherung von Norm- und Lebenssachverhalt zu überbrückender Distanz und deshalb verlangt sie nach aufgaben- und materienspezifischer Differenzierung.

Diese quantitativen Unterschiede in der gesetzlichen Steuerung des Verwaltungshandelns ändern nichts daran, daß die Konkretisierung jeweils erst mit dem Auffinden der zum Inhalt der Entscheidung erhobenen Entsprechung von Sollen und Sein[32] endet[33]. Aus diesem Grund ist diese selbst für die Breite verwaltungsgerichtlicher Rechtskontrolle nicht maßgeblich[34]. Allein der Informationsgehalt des Gesetzes liefert zur Beantwortung der Frage nach der jeweils gebotenen Kontrollintensität einen mitzuberücksichtigenden Aspekt[35].

Zu dem gezeichneten Bild gehört auch die Konsequenz, daß weder die Kontrolle sich auf die herkömmlichen Verletzungs- bzw. Rechtswidrigkeitskategorien beziehen[36] noch ihr Umfang durch die ebenfalls monolithischen und undifferenzierten „Fehlerlehren"[37] markiert werden kann: Sie kann nur in der mehr oder minder breiten Nachprüfung des Konkretisierungsvorgangs als Ganzes bestehen[38].

Aber auch der Anknüpfungspunkt der Kontrolle erscheint in einem angemesseneren Licht. Anknüpfungspunkt der Kontrolle und deshalb Basis für Differenzierungen sind nicht einzelne Rechtssätze, größere Rechtssatzgebilde

---

Darstellungen bei Erichsen, DVBl. 1985, 22 [23]; ders., in: Erichsen / Martens, AllgVerwR, S. 203f.; wie hier schon Lerche, Übermaß, S. 325f.

32 Vgl. dazu Kaufmann, Analogie, S. 18.

33 Das ist Konsequenz der hier vertretenen Rechtsauffassung; vgl. auch Hofer-Zeni, Ermessen, S. 5, 100ff., 113ff.

34 Damit wird auch die (weitere „qualitative" Differenzierungen leugnende) Auffassung abgelehnt, die Kontrolldichte hänge von der Regelungsdichte ab; dazu etwa Korinek, VVDStRL 39 (1981), S. 7 [27]; Beckmann, DÖV 1986, 505; dagegen zu Recht Krebs, Kontrolle, S. 80.

35 S. dazu unten, 1. Kap.

36 So aber – auf dem Boden herkömmlicher Vorstellungen – Papier, DÖV 1986, 621 [627]: „... die Rechtmäßigkeit oder Rechtswidrigkeit des Verwaltungsaktes ... ist nach dem Gesetz Inhalt oder Gegenstand der verwaltungsgerichtlichen Kontrolle, nicht eine in irgendeiner Weise evidente oder unvertretbar erscheinende Fehlanwendung geltenden Rechts."

37 Die Feststellung, daß zwischen Beurteilungsspielraums- und Ermessensfehlerlehre kaum Unterschiede bestehen (vgl. Schmidt-Aßmann, in: MDHS, GG, Art. 19 Abs. 4, Rdnr. 192; Schuppert, DVBl. 1988, 1191 [1199f.]), ist mehr als eine Bestätigung der funktionellen Gleichheit beider Figuren; sie liefert darüber hinaus einen zusätzlichen Beweis dafür, daß die herkömmliche formale Vorgehensweise unfähig ist, verschiedene – in unterschiedlichen Ordnungsbereichen bestehende – Entscheidungsfreiheiten der Verwaltung nicht nur differenziert, sondern auch überhaupt maßstäblich abzudecken. (A. A. etwa Bullinger, JZ 1984, 1001 [1006], der Überprüfung auf Ermessensfehler und Vertretbarkeitskontrolle gleichsetzt). Zur Notwendigkeit der Differenzierung beim Kontrollinstrumentarium s. etwa Hoppe, DVBl. 1975, 684 [694] und Tettinger, Rechtsanwendung, S. 467.

38 Vgl. Lerche, Übermaß, S. 339f. (in Auseinandersetzung mit der Unterscheidung zwischen Funktions- und Kontrollnorm).

(Tatbestand-Rechtsfolge) und -bestandteile (Begriffe) oder einzelne „Stufen" eines mechanisierten Anwendungsvorgangs[39], sondern der das Problem entscheidende normative Gehalt als gleichsinniges Ergebnis des größeren Beurteilungs- und Entscheidungszusammenhangs des relevanten Gesetzesmaterials[40] und der zu ordnenden Wirklichkeit: das jeweils zur Kontrolle anstehende Entscheidungsmaterial[41], das nicht von der Seite des Rechtssatzes aus zerlegbar, wohl aber unter Berücksichtigung der sachlichen Bezugsebenen der gesetzlich anvisierten Sachaufgabe einer differenzierten Betrachtung zugänglich ist.

Das Beharren auf in sich monolithischen und isoliert nebeneinanderstehenden Schubfächern auf der Rechtssatzseite kann keine Überzeugungskraft beanspruchen. Damit wird – erstens – die Notwendigkeit der Beachtung unterschiedlicher sachlicher – aber von einem gesetzlichen Wort gedeckter – Zusammenhänge übersehen, die schon früh unterstrichen wurde[42] und auch in der Rechtsprechung – nicht zuletzt in Gestalt der Faktorenlehre[43] – anerkannt ist.

Zum zweiten wird durch die Trennung der Fragestellungen auf der Rechtssatzseite der Umstand verkannt, daß die für die Entscheidung maßgeblichen Überlegungen auch Sachstrukturen in sich tragen und deshalb nicht beliebig getrennt werden können. Will man der Sache Genüge tun, den Blick aber nach wie vor von der Rechtssatzseite aus auf die Dinge richten, muß man eins bedenken: Beim Bestehen sachlicher Zusammenhänge kann nur vermieden werden, daß mit der einen Hand gerade das zurückgenommen wird, was man mit der anderen zu gewähren vorgibt, dadurch, daß die auf der Seite des Rechtssatzes behandelten Fragen im Hinblick auf die Kontrollintensität nicht getrennt werden oder daß diese in bezug auf jene den gleichen Dichtegrad aufweist. Daß dies vielfach beachtet wird, bezeugt etwa die Weigerung des Gemeinsamen Senats in seinem Urteil zum § 131 Abs. 1 AO, die Konkretisierung bei der dort kontrollierten Entscheidungsfindung künstlich aufzuspalten[44]; es wird aber auch häufig – insbesondere bei der Aufstellung immer neuer wie auch bei der Verfeinerung bestehender „Schranken" – übersehen[45].

---

[39] Die Verortung der Entscheidungsfreiheit der Verwaltung (nach herkömmlichem Verständnis: des Beurteilungsspielraums) in der Subsumtion und die Erklärung der „fallunabhängigen Konkretisierung" (:Auslegung) und der Sachverhaltsfeststellung zu richterlichen Aufgaben können nach dem Gesagten keinen Bestand mehr haben und dürften sich – trotz Widerstandes (vgl. etwa Papier, DÖV 1986, 621 [623f.]) – auf dem Rückzug befinden, s. etwa Sendler, FS Ule, S. 337 [339ff.].

[40] S. Ossenbühl, DVBl. 1974, 309 [311].

[41] Lerche, Übermaß, S. 337; Ossenbühl, DVBl. 1974, 309 [311].

[42] Bullinger, FS Jahrreiß, S. 19 [30].

[43] Grundlegend dazu Kellner, s. etwa ders., DÖV 1969, 309 [insb. 312]. Die beschränkt nachprüfbaren „Faktoren" sind administrative Entscheidungen (bzw. Entscheidungsprogramme) im Vorfeld eines Begriffs, die dessen Konkretisierung prägen; sie bedeuten also die Berücksichtigung sachlicher Schichten beim Einsatz gerichtlicher Kontrollmacht. S. dazu auch Bullinger, FS Jahrreiß, S. 19 [32f.].

Der Einblick in den verfassungsrechtlichen Hintergrund und Lösungsansatz für die Frage nach der verwaltungsgerichtlichen Nachprüfungsbreite wird durch die Erkenntnis ermöglicht, daß das Grundgesetz und die von ihm rechtlich begründeten Funktionen[46] nicht durch das Herantragen von statisch-starren Vorgegebenheiten an die Verfassung verstanden werden können[47]. Abstrakte vorgefaßte – und deshalb dysfunktionale – Rechtsstaats-[48] und Gewaltenteilungsschemata[49] sind unter dem Grundgesetz fehl am Platz. Insbesondere kann das Verhältnis der Verwaltung zu Gesetzgeber und Verwaltungsgerichtsbarkeit heute nicht mehr auf der Grundlage einer Erfassung der Gesetzgebung als Normsetzung, der Verwaltung als Akzessorium zur Gesetzgebung und Vorstufe zur Rechtsprechung und der letzteren als logisch-mechanische Reproduktion fremder Entscheidungen bestimmt werden[50]: Es ist nicht im

[44] GmS-OGB, B. v. 19. 10. 1971 – 3/70 – BVerwGE 39, 355 [365, 367]: Das Gericht lehnt dort neben der Differenzierung in Tatbestand und Rechtsfolge eine Unterscheidung zwischen einer Unbilligkeit dem Grunde und der Höhe nach ab (S. 365) und hält es auch nicht für richtig, von zwei verschiedenen Begriffen der Billigkeit auszugehen, je nach dem, ob man den Anlaß (die Voraussetzungen, das „ob") oder den Inhalt (das „wie") der Entscheidung am Maßstab der Billigkeit mißt.

[45] Das wird in der Schrankensystematik des BVerwG zum Fachplanungsrecht sichtbar, s. unten, 3. Kap., insb. A II 3 b (1) und B II.

[46] Da die Funktion der Verfassung darin besteht, Staatsgewalt rechtlich zu „verfassen", handelt es sich bei der Wahrnehmung der Aufgaben, die seitens des Staates für einen Lebensbereich ausgeübt werden, durchwegs um Rechtsfunktionen; eine Abscheidung rechtlicher von anderen Staatszwecken kann demnach (entgegen etwa Scholz, VVDStRL 34 (1976), S. 145 [152f.]) nicht in Betracht gezogen werden. Vgl. hierzu nur Starck, Gesetzesbegriff, S. 187f.; Lerche, Schulrecht, S. 49; Krebs, Kontrolle, S. 69 und 72.

[47] Vgl. statt aller Pfaff, Planungsrechtsprechung, S. 21f.

[48] Die Frage, welcher Funktionsträger im Staat was entscheidet, kann nicht unter Berufung auf „das" Rechtsstaatsprinzip und seine Unterprinzipien der Gesetzmäßigkeit der Verwaltung und des gerichtlichen Rechtsschutzes im Sinne ungeteilter Anforderungen beantwortet werden, will man nicht aus einer unbesehen übernommenen Rechtsstaatsklausel den monolithischen Gehalt deduzieren, den man schon zuvor hineingelegt hat. Als Beispiel für ein solches Vorgehen vgl. etwa Schmidt-Salzer, Beurteilungsspielraum, S. 10ff., wo die sich gegenseitig ergänzende Gesetzes- und Kontrollunterworfenheit der Verwaltung als der Inbegriff des Rechtsstaats angesehen werden und damit die Weichen für die Behandlung des unbestimmten Rechtsbegriffs stellen. Gegen solche „Rechtsstaatlichkeit" – jeweils unterschiedliche Aspekte betonend – etwa Ehmke, Ermessen, S. 30, 49f.; Lerche, Übermaß, S. 32; Geitmann, Bundesverfassungsgericht, S. 77f.; Schnapp, VVDStRL 43 (1985), S. 172 [179ff.].

[49] Dazu, daß die Gewaltenteilung nicht in eine mehr oder weniger starre Aufteilung abstrakt definierter Staatsfunktionen umgedeutet werden kann, s. nur Scheuner, DÖV 1969, 585 [589]; Hesse, Grundzüge, Rdnrn. 481f.; Geitmann, Bundesverfassungsgericht, S. 80f.; Staupe, Parlamentsvorbehalt, S. 187ff.; Schnapp, VVDStRL 43 (1985), S. 172 [189f.].

[50] Zum Bild der Verwaltung als Vollzugsinstanz für den Gesetzgeber und Subsumtionsstelle 1. Instanz für die Verwaltungsgerichtsbarkeit s. Bullinger, JZ 1984, 1001 [1004]. Zum Bedeutungsverlust des Schemas Normsetzung-Normvollzug sowie dessen Implikationen im allgemeinen s. Scheuner, DÖV 1969, 585 [589f.]; Badura, FS BayVerfGH, S. 157 [167ff.]; Scholz, VVDStRL 34 (1976), S. 145 [162]; Hesse, Grundzüge, Rdnrn. 481ff.

Sinne des Grundgesetzes, dieses Problem dadurch hinwegzufingieren, daß vom Gesetzgeber eine über seine realen Regelungs-[51] und die vom Konkretisierungsgedanken berücksichtigten sprachlichen Möglichkeiten hinausgehende positiv-rechtliche Normierung der Bindung der Verwaltung (und des Richters) verlangt oder daß die Gesetzesgebundenheit über die von diesem Gedanken erfaßten Verstehensbedingungen hinaus als positiv-rechtlich normiert unterstellt wird[52].

Legislative, Exekutive und Judikative fungieren als Pole in einem mehrpoligen, als dynamischer Handlungs- und Wirkungszusammenhang konzipierten System arbeitsteiliger Rechtskonkretisierung im obigen Sinne[53]. In diesem System geht es nicht nur negativ um Aufteilung, Mäßigung und Freiheitssicherung überkommenen Verständnisses[54], wo die Gegnerschaft der „Gewalten"[55] die Akzente setzt; es geht vielmehr – auch und vor allem – positiv um Rationalisierung und Stabilisierung durch eine Funktionentrennung aber auch -zuordnung im Sinne einer Kooperation[56], wo die staatlichen Gewalten für die sachangemessene Erfüllung der ihnen obliegenden und der Staatsaufgaben insgesamt sorgen können[57]. In diesem so verstandenen System ist es der Leitge-

---

[51] Die heute allseits festgestellte reduzierte Steuerungskraft der Gesetze (s. dazu etwa Rhinow, FS Eichenberger, S. 657 [662ff.]; Brohm, DVBl. 1986, 321 [328]; ders., DÖV 1987, 265 [265f.]) hat weniger mit einer Flucht des Gesetzgebers aus der politischen Verantwortung zu tun (so zutreffend Ipsen, DVBl. 1984, 1102), sondern bezeugt eher dessen beschränkte Normierungsmöglichkeiten, insbesondere bei der Regelung der sozioökonomischen Verhältnisse der Gesellschaft, für die der heutige Staat eine weitgehende Verantwortung übernimmt. Deshalb ist dieser Umstand weniger als Krisenerscheinung zu beklagen (in dieser Richtung aber Papier, DÖV 1986, 621 [622]), als in seiner rechtlichen Relevanz zu erarbeiten (so die anfangs zitierten Autoren und aus dem Gesichtspunkt der Stellung der Verwaltungsgerichtsbarkeit im Geflecht der Rechtskontrollen Lerche, BayVBl. 1980, 257 [258ff.]).

[52] So zutreffend Starck, Gesetzesbegriff, S. 275ff. Für diese in die Verfassung vielfach hineingelegten Fiktionen liefert das Prinzip der einzig richtigen Entscheidung (s. statt vieler Lohmann, Zweckmäßigkeit, S. 72f.) sowie die Unterstellung einer „ideellen Geschlossenheit des gesetzlichen Regelungswillens" bei H.H. Rupp, Grundfragen, S. 190f., eindrucksvolle – aber nicht die einzigen – Beispiele.

[53] Vgl. Scholz, VVDStRL 34 (1976), S. 145 [161ff.]; Kirchhof, NJW 1986, 2275 [2279]; Brohm, DVBl. 1986, 321 [329]; ders., DÖV 1987, 265 und 269; Fr. Müller, Juristische Methodik, S. 170.

[54] Dazu Hesse, Grundzüge, Rdnrn. 481ff.

[55] Zum Spannungsverhältnis zwischen den „Gewalten" und zum Wegfall seiner Bedingungen vgl. etwa die historischen Ausführungen von Chryssogonos, Verfassungsgerichtsbarkeit, S. 34ff. Die Abkehr von dieser Gegnerschaft, die den Hintergrund der herkömmlichen Gesetzesanwendungs-Doktrin bildet – die aber vom Grundgesetz ad acta gelegt wurde – hat schon Ehmke, Ermessen, S. 47f., zu Recht nachdrücklich gefordert. Eher unzeitgemäß klingen Stimmen, die – allen Legitimationsbeteuerungen des Grundgesetzes zum Trotz – auf dem Mißtrauen gegenüber der Verwaltung aufbauen, vgl. z.B. Maurer, AllgVerwR, S. 120.

[56] Vgl. zu allen diesen Aspekten Ehmke, S. 47f.; Schmidt-Aßmann, FS Menger, S. 107 [111ff.]; Brohm, DÖV 1987, 265 [269]; Hesse, Grundzüge, Rdnrn. 481ff.; ders., FS H. Huber, S. 261 [296f.] (zum Zusammenwirken und zur Verantwortung für den aufgegebenen Erfolg des Zusammenwirkens).

danke der ausgewogenen, funktionsadäquaten und verantwortungsgerechten Aufgabenverteilung[58], der die Frage stellt und dirigiert (aber nicht vorfixiert), welcher Funktionsträger wieviel zu den bei der Erledigung der Sachaufgaben des Staates erforderlichen Entscheidungen beiträgt.

Das hat für die hier interessierende Fragestellung den Sinn, daß die verfassungsrechtlichen Determinanten des Problems „Kontrolldichte" ebensowenig einseitig in den Rechtsschutzaufträgen gesucht werden können, wie dies im Hinblick auf die Regelungsaufträge der Fall ist[59]. Die Verfassung ist ein Sinngefüge, bei dem einzelne Gewährleistungen so auszulegen sind, daß auch anderen Verfassungsnormen und -grundsätzen möglichst nicht Abbruch getan wird[60]. Die Stellung der Exekutive im Gesamtgefüge der funktionengegliederten Kompetenzordnung des Grundgesetzes als verfassungsunmittelbare Institution und Funktion[61] schützt sie vor offener oder schleichender Subalternisierung, sichert also auch ihren Beitrag zur Erledigung der vom Staat wahrgenommenen Aufgaben: Ihrem den Zugriff des Gesetzgebers begrenzenden Vorbehaltsbereich[62] korrespondiert auf der anderen Seite der Verwaltungsvorbehalt gegenüber der Gerichtsbarkeit[63].

---

57 Vgl. etwa Hesse, Grundzüge, Rdnrn. 482, 484ff.; Krebs, Kontrolle, S. 49.

58 Es liegt nahe, für eine Umschreibung des aufgegriffenen Verantwortungsansatzes auf die vielbeachteten Ausführungen von Schmidt-Aßmann, VVDStRL 34 (1976), S. 221 [227f.] zurückzugreifen (ohne aber die Bedeutung der Verantwortung mit der Charakterisierung als „heuristischer Begriff" zu schmälern):

Der Verantwortungsgedanke, der sich „aus den Elementen der Aufgabe, der Eigenständigkeit und der Einstandspflicht im Sinne einer Kontroll- und Steuerungsabhängigkeit" zusammensetzt, „kennzeichnet ein differenziertes Ausgleichssystem, in dem sich Rechtssätze, Sachgesetzlichkeiten und Institutionen mit ihrem Selbstverständnis begegnen"; er ist auf Verfassungsebene dort angesiedelt, wo es um die Zuordnung von Gewalten geht, also (für den hier interessierenden Zusammenhang) bei einem als Leitsatz funktionsgerechter Organisation und organadäquater Funktionenzuordnung verstandenen Gewaltenteilungsschema. Vgl. zu diesem Schema und dem Gesamtgefüge von Legitimation, Verantwortung, Verfahren, Organstruktur, Sachkunde, Effizienz Hesse, Grundzüge, Rdnrn. 488ff.; ders., FS H. Huber, S. 261 [265f.]; Chryssogonos, Verfassungsgerichtsbarkeit, S. 44ff.; Ossenbühl, DÖV 1980, 545 [549]; ders., in: Götz / Klein / Starck (Hrsg.), Die öffentliche Verwaltung, S. 198ff. (Diskussionsbeitrag); Hill, ebd., S. 236ff. (Diskussionsbeitrag); Brohm, DVBl. 1986, 321 [329]; ders., DÖV 1987, 265 [269]; umfassend jetzt Pitschas, Verwaltungsverantwortung, S. 235ff., 534ff. m.zahlr.N.

59 Krebs, Kontrolle, S. 93.

60 BVerfG, B. v. 20. 4. 1982 - 2 BvL 26/81 - E 60, 253 [267]; BVerwG, U. v. 19. 12. 1985 - 7 C 65.82 - E 72, 300 [317]; Schmidt-Aßmann, NVwZ 1983, 1f.; Krebs, Kontrolle, S. 93; Hill, NVwZ 1989, 401 [407].

61 S. nur BVerfG, B. v. 8. 8. 1978 - 2 BvL 8/77 - E 49, 89 [125]; BVerfG, U. v. 18. 12. 1984 - 2 BvE 13/83 - E 68, 1 [88].

62 S. dazu die Beiträge von Maurer und Schnapp in: VVDStRL 43 (1985), S. 135ff., 172ff., jeweils m.umfass.N.; ferner Krebs, Kontrolle, S. 93.

63 Vgl. statt aller Ehmke, Ermessen, S. 49ff.; Häberle, Öffentliches Interesse, S. 698; Krebs, Kontrolle, S. 93f.; Schmidt-Aßmann, FS Menger, S. 107 [113].

Dies bedeutet im Gefüge relativer Kompetenzzuweisungen des Grundgesetzes[64] nichts anderes, als daß die variablen Größen „Rechtsschutz und eigenverantwortliche Gemeinwohlkompetenz der Verwaltung zur praktischen Konkordanz zu bringen“[65] sind. Diese verfassungsrechtliche Direktive überantwortet es dem Gesetzgeber, sie durch die Begründung konkreter selbständiger Entscheidungsbefugnisse der Verwaltung umzusetzen[66]. Da aber solche ausdrückliche Aufgabenzuweisungen des Gesetzgebers nur spärlich sind[67] und von ihm nur selten erwartet werden können, ist die Frage, inwieweit sich die Verwaltungsgerichtsbarkeit einer solchen kontrollfrei gestellten Entscheidungsbefugnis der 2. Gewalt gegenübersieht, eine Frage der Auslegung des Gesetzes[68] – was hier heißt: des kompetenzgerechten Gesetzesverständnisses[69].

Für das Verstehen dieser Aufgabenzuordnung und ihrer gesetzlichen Begründung liefert die Verknüpfung des rechtsnormativen und des gewaltenteilend-staatsrechtlichen Ansatzes auf dem Boden des problemorientiertenfunktionalen Rechtsdenkens den maßgeblichen Rahmen[70].

Im Hinblick auf die Aufgabenverteilung selbst erweist sich nach dem Gesagten die Feststellung Ehmkes aus dem Jahre 1960 als gültiger denn je: Das Pro-

---

[64] Krebs, Kontrolle, S. 93f.

[65] Häberle, Öffentliches Interesse, S. 681; im Anschluß an ihn etwa Krebs, Kontrolle, S. 96 und 98, wo die verhältnismäßige Zuordnung der Gewalten dem Gedanken des „nach allen Seiten hin schonendsten Ausgleichs“ (Lerche, Übermaß, S. 153) unterstellt wird; Paefgen, BayVBl. 1986, 513ff., 551ff. [554]; so aber auch schon Ehmke, Ermessen, S. 47: „Ziel der Verwaltungsgerichte muß nicht ein Maximum, sondern ein Optimum an Kontrolle sein, das das Rechtsschutzinteresse der Bürger mit dem Interesse der Bürger an einer leistungsfähigen Verwaltung in Übereinstimmung bringt“.

[66] Die Begründung und Ausgestaltung des Ermessens und die Festsetzung flankierender rechtsstaatlicher Sicherungen fällt in die primäre Verantwortung des Gesetzgebers; das hat Badura, FS BayVerfGH, S. 157 [175] schon früh nachdrücklich betont und zum Zentralgedanken seines Beitrags zur FS Bachof, S. 169ff. gemacht; vgl. auch ders., FG W. Martens, S. 25 und Scholz, VVDStRL 34 (1976), S. 145 [168].

[67] Vgl. etwa § 2 Abs. 3 BROG; § 146 Nr. 2 FlurbG; § 70 Abs. 5 Satz 2 GWB und dazu insb. Badura, FS Bachof, S. 169 [183].

[68] Badura, FS Bachof, S. 169 [172].

[69] Vgl. Krebs, Kontrolle, S. 96.

[70] Diese integrative Verknüpfung darf mit der sich großer Verbreitung erfreuenden Addition beider Ansätze nicht verwechselt werden: Addition liegt vor, wenn begrifflich-deduktives methodisches Vorgehen mit „Letztentscheidungsbefugnissen“ der Verwaltung über den als vorgegeben gedachten Sinn eines Begriffs oder eines Rechtssatzes kombiniert wird. Darauf läuft etwa der Ansatz von Papier, DÖV 1986, 621, hinaus; auf demselben Standpunkt steht auch Koch, Unbestimmte Rechtsbegriffe, S. 14, der das „normtheoretische“ vom „staatstheoretischen“ Problem trennt, damit sie später addiert werden können. Diese und ähnliche Gedankengänge dürften dem Ganzen der Problematik nicht gerecht werden können (insofern berechtigt die Kritik an Koch von Tettinger, Rechtsanwendung, S. 23, Fn. 47 a); zutreffend dagegen Häberle, Öffentliches Interesse, S. 676, Fn. 224; Bullinger, JZ 1984, 1001 [1006 m.Fn. 72]; Schmidt-Aßmann, in: MDHS, GG, Art. 19 Abs. 4, Rdnr. 180 und 187 (trotz seines Zurückziehens vom Verantwortungsgedanken auf den „Rechts“begriff der „Kompetenz“, s. dazu unten, 1. Kap., bei und in Fn. 93).

blem ist kein solches des Entweder-Oder oder der Bereiche, sondern durchgehend ein solches des Maßes[71]; genauso wie nur die Suche nach dem jeweils gebotenen Dichtegrad gesetzlicher Vorausbestimmung richtig ist[72], ist auch nur die Frage nach der jeweils gebotenen Intensität der Kontrolle zutreffend[73]. Man erschwert sich die Dinge selbst, wenn man sich dem Gesetz mit dem unbelegbaren Vorurteil nähert, gesetzlich begründete Entscheidungsfreiheiten der Verwaltung seien Ausnahmen einer der Verfassung zu entnehmenden Regel, nämlich des Grundsatzes „umfassender Kontrolle in rechtlicher und tatsächlicher Hinsicht“[74]; denn der in der Verfassung zu erkennenden Adäquanzvorstellung[75] kommt das Bild eines gleitenden Spektrums der Kontroll-

---

71 Ehmke, Ermessen, S. 42 und 47.

72 Die elastische Aussage der Wesentlichkeitstheorie, daß der Gesetzgeber nicht alles zu regeln hat, sondern sich auf das Wesentliche im Bereich des Normativen beschränken kann, fügt sich in die Ablösung der Alles-oder-Nichts Fragestellungen herkömmlicher Prägung (formell-beschränkender oder materiell-inhaltlicher Gesetzesvorbehalt? - Gesetzesvorbehalt oder nicht? - materielles oder formelles Gesetz?) durch die einzig maßgebliche Problematik ein, die in der gleitenden Abstufung im quantitativen Problem der Aufgabenverteilung zwischen Gesetzgeber und Exekutive besteht.

Daß diese Abstufungsproblematik nicht grundsätzlich und monolithisch erfaßt werden kann, sondern sich an den speziellen Verfassungsbestimmungen orientiert und von zahlreichen Koordinaten (Wirkung auf die Grundrechte; Verfahren; Organstruktur und -kapazität; Legitimation des Gesetzesanwenders; Art der Materie; Sachnähe; Effizienz; Verantwortung) gesteuert wird, ist schon mehrfach gezeigt worden (vgl. Starck, Gesetzesbegriff, S. 281ff.; Geitmann, Bundesverfassungsgericht; Ossenbühl, DÖV 1980, 545; Lerche, Schulrecht; von einem anreicherungsbedürftigen – aber auch -fähigen! – funktionell-strukturellen Ansatz aus Staupe, Parlamentsvorbehalt, S. 201ff., 236ff., 292f.; am Beispiel des Verfahrensvorbehalts Pitschas, Verwaltungsverantwortung, S. 607ff.) und findet Stütze auch in einer differenzierenden Rechtsprechung (vgl. nur BVerfG, B. v. 8. 8. 1978 – 2 BvL 8/77 – E 49, 89 [127, 137], wo die variable „Intensität der Regelung“ und der „jeweilige Sachbereich“ als die Anforderungen an den Gesetzgeber verdichtende oder abmildernde Umstände angesehen werden; ebd., S. 139f., wo das Gericht sich überlegt, bei welchem Funktionsträger die Entscheidung besser aufgehoben ist; s. auch BVerfG, U. v. 18. 12. 1984 – 2 BvE 13/83 – E 68, 1 [86f.]).

73 S. statt aller Pfaff, Planungsrechtsprechung, S. 36 m.w.N.

74 So der Grundsatz, den die h. M. in den Art. 19 Abs. 4 GG hineininterpretiert; vgl. nur BVerfG, B. v. 5. 2. 1963 – 2 BvR 21/60 – E 15, 275 [282], st. Rspr.; Schmidt-Aßmann, in: MDHS, GG, Art. 19 Abs. 4, Rdnr. 183; Schenke, in: BK, Art. 19 Abs. 4, Rdnr. 304; ders., JZ 1988, 317 [322].

75 Es ist für die Kraft herkömmlicher Figuren kennzeichnend, daß die Erkenntnis, daß (auch) Art. 19 Abs. 4 GG nicht als isoliertes Effektivitätsgebot, sondern als Gebot ausgewogenen Gerichtsschutzes im Gesamtzusammenhang der Verfassung zu interpretieren ist (BVerfG, B. v. 20. 4. 1982 – 2 BvL 26/81 – E 60, 253 [267]; Schmidt-Aßmann, NVwZ 1983, 1f.), nur schwer bis zu diesem Dogma durchdringen kann. Vgl. etwa Schmidt-Aßmann (der eigentlich hervorragendster Vertreter des Gebots adäquaten Gerichtsschutzes ist) in: MDHS, GG, Art. 19 Abs. 4, Rdnr. 183: „Indem die Verfassung in Kenntnis der unterschiedlichen Konkretisierungsleistungen von Justiz und Verwaltung in Art. 20 Abs. 3 von einer gleichmäßigen Gesetzesbindung *beider* Gewalten ausgeht und in Art. 19 IV an eben diese Rechtsbindung und Rechtserkenntnis anknüpft, zeigt sie, daß eine *generelle* Festschreibung des Rechtsschutzauftrages auf die Bereiche der Gesetzesbestimmtheit und umgekehrt seine Begrenzung in allen Fällen

intensität, das von einer Evidenz- über eine Vertretbarkeits- bis hin zu einer intensivierten inhaltlichen Kontrolle reicht[76], erheblich näher. Deshalb ist es zumindest mißverständlich zu sagen, beim Verstehen des Gesetzes in der hier besprochenen Hinsicht gehe es um die Entdeckung des „Punktes", an dem der „normale", voll überprüfbare unbestimmte Rechtsbegriff in die Qualität eines solchen mit Beurteilungsspielraum „umkippt"[77]; denn es handelt sich einfach um die Verortung der zur Kontrolle anstehenden Entscheidung als Moment in dieses gleitende Spektrum der Kontrollintensität.

Bei der Frage nach dem Verstehen der gesetzlichen Begründung der Aufgabenzuordnung und somit nach der Gewinnung des jeweils gebotenen Maßes der Kontrollintensität im Einzelfall gibt es genauso in die richtige Richtung weisende Ansätze wie den Weg zum Problem versperrende Ansichten.

In seinem Mitbericht bei der Staatsrechtslehrertagung 1975 zum Thema Verwaltungsverantwortung und Verwaltungsgerichtsbarkeit hat Schmidt-Aßmann ausgeführt, die kontrollgerechte Neubündelung der überlieferten prozessualen Figuren „hänge" von der Genauigkeit gesetzlicher Maßstäbe, den bereichsspezifischen Rechtsschutznotwendigkeiten und der administrativen Kompetenz zu eigenverantwortlicher Sachwalterschaft und ihrer speziellen Organisation „ab"[78]; erst diese Trias „konstituiere" die Problemlösung insgesamt[79]. Daß diese Trias eine Bündelung der Aspekte[80] des Informationsgehalts des Gesetzes, der Art der Materie[81], der Art der Sachaufgabe[82], der all-

---

unbestimmter Gesetzesbegriffe nicht ihrer Vorstellung entspricht. Daraus folgt als erster *Grundsatz*, daß Hoheitsakte im Rahmen des Art. 19 Abs. 4 in *rechtlicher* und *tatsächlicher Hinsicht* vollständiger richterlicher Rechtskontrolle zu unterziehen sind." (Hervorhebungen im Original); dasselbe bezeugt auch die Meinung von Püttner, in: Götz / Klein / Starck (Hrsg.), Die öffentliche Verwaltung, S. 131ff. [143], der die Lösung des Problems nicht in der Erarbeitung des verfassungsgemäßen normativen Gehalts der Rechtsschutzgarantie, sondern in der Änderung des Art. 19 Abs. 4 GG erblickt.

[76] So die bekannte Formel des BVerfG im U. v. 1. 3. 1979 – 1 BvR 532, 533/77, 419/78 und 1 BvL 21/78 – E 50, 290 [332ff., 333].

[77] So Schuppert, DVBl. 1988, 1191 [1199].

[78] VVDStRL 34 (1976), S. 221 [253].

[79] VVDStRL 34 (1976), S. 221 [254].

[80] Die nachfolgende Angabe einzelner (akzentuierter) Aspekte ist kein abschließender Katalog nebeneinanderstehender Gesichtspunkte, sondern eine die Breite der Problematik indizierende beispielhafte Aufspürung von Problemlösungsimpulsen, die vielfach miteinander verwoben und ggf. in ihrer Ambivalenz zu beachten sind. Die Hinweise dabei auf Autoren, die oft trotz gegenläufiger dogmatischer Ansätze auf die eine oder die andere Weise (: häufig durch die Bemerkung, daß die Kontrollintensität nach ... zu differenzieren sei) auf diese Aspekte zurückkommen, beanspruchen ebenfalls nicht, die umfangreiche Literatur erschöpfend darzustellen; neben ihrer Hinweisfunktion können sie aber bezeugen, daß die mehrdimensionale Problemsteuerung unzureichende Dogmatisierungen selbst überholt.

[81] Sachstrukturen und Sachnotwendigkeiten dirigieren in vielfältiger Weise die anderen Aspekte und das Problem insgesamt; vgl. nur Lerche, Übermaß, S. 335f.; Ossenbühl, FG BVerfG, S. 458 [505f.].

gemeinen Strukturen und Funktionen und der konkreten Betroffenheit der (grund-)gesetzlich geschützten Rechtsgüter[83], des Verfahrens[84], des Sachverstandes[85] und der Organstruktur[86], wie auch der Sachnähe[87], Flexibilität[88], Praktikabilität[89] und der sachlichen und zeitlichen Effizienz[90] sowie der Verantwortung insgesamt[91] ist, wiegt als Unterstreichung der Sinnlosigkeit des Unterfangens, das Problem aus einem Punkt zu lösen[92], schon schwer genug; fast noch schwerwiegender dürfte aber der Umstand sein, daß dies alles relevante (die Kontrollintensität verschärfende oder aber mildernde) Problemkoordinaten mit je eigenem Potential sind, an denen die Standfestigkeit der Lösung erprobt werden muß und die, wenn sie in der konkreten Situation zu ihrem Recht kommen, das notwendige – aber auch ausreichende – Zeichen dafür geben, daß das Gesetz rechtlich „richtig" verstanden worden ist.

Dieser zutreffende Problemzugang muß insbesondere Ansichten entgegengehalten werden, die sich auf das herkömmliche Denken zurückziehen und den entscheidenden Sprung zum Problem verfehlen.

Gemeint sind damit zum einen Ansichten, die auch bei Erkennen dieser Vielseitigkeit der Problematik eine materiell-rechtliche „normative" Ermächtigung für maßgeblich erklären[93]. In der Konsequenz werden die genannten

---

[82] Vgl. Ehmke, Ermessen, S. 47.

[83] Ehmke, Ermessen, S. 46; Ossenbühl, FG BVerfG, S. 458 [506ff.]; Krebs, Kontrolle, S. 96; Paefgen, BayVBl. 1986, 513ff., 551ff. [554].

[84] Badura, FS Bachof, S. 169 [177]; Erichsen, DVBl. 1985, 22 [26]; Paefgen, BayVBl. 1986, 513ff., 551ff. [554]; dabei ist freilich nicht nur die Eigenart des behördlichen Verfahrens an sich, sondern darüber hinaus dessen struktureller Unterschied gegenüber – und funktionales Verhältnis zu – dem gerichtlichen Verfahren von Bedeutung, s. statt aller Weyreuther, UPR 1986, 121 [125f.].

[85] Vgl. schon Bachof, JZ 1972, 641 [644]; Meyn, JA 1980, 327 [330]; Bullinger, JZ 1984, 1001 [1007f.].

[86] S. Breuer, AöR 101 (1976), 46 [76ff.]; Badura, FS Bachof, S. 169 [177]; Erichsen, DVBl. 1985, 22 [26]. Zu den Entscheidungen unabhängiger Kollegialorgane ausgewogen Tettinger, Rechtsanwendung, S. 426.

[87] Vgl. schon Bachof, JZ 1972, 641 [644].

[88] Zu den Flexibilitätserfordernissen im Rahmen einer funktionsadäquaten Kompetenzordnung (aber am Beispiel des Verhältnisses Gesetzgeber-Exekutive) vgl. BVerfG, B. v. 8. 8. 1978 – 2 BvL 8/77 – E 49, 89 (137ff.) und Lerche, Schulrecht, insb. S. 38ff.

[89] Dazu Franßen, FS Zeidler, S. 429 [447].

[90] Damit ist nicht einseitig eine isolierte Verwaltungseffizienz gemeint, sondern die auf die Verwirklichung des Gemeinwohls bezogene Effizienz, die nicht zuletzt die strukturelle Leistungsfähigkeit des verantwortlichen Organs zu berücksichtigen hat, vgl. statt aller Franßen, FS Zeidler, S. 429 [445ff.].

[91] Auch die Rspr. des BVerwG verschließt sich dem Verantwortungsgedanken nicht, vgl. etwa U. v. 4. 8. 1983 – 7 C 2.81 – E 67, 321 [331f.] (dazu Sendler, FS Ule, S. 337 [355f.]); B. v. 13. 7. 1989 – 7 B 188.88 – DVBl. 1990, 58 [59].

[92] S. dazu Sendler, FS Ule, S. 337 [350f.], der darauf aufmerksam macht, daß auch die von einem generalisierenden Impetus beflügelte Lehre vom Beurteilungsspielraum nicht umhin kommt, auf die konkrete Norm und die sorgfältige Auslegung eines jeden unbestimmten Rechtsbegriffs zu verweisen.

Problemkoordinaten zu „Indizien"[94] reduziert, ihre Verknüpfung zur Gewinnung der gebotenen Kontrollintensität als „diffuse Abwägung"[95] bezeichnet oder sie in den Bereich des „bloß Faktischen"[96] abgeschoben. Damit werden aber die Dinge auf den Kopf gestellt: denn es sind nicht solche angeblichen Eigenschaften und Schwächen der Problemlösungsaspekte, die ihnen ihre Maßgeblichkeit nehmen, vielmehr ist es die Fiktion einer aus ihnen herausgelösten „normativen Ermächtigung" oder „Kompetenzentscheidung", die sie zu diskreditieren droht; dies freilich mit umso weniger Erfolg, als man gerade auf diese Aspekte wird zurückgreifen müssen, um durch ihr konstruktives Bemühen die „Kompetenzentscheidung" überhaupt erkennen zu können[97] – i.e., wenn man dann nicht darauf überhaupt verzichtet[98].

Zum anderen muß die Kritik Ansichten gelten, die einzelne Aspekte wegen eines angeblichen Anspruchs auf Allgemeingültigkeit ablehnen wollen[99]; zu wenig wird dabei bedacht, daß diese Kritik selbst ein Zurückziehen auf herkömmliche Denkbahnen zum Ausdruck bringt, wo die Normativität mit der Präexistenz verdinglichter Größen verwechselt wurde. In Wirklichkeit erheben die Problemlösungsaspekte keinen Anspruch auf monolithische Allgemeingültigkeit und widersetzen sich ihrer Fassung in Leitsätzen[100]. Was sie

---

[93] So etwa auch Schmidt-Aßmann mit der „normativen Ermächtigungslehre" (als Weiterführung des Gedankens des BVerfG im B. v. 8. 7. 1982 – 2 BvR 1187/80 – E 61, 82 [111]) in: MDHS, GG, Art. 19 Abs. 4, Rdnrn. 184ff.; ebenso Papier, DÖV 1986, 621 [624ff.]; Paefgen, BayVBl. 1986, 513ff. [516], 551ff. [554].

[94] So etwa Papier, DÖV 1986, 621 [626].

[95] Mißverständlich Schmidt-Aßmann, in: MDHS, GG, Art. 19 Abs. 4, Rdnr. 180: „Die Grenzziehung zwischen ‚Verwaltung und Verwaltungsgerichtsbarkeit' ist nicht in einer diffusen Abwägung zwischen möglichst umfassendem Schutz individueller Interessen und administrativer Eigenständigkeit, sondern im *Gesetz* und den dazu entwickelten Dogmen zu suchen." Von der Ablehnung eines einseitig rechtsschutzorientierten Effizienzdenkens und des Isolationsbegriffs der Eigenständigkeit hat auch die vorliegende Untersuchung profitiert. Die auf das Gesetz bezogenen Dogmen können aber nur über das Bemühen der Rechtsschutzinteressen und der Verwaltungsverantwortung gewonnen werden; dies hat jedoch mit einer „diffusen Abwägung" wenig zu tun.

[96] Vgl. (in bezug auf den Verwaltungsvorbehalt gegenüber dem Gesetzgeber) Schnapp, VVDStRL 43 (1985), S. 172 [191], nach dem die Aspekte der Verantwortung, des Sachverstandes, der Praktikabilität, Flexibilität, Organkapazität und Effizienz z.T. bloß „faktische Schranken für die Parlamente" bezeichnen.

[97] Vgl. Lerche, VVDStRL 43 (1985), S. 213f. (Diskussionsbeitrag).

[98] Vgl. etwa Paefgen, BayVBl. 1986, 513ff., 551ff. [555], nach dem von einer Vollkontrolle auszugehen ist, wenn der Gesetzgeber seiner Pflicht nicht nachkommt, die selbständigen Entscheidungsbefugnisse der Verwaltung (wohl: im Text) festzulegen: Das Fehlen einer ausdrücklichen Aufgabenzuordnung wird damit ausdrücklich zur verfassungsmäßigen Dysfunktionalität erhoben. Daß hier genausowenig wie überall, wo Interpretationsschwierigkeiten auftreten, ein Verzicht auf rechtliche Überlegungen angebracht ist, braucht nicht hervorgehoben zu werden.

[99] So Paefgen, BayVBl. 1986, 513ff., 551ff. [552] in bezug auf die Argumente der Sachnähe und Sachkompetenz; Rubel, Planungsermessen, S. 161f., nach dem u.a. die Verantwortung der Verwaltung eine geringere Kontrolldichte entweder für alle Ermessensentscheidungen oder gar nicht begründen kann.

verlangen, ist materiengebundene und deshalb bereichsspezifische Differenzierung[101].

Erst in diesem Sinne kann der allseits erhobenen Forderung entsprochen werden, eine Typik von selbständigen Entscheidungsbefugnissen der Verwaltung zu entwickeln[102]. Damit wird das von den überlieferten Lehren erbrachte Erfahrungsgut nicht etwa beiseitegeschoben, sondern nur sinnvoll verwertet[103]; denn die Schwächen dieser Lehren liegen nicht so sehr bei ihren Ergebnissen, sondern eher bei ihrem Versuch, „das Vorgefühlte als Ergebnis logischer Deduktionen herauszubringen“[104,105].

Diese Typik ist weder nur Rechtssatz-[106], noch nur Sachverhaltstypik[107], sondern eine Typik beschränkt kontrollierbarer Entscheidungen der Verwaltung[108] im dargestellten Sinn. Daß ihre Entwicklung ein schwieriges Unterfan-

---

100 So zutreffend Geitmann, Bundesverfassungsgericht, S. 92.

101 Diese wird also im Ergebnis zu Recht überall betont: vgl. nur Schwarze, Der funktionale Zusammenhang, S. 62; Badura, FS Bachof, S. 169 [184]; Krebs, Kontrolle, S. 95f.; Schuppert, DVBl. 1988, 1191 [1197f.].

102 Vgl. Lerche, Übermaß, S. 335ff.; Schmidt-Aßmann, in: MDHS, GG, Art. 19 Abs. 4, Rdnr. 187; Papier, DÖV 1986, 621 [626].

Die Aufgabe der Erarbeitung einer solchen Typik schließt nach den bisherigen Ausführungen die Aufgabe mit ein, „für die jeweiligen Problem- und Fallgruppen funktionsgerecht abgestufte Kontrollmaßstäbe und -gesichtspunkte zu entwickeln“ (so für das Bundesverfassungsgericht Hesse, FS H. Huber, S. 261 [266f.]). Das impliziert auch die Zurückweisung der Versuche, die Differenzierungskraft einer Typik durch eine jegliche Unterschiede eliminierende Einheitsformel zu ersetzen; was insbesondere für den Vorschlag gilt, den Vertretbarkeitsmaßstab als Generallösung durch einen § 114 a VwGO einzuführen, vgl. dazu etwa Schmidt-Eichstaedt, DVBl. 1985, 645 [648ff.]; die Diskussion des Vorschlags (aus dem Blickwinkel des Art. 19 Abs. 4 GG) in: Götz / Klein / Starck (Hrsg.), Die öffentliche Verwaltung, S. 227ff.; insb. aber die Ablehnung von Schuppert, DVBl. 1988, 1191 [1198] (der den zutreffenden Ansatz verfolgt: Nicht Art. 19 Abs. 4 GG verbietet Einschränkungen der Kontrollintensität durch Einheitsformeln, sondern der Leitgedanke einer funktionsgerechten Aufgabenverteilung in concreto verlangt nach differenziertem Einsatz richterlicher Kontrolle).

103 Vgl. Lerche, Übermaß, S. 337.

104 Lerche, Übermaß, S. 326.

105 Zum Streit um die (beschränkte) Beibehaltung der herkömmlichen Figuren s. statt aller Schmidt-Aßmann, in: MDHS, GG, Art. 19 Abs. 4, Rdnr. 186 m.w.N. In diesem Zusammenhang darf die vermittelnde Sicht von Schmidt-Aßmann selbst hervorgehoben werden. In seinen Arbeiten (vgl. insb. ders., VVDStRL 34 (1976), S. 221ff. [251ff.]; ders. in: E/Z/B, BBauG, § 1, Rdnrn. 302ff. [305]) wird das Anliegen erkennbar, auf einer neuen Grundlage (bei ihm: Verknüpfung des rechtsnormativen und gewaltenteiligen Ansatzes in der Gestalt der normativen Ermächtigungslehre) eine Verbindung zwischen Altem und Neuem herzustellen, die einerseits die Eigentümlichkeiten verschiedener Ordnungsbereiche wahren und zum Ausdruck bringen, andererseits die von Lerche schon früh geforderte gleitende Veränderung des Bildes der Dogmatik (s. ders., DVBl. 1961, 690 [699]) gewährleisten soll. Einer solchen Weichenstellung liegt die in dieser Untersuchung vertretene Auffassung gar nicht fern.

106 Wie es bei der herkömmlichen Lehre der Fall ist.

107 Zur Sachverhaltstypik als kontrollgerechter Aufschlüsselung der Begriffe des Übermaßverbots s. Lerche, Übermaß, S. 335ff.

gen ist, wird zutreffend anerkannt[109] und auch hier nicht geleugnet. Es kann aber andererseits auch nicht übersehen werden, daß es schon fruchtbare Ansätze in diese Richtung[110] gibt und daß dort – im Rahmen allgemeinerer Überlegungen zu (Raum)Planungsentscheidungen der Verwaltung – in Gestalt der Figur der (fach)planerischen Gestaltungsfreiheit (bzw. des (Fach-) Planungsermessens) auch der Entscheidung über die räumliche Einfügung eines sachliche Infrastrukturinteressen umsetzenden Vorhabens in die Umgebung ein fester Platz eingeräumt wird.

---

108 Vgl. schon Ossenbühl, DVBl. 1974, 309 [311].

109 Vgl. etwa Starck (in Auseinandersetzung mit der von Bullinger erarbeiteten Typologie) in: Bullinger (Hrsg.), Verwaltungsermessen, S. 15 [32].

110 Vgl. schon Ossenbühl, DVBl. 1974, 309 [311ff.]; Bullinger, JZ 1984, 1001 [1007ff.]; insb. Schmidt-Aßmann, in: MDHS, GG, Art. 19 Abs. 4, Rdnrn. 188ff.

2. Kapitel

Die gesetzlich begründete Befugnis der Verwaltung zur gestaltenden Rechtskonkretisierung im Fachplanungsrecht

Der Gesetzgeber hat im Fachplanungsrecht der Planfeststellungsbehörde die Befugnis zu einer umfassenden[1] Zulassungsentscheidung nach den dafür einschlägigen materiell-rechtlichen Maßstäben verliehen und ihr in diesem Rahmen die Aufgabe zugewiesen, über die räumliche Einfügung des auf die Begegnung von Bedürfnissen nach Infrastruktur ausgerichteten Vorhabens in seine Umgebung zu befinden.

Diese Aufgabe ist Teil eines weitreichenden Handlungszusammenhangs gesellschaftlicher Steuerung[2]. Spezifische Infrastrukturbedürfnisse an sich und durch überfachliche, finanzwirtschaftliche, wirtschaftspolitische und letzten Endes gesellschaftspolitische Zusammenhänge und Ziele überformt[3] stehen unter dem breiten Schirm sozialstaatlicher Verantwortung für eine ausreichende Versorgung, die Sicherung des Wachstums und eine geordnete räumliche Verteilung[4] im Sinne einer nicht nur reagierend-ordnenden, sondern auch und vor allem aktiv gestaltenden Steuerung[5].

Die Charakteristika dieser Gestaltungsaufgabe und der Entscheidungssituation in diesem Ordnungsbereich sind sowohl im allgemeineren Zusammenhang der (raum)planenden-gestaltenden Verwaltung[6] und der komplexen Verwaltungsentscheidungen[7] umschrieben wie auch speziell für die Planfeststellung[8] mehrfach hervorgehoben worden: Die Dynamik und Zukunftsorientiertheit[9] (die hinter der sachlichen und zeitlichen Offenheit des anzustreben-

---

1 Die einzelnen Verfahren und Entscheidungen werden auf das PlfVf und den PlfB konzentriert, vgl. § 75 Abs. 1 Satz 1 VwVfG.

2 S. dazu statt aller Wahl, Rechtsfragen, Bd. 1, S. 27ff., 44ff.

3 Wahl, Rechtsfragen, Bd. 1, S. 61, weist zu Recht darauf hin, daß die Verkehrsplanung nicht mehr nur im Zusammenhang ihrer ursprünglichen technischen Zielsetzungen (Verbindungsfunktionen der Verkehrsanlagen) isoliert betrachtet werden kann, sondern als Bedingungsfaktor der räumlichen Ordnung auch von den übergeordneten Zielen der Raumordnung her zu steuern ist.

4 Vgl. Wahl, Rechtsfragen, Bd. 1, S. 47ff.

5 Vgl. Badura, FS BayVerfGH, S. 157 [165].

6 Umfassend dazu Wahl, Rechtsfragen, Bd. 1, S. 1ff.

7 Grundlegend und weiterhin aktuell Schmidt-Aßmann, VVDStRL 34 (1976), S. 221ff.; vgl. auch Hoppe, FG BVerwG, S. 295 [297ff.].

8 S. statt aller Kügel, Der Planfeststellungsbeschluß, S. 120ff.

den Zustandes steht, aber auch die für diesen Sektor charakteristische ständige Beweglichkeit umschreibt, die sich in dem plötzlichen Auftreten von Sonderlagen zuspitzen kann[10]), das große Einwirkungspotential[11] und die besonders hohe Komplexität (im Sinne der Unüberschaubarkeit der relevanten Umstände und Folgewirkungen des Projekts[12] sowie der Multidimensionalität der Rechtsverhältnisse[13] und des Auftretens von mehrpoligen Spannungslagen, die in Gestalt einer allseitigen Interdependenz und Verschränkung der Belange die Problematik bestimmen[14]).

Diese Umstände sind zwar in ihrem Kern weitgehend anerkannt; sie werden aber von manchen Sichtweisen, die sich entweder aus allgemeiner Perspektive oder als fachplanungsspezifische Ansätze mit dem Verständnis des Fachplanungsrechts befassen, auch im Hinblick auf die Frage nach Art und Maß richterlicher Nachprüfung nicht angemessen verwertet; erst mit der Erkenntnis, daß es sich hier um eine gesetzlich begründete Befugnis der Verwaltung zur selbständigen, gestaltenden Rechtskonkretisierung im Sinne der übergreifenden Überlegungen des vorigen Kapitels handelt[15], werden sie in ihrer recht-

---

[9] S. etwa Kügel, Der Planfeststellungsbeschluß, S. 120ff.

[10] Dazu Ossenbühl, in: Götz / Klein / Starck (Hrsg.), Die öffentliche Verwaltung, S. 9 [34].

[11] Als Gefährdungs-, Eingriffs- und Formungspotential, das in seiner Gesamtheit als planerisches Gestaltungspotential zu verstehen ist. Vgl. dazu Weyreuther, DÖV 1977, 419 [421], nach dem die Plf trotz der Objektbezogenheit des Fachplanungsrechts nur als „legitim verselbständigter Ausschnitt umfassender Planungszusammenhänge begreifbar" ist; auch Korbmacher, DÖV 1978, 589 [595] weist zu Recht darauf hin, daß der Charakter der Fachplanung als konkrete Objektplanung nicht dazu verleiten darf, die Plf in ihrer Eingriffs- und nicht in ihrer komplexen Gestaltungswirkung zu sehen; zustimmend Steinberg, Nachbarrecht, III Rdnr. 164.

[12] Vgl. Schmidt-Aßmann, VVDStRL 34 (1976), S. 221 [223ff.].

[13] Schmidt-Aßmann, VVDStRL 34 (1976), S. 221 [223ff.]; Kügel, Der Planfeststellungsbeschluß, S. 122f.

[14] Die bekannte Gestaltung von Interessengeflechten, die das BVerwG (U. v. 30. 4. 1969 – 4 C 6.68 – DÖV 1970, 64) mit den Worten umschrieben hat, daß es bei der Planung durchweg um einen Ausgleich mehr oder weniger zahlreicher, in ihrem Verhältnis zueinander komplexer Interessen geht, „die überdies meist in eigentümlicher Weise miteinander verschränkt sind, so daß dem einen Interesse nichts zugestanden werden kann, ohne in einer Art Kettenreaktion zahlreiche andere Interessen zu berühren."

[15] Nach dem BVerwG ergibt sich die planerische Gestaltungsfreiheit – auch ohne ausdrückliche Erwähnung – aus der Übertragung der Planungsbefugnis auf die Plfbeh in Verbindung mit der Erkenntnis, daß die Befugnis zur Planung einen mehr oder weniger ausgedehnten Spielraum an Gestaltungsfreiheit einschließt und einschließen muß, weil Planung ohne Gestaltungsfreiheit ein Widerspruch in sich wäre (grundlegend für die Bauleitplanung U. v. 12. 12. 1969 – 4 C 105.66 – E 34, 301 [304], für die Fachplanung U. v. 14. 2. 1975 – 4 C 21.74 – E 48, 56 [59] und seitdem st. Rspr.). Dieser Rspr. wird in der Literatur teilweise gefolgt, vgl. Badura, FS BayVerfGH, S. 157 [173f.]; Kügel, Der Planfeststellungsbeschluß, S. 119f.

Diesen Äußerungen kann in der Erklärung des Fehlens einer ausdrücklichen gesetzgeberischen Aussage zur planerischen Gestaltungsfreiheit für unbeachtlich uneingeschränkt zugestimmt werden. Sie werfen aber auch Probleme auf: Ihrem Hinweis auf

lichen Substanz erfaßt und damit das Problem der verwaltungsgerichtlichen Kontrollintensität in diesem Ordnungsbereich in seinen Konturen sichtbar.

Vielfach wird nämlich auch hier das Problem durch rechtssatzorientierte Vorgehensweise überschattet; und zwar nicht nur soweit die Annahme objektiver Bindungs- bzw. subjektiver Erkenntnisdefizite die Kontrollintensität dirigieren soll, sondern auch soweit für die gerichtliche Kontrolle Rechtssatz- und Gesetzesanwendungsstrukturen als maßgeblich erachtet werden[16]. Auch die Ansätze, die im Grunde materienspezifisch argumentieren, gleichwohl aber das Problem dadurch zu erfassen suchen, daß das planende Handeln über rechtssatz- und gesetzesanwendungsstrukturelle Besonderheiten gegenüber

---

die Natur der Planung kann nur beigepflichtet werden, wenn damit die Berücksichtigung von Sachstrukturen beim Verstehen der gesetzlichen Begründung der Entscheidungsfreiheit der Verwaltung (im Sinne sachkonkreten Denkens, vgl. Lerche, DVBl. 1961, 690 [697]) zum Ausdruck gebracht werden soll. Wenn sich aber hinter ihnen eine getrennte Betrachtung von „Gesetz" und „Natur der Sache" verbirgt, dann geben sie zu Bedenken Anlaß. Denn eine solche Trennung kann dazu führen, daß entweder das Gesetz einem im dunkeln bleibenden „Wesen" der Planung anheimgegeben wird (zutreffend insoweit die kritische Haltung von Müller-Schwefe, Kontrolldichte, S. 53f.; Rubel, Planungsermessen, S. 3), oder daß „Rechtsgesetz" und „Sachgesetz" einander in unversöhnlicher Weise gegenübergestellt werden (vgl. als Beispiel die bei Ossenbühl, DVBl. 1978, 1 [7] anzutreffende Entgegensetzung von planerisch-komplexer Natur und konditionaler Programmierung der Entscheidung über den Bau und Betrieb von Kraftwerken, auf die etwa Wahl, DVBl. 1982, 51 [60f.] und Rubel, Planungsermessen, S. 48f., bezug nehmen).

Im übrigen ist dem diesen Äußerungen zugrundeliegenden verkürzten Blickwinkel die oben (1. Kap.) dargestellte breite Dimension des Problems entgegenzuhalten.

16 Diese Kritik betrifft zunächst die Rspr. des BVerwG, die zwar gegenüber früheren Entscheidungen die planerische Gestaltungsfreiheit stärker gegenüber dem Rechtsfolgeermessen profiliert (was sich auch in der Terminologie widerspiegelt, vgl. für die Entwicklung nur BVerwG, U. v. 23. 10. 1968 – 4 C 84.67 – BayVBl. 1969, 170 (:Ermessen); BVerwG, U. v. 12. 12. 1969 – 4 C 105.66 – E 34, 301 [304] (:Planungsermessen); BVerwG, U. v. 14. 2. 1975 – 4 C 21.74 – E 48, 56 [59] und seitdem st. Rspr. (:Planungsermessen, das „in seinem Wesen am zutreffendsten durch den Begriff der planerischen Gestaltungsfreiheit umschrieben ist"); vgl. dazu Weyreuther, BauR 1977, 293 [303]; Kügel, Der Planfeststellungsbeschluß, S. 124ff.; Ibler, Schranken, S. 36, 40, 44 m.umfass.N.) und insoweit materienspezifisch angelegt ist, gleichwohl aber das Problem zumindest teilweise mit Hilfe der herkömmlichen Kategorien der Entgegensetzung von Rechtsanwendung und mit „Schranken" versehenem Ermessen, des unbestimmten Rechtsbegriffs und des Beurteilungsspielraums anzugehen sucht (s. dazu unten 3. Kap. C I 1 b (1), (2)); die Kritik muß freilich auch dem sich im wesentlichen daran anschließenden Schrifttum gelten, wie etwa Tettinger, Rechtsanwendung, S. 134ff.

Sie betrifft des weiteren auch diejenigen, die qualitativ selbständige „Wahlfreiheiten" annehmen, wie etwa Badura, FS BayVerfGH, S. 157 [173]; Hoppe / Schlarmann, Rechtsschutz, Rdnr. 167; Kügel, Der Planfeststellungsbeschluß, S. 121 und 124, jeweils m.w.N.

Sie gilt schließlich auch für die Stimmen, die rechtssatzorientiert vorgehend bei den mit selbständigen Entscheidungsbefugnissen der Verwaltung gekoppelten Regelungen keine norm- und normanwendungsstrukturellen Unterschiede feststellen und deshalb nur quantitative Unterschiede beim Maß an Bindungslosigkeit annehmen, wie etwa Rubel, Planungsermessen; Koch / Rüßmann, Juristische Begründungslehre, S. 85ff., 91ff.; Beckmann, DÖV 1986, 505.

dem nicht-planenden Verwaltungshandeln profiliert wird[17], laufen Gefahr, die Problematik zu verdecken; das gilt auch für die juristische Rezeption der entscheidungs- und systemtheoretischen Untersuchungen Luhmann's in Gestalt der Entgegensetzung von (punktueller) durch Subsumtion einlösbarer Konditional- und (komplexer) durch Abwägung umsetzbarer Finalprogrammierung[18]. Diese planungsspezifischen Betrachtungsweisen beruhen zwar auf einer Berücksichtigung der Sachstrukturen und können sich auf die allgemeine – durch das Phänomen „Plan" aber besonders geförderte und in dessen Umkreis sich geradezu aufdrängende – Erkenntnis stützen, daß die herkömmliche Dogmatik die heutige Rechtswirklichkeit kaum zu erfassen vermag[19]. Wenn sie aber im Grunde von einer bestimmten Materie angeregte Einsichten als qualitative Unterschiede in der Rechtssatz- oder Gesetzesanwendungsstruktur oder im Entscheidungsverhalten[20] ausgeben und aus so verabsolutierten Kategorien Schlüsse für die gerichtliche Kontrolle ziehen wollen, dann erzielen sie keinen allzugroßen Gewinn. Denn sie bringen sich so selbst um die Möglichkeit der Berufung auf die stützende Kraft sachkonkreten Denkens

---

[17] Vgl. etwa Badura, FS BayVerfGH, S. 157, der (im Rahmen eines eigenen, die Verwaltungszwecke in den dogmatischen Vordergrund stellenden Ansatzes) mit dem Hinweis darauf, daß „die der Planung zugrundeliegende Gesetzesnorm dem normstrukturellen Schema der mit einem Tatbestand verknüpften Rechtsfolge nicht entspricht" (S. 174, vgl. auch S. 161 und 167) und daß „planerische Abwägungsrichtlinien nicht als subsumtionsfähige Tatbestandsmerkmale verstanden werden können" (S. 178), doch auf solche Besonderheiten zurückgreift.

[18] Vgl. dazu Oberndorfer, Die Verwaltung 1972, 257; Ossenbühl, Gutachten, S. 184; Steinberg, Der Staat 15 (1976), S. 185; Wahl, Rechtsfragen, Bd. 1, S. 34ff., 45ff.; Meins, Systemgerechtigkeit, S. 224ff.; Hoppe / Schlarmann, Rechtsschutz, Rdnr. 149; Kügel, Der Planfeststellungsbeschluß, S. 120f.

[19] Vgl. zu dieser umfangreichen Fragestellung die Bestandsanalysen und Ansätze bei Badura, Verwaltungsrecht; ders., DÖV 1968, 446; ders., FS BayVerfGH, S. 157; Wahl, Rechtsfragen, Bd. 1, S. 1ff. und die Nachweise in Fn. 3 des vorigen Kapitels.

[20] Oberndorfer, Die Verwaltung 1972, S. 257 [264, Fn. 24], bemerkt, daß „die Unterscheidung von konditional und final formulierten Normen nicht auf Modalitäten ihrer Auslegung zielt – *sohin keine hermeneutisch verwertbare Differenzierung bildet* – sondern auf die viel prinzipiellere Ebene des Entscheidungshorizontes und des dadurch bewirkten Entscheidungsspielraums abstellt." (Hervorhebung hier hinzugefügt). Damit kann sich die vorliegende Untersuchung nicht zufriedengeben:

Im Lichte der hier vertretenen Auffassung erscheinen die Unterschiede in der Programmierung des Verwaltungshandelns tatsächlich nicht als Unterschiede in der Grundstruktur der Konkretisierung; sie sind aber insofern als interpretatorisch relevant anzusehen, als sie aufgaben- und materienspezifische Differenzen in dem Verständnis des Problems durch den Interpreten und in der Tiefe des zur Erarbeitung der Norm erforderlichen Einstiegs in den Sachbereich kennzeichnen. Dadurch wird aber kein „Entscheidungsspielraum" der Verwaltung gerechtfertigt; die Frage, inwieweit das Gericht kontrolliert, verlangt keine begriffliche Dichotomie zwischen „gestaltender" Verwaltung und „bewahrender" Rechtsprechung, sondern nach einer funktionalen Antwort im oben (1. Kap.) gezeigten Sinn. (Vgl. gegen die Entgegensetzung von final programmierter Verwaltung und konditional programmierter Rechtsprechung in der systemfunktionalen Rechtsprechungssicht Luhmann's Pfaff, Planungsrechtsprechung, S. 82ff.).

und verlieren damit den Boden unter den Füßen[21]; und ihre Abstellung auf angeblich unterschiedliche Qualitäten von Rechtssatz- und Gesetzesanwendungsstrukturen und damit verbundenen „Freiheiten" verspricht auch in diesem Gewand ebensowenig Erfolg, wie dies im allgemeinen Zusammenhang und im Hinblick auf die überlieferte Ermessensdoktrin bemerkt werden konnte[22]:

Die vom Gesetzgeber für den Inhalt der Entscheidung bereitgestellten Vorgaben bestehen regelmäßig in der Benennung der zulässigen Projekte, der Festlegung der fachspezifischen Ziele und in den Fachplanungs-, aber besonders in einer Vielzahl anderer Gesetze (: derjenigen, die die durch den Planfeststellungsbeschluß formell ersetzten Einzelentscheidungen regeln) enthaltenen Vorschriften, die – jeweils auf die Ordnung und den Schutz sektoraler Belange ausgerichtet – auch für diese Entscheidung in Frage kommen[23]. Diese Vorgaben können weder im Sinne des Gegensatzes „verwirklichungsbedürftig" und „subsumtions"- bzw. „vollzugsfähig"[24] noch im Sinne einer Unterscheidung zwischen auf Beachtung und Durchsetzung hin angelegter Normen[25] erfaßt werden und sind nicht als Normen – und zudem aufgrund einer bestimmten Rechtssatzstruktur – mehr oder weniger unvollständig[26]; sie sind bloß offen, weil ihnen nicht ohne weiteres entnommen werden kann, welche planerische Festsetzung im Hinblick auf welche Vorschriften für welchen Wirklichkeitsausschnitt angeordnet ist[27]. Die Möglichkeit der (sowie die Möglichkeit der Annahme einer) Durchdringung eines Lebensbereichs durch aussagekräftige generelle Rechtssätze hängt davon ab, inwieweit die für die jeweilige rechtliche Anordnung maßgeblichen Eigenschaften der Ordnungsmaterie

---

[21] In diesem Sinne kann der Warnung von Papier (NJW 1977, 1714 [1715]) davor, „aus einer mehr oder weniger schablonenhaften Zuordnung der Planungsnormen zum Kreis der zweckprogrammierten Verhaltensnormen abschließende Feststellungen über die normative Verhaltenssteuerung und den Grad der richterlichen Verwaltungskontrolle treffen zu wollen", uneingeschränkt zugestimmt werden.

[22] S. oben, 1. Kap.

[23] "In Frage kommen" bedeutet, daß ihre Relevanz nicht von vornherein auszuschließen ist, ihnen aber auch nicht von vornherein ein bestimmter Beitrag zur Entscheidung gutgeschrieben werden kann: das Problem ist die Erfassung ihrer konkreten Normativität – also ein Problem der Rechtskonkretisierung im umfassenden Zusammenhang planerischer Konfliktlagen. Zu den Auswirkungen dieser Sicht auf die Problematik der materiell-rechtlichen Konzentrationswirkung der Plf s. unten, 3. Kap. B II 1.

[24] S. dazu etwa Ossenbühl, Gutachten, S. 184f.

[25] Vgl. etwa Meins, Systemgerechtigkeit, S. 248f.

[26] Vgl. etwa Kügel, Der Planfeststellungsbeschluß, S. 121f., 124 (m.w.N.), der die weit verbreitete Meinung wiedergibt, der Unterschied in der Normstruktur bringe es mit sich, daß der Exekutive bei Planungsentscheidungen in aller Regel weit mehr Entscheidungsalternativen verbleiben als bei der Anwendung von ausschließlich konditional programmierten Gesetzen; bei der Planungsentscheidung dominiere ihr autonomer Charakter im Sinne einer autonomen Entscheidungsfindung und Rechtsetzung.

[27] S. oben, 1. Kap.

sich dazu eignen, von der Konkretheit der jeweiligen Fälle sprachlich abgehoben und in generelle Regelungen „konzentriert“ zu werden, ohne daß sich dabei eine größere Distanz zwischen Rechtssatz und Wirklichkeit ergibt. Da die sachliche und zeitliche Offenheit, die Dynamik und die Komplexität der Materie der räumlichen Einfügung eines Infrastrukturvorhabens in seine Umgebung keine Typisierungsmöglichkeiten im Hinblick auf die einzubringenden Infrastrukturinteressen und die multidimensionale Belangezuordnung eröffnet[28], muß die Aufstellung einer allgemeinen Ordnung mit einem sehr geringen Informationsgehalt erkauft werden. Für das Gesetz als Direktive ist das Fachplanungsrecht modellhaft; jedoch nicht als defizitäre „Ermessensdirektive“[29], sondern als Direktive für den Konkretisierungsvorgang als Ganzes[30].

Andererseits ist es zumindest mißverständlich, wenn die Abwägung der Subsumtion entgegengesetzt und dieser gegenüber als die „defizitäre“, (größere bzw. besondere) Freiheiten einräumende Gesetzesanwendungsmethode angesehen wird[31]. Denn es handelt sich überall um Rechtskonkretisierung mit den zuvor aufgezeigten Strukturen. Es kann lediglich davon gesprochen werden, daß sich die Rechtskonkretisierung bei Computerreife des Gesetzes zur echten Subsumtion steigert[32] oder daß im Konkretisierungsvorgang zwischen dem Verfahren der Erarbeitung der Entscheidungsnorm (der Fikentscher'schen „Fallnorm“[33]) und der darauffolgenden – wiederum echten – Subsumtion unterschieden werden kann, nicht jedoch von einem Gegensatz zwischen verschiedenen Gesetzesanwendungsstrukturen[34].

---

[28] S. dazu statt aller Hoppe, DVBl. 1974, 641 [646].

[29] So etwa Ossenbühl, Gutachten, S. 187.

[30] S. dazu oben, 1. Kap.

Soweit in der Literatur zum Planungsrecht der Terminus „Finalprogramm“ im Sinne einer bereichsspezifisch offenen Direktive gebraucht wird (so wohl Schmidt-Aßmann, in: E/Z/B, BBauG, § 1, Rdnr. 305), kann dagegen nichts eingewendet werden.

[31] So aber die auf Finalprogrammierung abstellende Literatur, vgl. Ossenbühl, Gutachten, S. 184f.; Kügel, Der Planfeststellungsbeschluß, S. 122f., 124f. m.w.N.; unter dem Einfluß des Ausgleichsgedankens Erbguth, DÖV 1988, 481 [487]: „Ausgleich bedeutet aber Abwägung und widerstreitet einer Entscheidungsbindung“.

[32] Vgl. Fr. Müller, Juristische Methodik, S. 183.

[33] S. Fikentscher, Methoden, Band IV, Kap. 31 und 32 (S. 129ff.), zusammenfassend S. 374ff.; vgl. dazu auch Larenz, Methodenlehre, S. 138ff.

[34] Weyreuther hat die Besonderheit der planerischen Abwägung in zweifacher Weise hervorgehoben: Zum einen durch die Unterscheidung zwischen nachvollziehender Abwägung bei der Auslegung unbestimmter Rechtsbegriffe und gestaltender Abwägung bei der Planung (DÖV 1977, 419 [420]; BauR 1977, 293 [297] am Beispiel des § 35 BBauG; vgl. zur Unterscheidung auch Wahl, DVBl. 1982, 51 [55]; Kühling, Fachplanungsrecht, Rdnr. 31f.; jüngst ders., DVBl. 1989, 221 unter Bezugnahme auf BVerwG, B. v. 16. 6. 1988 – 4 B 102.88 – NVwZ 1988, 1020 betreffend die Aufstellung von Landschaftsplänen nach § 6 und die Entscheidung über eine rechtsverbindliche Unterschutzstellung von Landschaftsteilen nach § 15 BNatSchG); zum anderen durch die Differenzierung in statische und dynamische Abwägung: „Nicht – wie man sonst über die Ermessensausübung zu sagen pflegt – die „Abwägung der Gründe und Gegengründe“, sondern das gewissermaßen an einem Mosaik bastelnde, immer wieder auch scheinbar

Daher kann die Abwägung nicht im Sinne einer Werte- oder Güterabwägung verstanden werden, will man nicht unter einer Scheinrationalität den Verzicht auf die Belegung der Konkretisierung verbergen oder eine vorschnelle Präferenzentscheidung zu Lasten eines Belangs treffen[35].

Sie kann aber auch nicht im Sinne einer normgelösten Abwägung erfaßt werden: Alexy[36] kommt zu einer solchen Abwägung über die Normkonstruktion des „Prinzips", das „noch nicht auf die Möglichkeiten der tatsächlichen und der normativen Welt bezogen"[37] ist. Begreift man aber die Norm in ihrem Bezug auf diese „rechtlichen und tatsächlichen Möglichkeiten", so wird diese Abwägung hinfällig und es bleibt nur die aus dem größeren Rechtssatz- und Sachkontext[38] zu konkretisierende Norm.

Ihre Erarbeitung muß von allen in Betracht kommenden, sachlich unmittelbar zusammenhängenden Belangen und den sie zum Ausdruck bringenden Vorschriften mitgetragen werden. In diesem Sinne der Maßgeblichkeit des größeren Zusammenhangs, der allseitigen Abstützung der Entscheidung und

---

bereits gesicherte Teilergebnisse wieder in Frage stellende Erwägen und erneute Abwägen sind für das planerische Abwägen charakteristisch" (BauR 1977, 293 [298]).

Auch diese Charakterisierungen können unterschiedliche Strukturen und besondere Freiheiten nicht begründen. Was sie vor dem Hintergrund der hier vertretenen Auffassung zum Ausdruck bringen können, sind bereichsspezifische Unterschiede in der Überschaubarkeit der rechtlichen Konstellation, wo die Dynamik oder Statik des Sachbereichs, die Distanz zwischen Rechtssatz und Wirklichkeit, die Punktualität oder Komplexität des Falles, die Nebenwirkungen des Handelns und deren Rechtserheblichkeit unterschiedliche Konkretisierungsanstrengungen zur Folge haben und auch die Beziehung zwischen Verwaltung und Verwaltungsgerichtsbarkeit unterschiedlich gestalten. So verstanden sind sie – um mit Schmidt-Aßmann (VVDStRL 34 (1976), S. 221 [252f.]; ders., in: E/Z/B, BBauG, § 1, Rdnr. 305) zu sprechen – bereichsspezifisch „unterschiedliche Einstellungen zum Gesetz"; und als solche nicht nur akzeptabel, sondern als Ansätze einer sachgerechten Typik auch wertvoll. Ihre Eliminierung durch formales Vorgehen (vgl. etwa Beckmann, DÖV 1987, 944 [948]) hieße dem bei den Juristen so häufig anzutreffenden Irrtum zu verfallen, Unterschiede als nicht vorhanden zu behandeln, die sich nicht genau definieren lassen (das tadelt zu Recht – allerdings in anderem Zusammenhang – P. Noll, ZSR 1974 II, S. 249 [267f.]).

35 Zur Werte- bzw. Güterabwägung s. etwa Gern, DÖV 1986, 462 m.zahlr.N. aus der umfangreichen Diskussion. Eine kurze Bemerkung sei erlaubt: In der Literatur gibt es sowohl Stimmen, die die Werte- oder Güterabwägung mit den auch hier vorgebrachten Argumenten zurückweisen (so etwa Hesse, Grundzüge, Rdnr. 72; Fr. Müller, Juristische Methodik, S. 222), wie auch Stimmen, nach denen diese Abwägung mit den auch hier abgelehnten Eigenschaften nichts zu tun hat (so etwa Schwabe, Grundrechtsdogmatik, S. 319ff.). Soweit dadurch der Streit zu einer Frage terminologischer Auseinandersetzung wird, möchte sich die vorliegende Untersuchung nicht auf bestimmte Termini versteifen: hier wird bloß gegen eine *so* verstandene Werte- bzw. Güterabwägung gesprochen *und* eine andere als die oben aufgezeigte Struktur der Gewinnung von rechtlichen Entscheidungen abgelehnt.

36 In: Rechtstheorie, Beiheft 1 (1979), S. 59; ders., ARSP 25 (1985), S. 13; ders., Grundrechte, S. 71ff. Diesen Ansatz hat im Planungsrecht als erster Rubel verfolgt, vgl. ders., Planungsermessen, S. 63ff., 77ff., 123ff.

37 Alexy, Grundrechte, S. 92; zur Definition des Prinzips ebd., S. 75f.

38 Vgl. Fr. Müller, Juristische Methodik, S. 115f.

der Ablehnung pauschalierender Zuordnunsurteile löst die Konkretisierung das Anliegen des dem Grundsatz der Verhältnismäßigkeit i.e.S. bzw. der praktischen Konkordanz innewohnenden Proportionalitätsgedankens ein[39]; nach Aussonderung illegitimer Belange steht die Behandlung der im Spiel stehenden variablen Größen im Zeichen ihres konkreten – im Hinblick auf die anderen Belange auf Gegenseitigkeit beruhenden – Verwirklichungsanspruchs[40].

Die auch positiv-rechtlich normierte Abwägung[41], die in der Schrankensystematik des BVerwG eine hervorragende Stellung einnimmt, muß damit als das konkurrenzlösende – konkretisierende Verfahren erachtet werden, das den Ausweichs-, Ausgleichs- und Zumutbarkeitsgedanken in einem einheitlichen Vorgang der Erarbeitung der konkreten Normativität verbindet[42]; erst mit diesem Gehalt wird die Abwägung einwandfrei und dann ist es eigentlich von sekundärer Bedeutung, in welcher Sprache das ausgedrückt wird: man darf sich ohne weiteres der inzwischen eingebürgerten plastischen Sprache der Vor- und Zurückstellungs-, Überwindungs- und Gewichtsmetaphorik bedienen[43].

Soweit das Anliegen der zuvor umschriebenen materienspezifischen Betrachtungen dies ist, die planerische Gestaltungsfreiheit gegenüber dem herkömmlichen Ermessen zu profilieren, so zeigen die obigen Überlegungen, daß der Streit im falschen Felde ausgetragen wird. Nicht nur bestehen zwischen diesen Figuren keine der behaupteten qualitativen Unterschiede, sondern es ist nicht einmal die Vergleichsbasis in dieser vielfach aufgegriffenen Form vorhanden: nicht nur weil es „die“ planerische Gestaltungsfreiheit als alle

---

39 Vgl. Hesse, Grundzüge, Rdnr. 72; Fr. Müller, Juristische Methodik, S. 221f.

40 Vgl. dazu nur die vergleichbaren Gedanken von Hesse, Grundzüge, Rdnr. 72.

41 S. § 17 Abs. 1 Satz 3 FStrG und des weiteren § 37 Abs. 1 FlurbG, § 1 Abs. 2 BNatSchG, § 2 Abs. 3 BROG, §§ 1 Abs. 6, 136 Abs. 4 Satz 3 BauGB.

42 Zum (jeweils unterschiedlich akzentuierten) Einsatz dieser Gedanken in der allgemeinen Literatur zum Grundsatz der Verhältnismäßigkeit s. etwa Schlink, Abwägung, S. 143ff. Im Fachplanungsrecht können sie nicht voneinander und vom Konkretisierungsvorgang getrennt werden. Das gilt zunächst für den verhältnismäßigen Ausgleich, der mit der planerischen Abwägung aufs engste verknüpft ist, vgl. Rubel, Planungsermessen, S. 100; Beckmann, DÖV 1987, 944 [947]; Erbguth, DÖV 1988, 481 [487]; die Nachweise aus der Rspr. unten, 3. Kap. A I 2, bei und in Fn. 39, 3. Kap. A II 3 b (2), bei Fn. 197. Des weiteren geht die Problematik der durch ein Ausweichen erzielbaren milderen Lösungen wegen der Erheblichkeit der Nebenwirkungen im umfassenden Planungszusammenhang in dem Ausgleichsgedanken auf, vgl. dazu unten, 3. Kap. A II 3 b (2). Zum dritten ist die (einseitig ausgerichtete) Zumutbarkeit mit dem (umfassenden) Ausgleich untrennbar verbunden; vgl. dazu aus allgemeinerer Sicht Hirschberg, Der Grundsatz der Verhältnismäßigkeit, S. 97ff. (Das gilt hier auch insofern, als der Gesetzgeber durch die an Zumutbarkeitsüberlegungen anknüpfenden Schutzauflagenvorschriften letzten Endes erweiterte Ausgleichsmöglichkeiten geschaffen hat).

43 Soweit bei der Untersuchung der Schrankensystematik des BVerwG (3. Kap.) die eingebürgerte Terminologie gebraucht wird, liegt ihr der hier spezifizierte Sinn zugrunde.

Planungsbereiche abdeckende Figur nicht gibt[44], sondern auch weil es auch „das“ Ermessen als Vergleichsmaßstab – und gegebenenfalls Gegenbild – nicht gibt; dieser Terminus kann bestenfalls als Oberbegriff fungieren, der eine breite Palette von Ermessenstypen – selbständigen Befugnissen der Verwaltung zur Rechtskonkretisierung – deckt[45]; erst von *diesen* ist die Konkretisierungsbefugnis der Verwaltung im Fachplanungsrecht wiederum typologisch absetzbar.

Auch der Vergleich der Ermessens- mit der Abwägungsfehlerlehre führt – mit Ausnahme des Phänomens mangelnder Durchschlagskraft von Fehlern bei der Planungsentscheidung[46] – nicht weiter[47]. Wiederholt wird darauf hingewiesen, daß diese sich kaum unterscheiden[48], und vielfach wird die plastischere Abwägungs(fehler)lehre auf das herkömmliche Ermessen erstreckt[49]. Diese Austauschbarkeit ist wiederum ein Zeichen für die funktionelle Gleichheit beider Figuren und läßt den Gedanken als gerechtfertigt erscheinen, daß das Problem kein solches der „Fehler“ im herkömmlichen Sinne ist[50], sondern ein solches der verantwortungsgerechten Interpretation und der vom Gericht anzulegenden Maßstäbe bei der Kontrolle des Konkretisierungsvorgangs.

Die gerichtliche Kontrolle besteht demnach in der mehr oder minder breiten Nachprüfung des Konkretisierungsvorgangs als Ganzes; sie kann nicht im Sinne der Aufspaltung der Entscheidung in „subsumtionäre“ und „diskretionäre“ (bindungsfreie) Teile erfaßt werden[51].

Sie kann aber auch nicht nach Gesetzesvorschriften (-bestandteilen) differenziert werden[52], so daß die Anwendung mancher von ihnen eingehender,

---

44 Vgl. Tettinger, Rechtsanwendung, S. 139 und 467.

45 S. dazu oben, 1. Kap.

46 Ibler, Schranken, S. 219ff., macht zu Recht darauf aufmerksam.

47 Vgl. Ibler, Schranken, S. 220f., der – obwohl er die Kontrolldichteproblematik aus seiner Untersuchung ausklammert (ebd., S. 273) – eine Bewertung der Fehlerlehren unternimmt und nach eingehendem Vergleich (S. 216ff.) zu dem Ergebnis kommt, die Vermutung liege nahe, daß die detaillierte Kontrollstruktur beim Planungsermessen eine Kontrolldichte bewirke, die die Entscheidungsbefugnis der Behörden enger eingrenze, als es die Ermessensfehlerarten beim Rechtsfolgeermessen tun; genausogut sei aber möglich, daß die Kontrolldichte bei der Ausübung von Planungsermessen und Rechtsfolgeermessen letztlich gleichwertig sei; in Betracht komme jedoch auch, daß die behördliche Entscheidungsbefugnis beim Planungsermessen weiter, die richterliche Kontrolldichte mithin geringer als beim Rechtsfolgeermessen sei. Dieser Bewertung ist nichts hinzuzufügen.

48 S. Schuppert, DVBl. 1988, 1191 [1199f.] m.w.N. in Fn. 90.

49 Vgl. Schmidt-Aßmann, VVDStRL 34 (1976), S. 221 [251f.]; Tettinger, Rechtsanwendung, S. 484.

50 Badura, FS BayVerfGH, S. 157 [174] bemerkt zu Recht, daß die herkömmliche Ermessensfehlerlehre zu sehr im allgemeinen bleibt; das gilt aber nicht nur im Hinblick auf die Eigenart der Planung, sondern ist eine materienunabhängige Schwäche dieser Fehlerlehre.

51 So zu Recht Ossenbühl, Gutachten, S. 187.

mancher weniger streng nachgeprüft wird; denn sie ist auf den größeren Entscheidungszusammenhang angewiesen, wo die Verwirklichung des Gemeinwohls nicht ohne Einbuße an Sachgerechtigkeit und an Konkretisierungsanstrengungen als im Hinblick auf einzelne Belange oder Belangenkreise typisiert erachtet werden kann[53]. Ihr Anknüpfungspunkt kann nur die umfassende und einheitliche Entscheidung darüber sein, auf welche Weise welche Belange welchen Belangen bei welchen Verwirklichungs- und Beeinträchtigungsintensitäten zugeordnet werden können.

Das bedeutet freilich alles andere als einen Verzicht auf Differenzierungen schlechthin; diese müssen aber von der Einheitlichkeit der Erfassung der konkreten Normativität ausgehen, je nach Entscheidungsschicht differenziert und funktional ausgerichtet sein[54].

Die Frage, ob der Fachplanungsgesetzgeber mit der Zuweisung der Befugnis an die Verwaltung, die Entscheidungen über konkrete Einzelprojekte im Wege teilweise selbständiger Rechtskonkretisierung zu treffen, seinen verfassungsrechtlichen Regelungspflichten in hinreichender Weise nachgekommen ist, kann bejaht werden. Insbesondere steht die gesetzgeberische Entscheidung im Einklang mit den für den Gesetzesvorbehalt und den Bestimmtheitsgedanken über das Vehikel der Wesentlichkeitstheorie zutage geförderten Erkenntnissen[55].

Der Gesetzgeber hat durch die Benennung der zulässigen Projekte und die Festlegung der für und wider einzubringenden Belange die wesentlichen Entscheidungen im normativen Bereich selbst getroffen; daß er die – an sich durchaus wesentliche – Entscheidung über eine Einzelanlage der Verwaltung überläßt, ist unbedenklich[56]. Das gilt aber auch – trotz ihrer Intensität[57] – für

---

[52] Zur Ablehnung einer solchen Differenzierung vgl. Ossenbühl, Gutachten, S. 186f.

[53] Sonst sähe man sich in eine undurchsichtige Situation verwickelt, wo man nicht wüßte – um den Ausdruck von Sendler (UPR 1983, 33) aufzugreifen, – wer wen gefährdet, etwa das Eigentum den Umweltschutz oder umgekehrt.

[54] S. dazu in Detail (in Auseinandersetzung mit der Schrankensystematik des BVerwG) unten, 3. Kap.

Ohne diesen Ausführungen vorgreifen zu wollen, muß hier schon bemerkt werden, daß die maßgeblichen Differenzierungen von der Schrankensystematik des BVerwG nicht erfaßt werden. Wichtiger als diese Schranken sind Differenzierungen nach sachlicher Entscheidungsschicht (Entscheidung über die räumliche Einfügung des Vorhabens – Entscheidung über die Einhaltung von Sicherheitsanforderungen), nach der aufgegriffenen Aufgabe (Behebung von Mißständen – zukunftsorientierte Lenkung und Gestaltung) nach dem Einflußpotential fehlerhafter Erfassung einzelner Konkretisierungsmomente (eingeschränkte Durchschlagskraft der Fehler) usw.

[55] S. dazu aus allgemeiner Sicht oben, 1. Kap. (Fn. 72).

[56] Vgl. BVerfG, B. v. 8. 8. 1978 – 2 BvL 8/77 – E 49, 89 [138] und im Anschluß daran Lerche, Schulrecht, S. 37; ders., in: Lerche / Schmitt Glaeser / Schmidt-Aßmann, Verfahren, S. 97 [125].

[57] Zur Intensität der Regelung als die Anforderungen an die Dichte formellgesetzlicher Normierung verschärfender Faktor vgl. nur BVerfG, B. v. 8. 8. 1978 – 2 BvL 8/77

die Offenheit seiner Regelungen. Denn die verfassungsrechtlichen Bestimmtheitsanforderungen variieren je nach Sachbereich[58]; und die darin zum Ausdruck kommende Elastizität schließt im Rahmen der Wesentlichkeitstheorie auch die Möglichkeit des Gesetzgebers ein, selbst im Kernbereich des (klassischen) Gesetzesvorbehalts das Nähere der Verwaltung zu überlassen, soweit die Eigenart einer Verwaltungsmaterie dies rechtfertigt oder erfordert[59].

Unter diesen Umständen unterliegt die Offenheit des Fachplanungsrechts (einschließlich des fachspezifischen Zwecks, dessen Angabe unter den Bestimmtheitsanforderungen vielfach als die wichtigste Komponente erachtet wird) keinen durchgreifenden verfassungsrechtlichen Bedenken[60]: Reduziert die Dynamik, Beweglichkeit und Zukunftsoffenheit des Fachplanungsbereichs die Normierungsmöglichkeiten[61], so findet die Senkung der Bestimmtheitsan-

– E 49, 89 [127, 133]. Die gestaltende Einwirkung des PlfB auf die bestehende Rechtslage und die intensiven Grundrechtsberührungen sind jedoch vor dem Hintergrund des Gesamtzusammenhangs sozialrechtsstaatlichen Ausgleichs der Fachplanung zu sehen, in den diese Einwirkungen eingebettet sind.

[58] Vgl. BVerfG, B. v. 8. 8. 1978 – 2 BvL 8/77 – E 49, 89 [133]: „Bei der Frage, welche Bestimmtheitsanforderungen im einzelnen erfüllt sein müssen, sind die Besonderheiten des jeweiligen Regelungsgegenstandes ... zu berücksichtigen ... Geringere Anforderungen sind vor allem bei vielgestaltigen Sachverhalten zu stellen ... oder wenn zu erwarten ist, daß sich die tatsächlichen Verhältnisse rasch ändern werden." Diese Variabilität besteht auch, soweit die Bestimmtheitsanforderungen auch zur Gewährleistung von Rechtssicherheit beitragen sollen; denn „diese läßt sich ... nicht bei jedem Regelungsgegenstand in gleichem Maße verwirklichen" (BVerfG, a.a.O., S. 137).

[59] Vgl. dazu Bullinger, JZ 1984, 1001 [1005] im Anschluß an BVerfG, B. v. 8. 8. 1978 – 2 BvL 8/77 – E 49, 89 [126ff.]; a.A. – im Rahmen aber einer einseitigen und starren, nach eigenem Bekunden extrem rechtsstaatlichen Sicht – Börger, Genehmigungs- und Planungsentscheidungen, S. 134ff.

Ergänzend muß bemerkt werden, daß mit der Anerkennung einer materienbedingten Reduktion der materiell-rechtlichen Entscheidungsvorgaben sich die Frage flankierender Sicherungen nicht erledigt; dazu sogleich unten im Text.

[60] Vgl. etwa Kügel, Der Planfeststellungsbeschluß, S. 115f.; Ibler, Schranken, S. 171f.; Kühling, Fachplanungsrecht, Rdnr. 167; zweifelnd Hoppe / Schlarmann, Rechtsschutz, Rdnrn. 168ff.; früher (im Bereich des Fernstraßenrechts) Karwath, Die Konzentrationswirkung, S. 81ff., für die im Sinne einer materiellen Konzentration verstandene Planfeststellung.

Der kritische Hinweis von Börger, Genehmigungs- und Planungsentscheidungen, S. 154 (geteilt von Beckmann, DÖV 1987, 944 [949]), das BVerwG habe bei der Übertragung seiner Rspr. zur planerischen Gestaltungsfreiheit bei der Bauleitplanung auf das Fachplanungsrecht übersehen, „daß sich das Planfeststellungsrecht zu einer Zeit entwickelt hat, in der zwar zunehmend der Gesetzesvorbehalt als Verfassungsgrundsatz anerkannt war, jedoch die danach geforderte gesetzliche Ermächtigung Eingriffe in die Rechte und Freiheiten der Bürger nicht in ihren Voraussetzungen und Modalitäten erschöpfend zu regeln brauchte", verfehlt zum einen die partielle Restriktion des (klassischen) Gesetzesvorbehalts durch die Wesentlichkeitstheorie; zum anderen wird dadurch der Umstand, daß die Eigenart der Materie Hand in Hand mit einem bereichsspezifisch unterschiedlichen normativen Gehalt verfassungsrechtlicher Vorgaben geht, ebensowenig beachtet wie mit der Äußerung (Börger, a.a.O.), daß der Gesetzesvorbehalt unter der Ägide des Grundgesetzes Planungsentscheidungen als solche nicht privilegiert.

forderungen in der sozialstaatlich geprägten Notwendigkeit des Aufgreifens der Fachplanungsaufgabe eine zusätzliche Stütze[62]. In diesem Zusammenhang muß zugunsten des Gesetzgebers auch der Umstand berücksichtigt werden, daß hier – im Gegensatz etwa zur kommunalen Bauleitplanung – die technische Gestalt der Projekte selbst ein Mindestmaß an Voraussehbarkeit ihres räumlichen Bezugs gewährleistet.

Damit ist nicht gemeint, daß der Gesetzgeber (in den Grenzen des Verwaltungsvorbehalts) die Einzelfallentscheidung nicht an sich ziehen darf; es wird nur festgestellt, daß er dazu nicht verpflichtet ist. Seine Pflicht kann nur zum Inhalt haben, daß die Entscheidung einer fachlich qualifizierten Behörde überantwortet wird und daß die Einräumung der selbständigen Konkretisierungsbefugnis der Exekutive mit einem sachgerechten und auch rechtsstaatlichen Anforderungen genügenden Verwaltungsverfahren gekoppelt wird[63]. Diese Kautelen hat der Gesetzgeber im Planfeststellungsrecht erfüllt.

Die selbständige Entscheidungsbefugnis der Verwaltung im Hinblick auf die Zulassung eines konkreten Infrastrukturprojekts steht also unter diesem Aspekt auf eigenen Beinen. Daß die von der Rechtsprechung bei der Fachplanung angewendeten Regeln eine Übertragung der von ihr bei der Bauleitplanung entwickelten Grundsätze sind, kann – entgegen mancher Stimme in der Literatur[64] – nicht zu Bedenken Anlaß geben. Die Rechtsprechung hat Gedanken übertragen, die als Ausgangsvorstellung dazu auch geeignet sind. Diese einheitliche Ausgangsvorstellung bekommt jedoch in den unterschiedlichen Ordnungsbereichen auch unterschiedliche Gehalte, die miteinander nur beschränkt vergleichbar sind. Die Hervorhebung des Legitimationsapparates

---

[61] Zur „Regelungsfeindlichkeit“ des Infrastrukturbereichs Ossenbühl, in: Götz / Klein / Starck (Hrsg.), Die öffentliche Verwaltung, S. 9 [34]; zur beschränkten Normierbarkeit der Planung im allgemeinen s. statt aller Brohm, NJW 1984, 8 [11f.].

[62] Vgl. Brohm, VVDStRL 30 (1972), S. 245 [268]; Steinberg, Der Staat 15 (1976), S. 185 [195].

[63] Badura, FS Bachof, S. 169 [177] stellt die Problematik zurecht: „... der Streit [kann] nicht um ein Entwender-Oder selbständiger Verwaltungsverantwortung geführt werden, sondern nur darum, ob und unter welchen Kautelen das Gesetz der Exekutive Ermessen, Gestaltungsfreiheit, Beurteilungsspielraum oder Einschätzungsbefugnis einräumen darf.“

Im Hinblick auf das VwVf ist dieses mit seiner Aufwertung (vgl. BVerfG, B. v. 20. 12. 1979 – 1 BvR 385/77 – E 53, 30 [59ff.]; aus der kaum noch übersehbaren Literatur nur Häberle, VVDStRL 30 (1972), S. 43 [86ff.]; Lerche / Schmitt Glaeser / Schmidt-Aßmann, Verfahren und jüngst Pitschas, Verwaltungsverantwortung) unverzichtbarer Bestandteil der verfassungsrechtlich gebotenen Sicherung vor allem der Grundrechte, je schwerer eine Verwaltungsmaßnahme in die Rechtssphäre des Bürgers eingreift und je größer der der Behörde eingeräumte inhaltliche Entscheidungsspielraum ist, vgl. Bullinger, JZ 1984, 1001 [1006]. Deshalb ist auch das PlfVf essentieller Bestandteil des rechtsstaatlichen Minimums, dem die Planungsermächtigung genügen muß, vgl. Badura, in: Erichsen / Martens, AllgVerwR, S. 450.

[64] Börger, Genehmigungs- und Planungsentscheidungen, S. 153f.; ihm folgend Beckmann, DÖV 1987, 944 [949].

der kommunalen Selbstverwaltung[65] weist zutreffend auf Unterschiede hin; ein Umkehrschluß daraus zu Lasten der Möglichkeit des Gesetzgebers, eine selbständige Entscheidungsbefugnis der bürokratischen Verwaltung im Fachplanungsrecht zu begründen, ist jedoch in seiner Absolutheit nicht nur nicht zwingend, sondern im Hinblick auf die bereichsspezifisch unterschiedliche Direktionskraft der Koordinaten des Problems und auf ihr Zusammenwirken[66] schlechthin unzulässig[67].

Die gesetzlich begründete selbständige Rechtskonkretisierungsleistung der Verwaltung gewinnt gegenüber der Verwaltungsgerichtsbarkeit freilich nicht nur durch die Offenheit der materiell-rechtlichen Entscheidungsgrundlagen an sich ihre konkrete Gestalt, sondern auch durch die weiteren Koordinaten des Problems. In diesem Ordnungsbereich tritt die Vorbereitungs-, Stimmigkeits- und Folgenverantwortung der Verwaltung besonders deutlich in den Vordergrund[68].

Die Dynamik des Regelungsgegenstandes erfordert eine ständige Beobachtung und laufende Anpassung, die die Verwaltung aufgrund ihrer Kapazität durch auf Einzelprojekte spezialisierte organisatorische Einheiten bewältigen kann. Die dadurch erreichte Erfahrungsbreite und -tiefe als materien- und problembezogener „Sachverstand" ist für die Konkretisierungsleistung der Verwaltung genauso kennzeichnend, wie die Distanz und die im Rahmen von Einzelprozessen bruchstückhafte Kenntnisnahme durch den Richter für dessen Aufgabe. Daß dadurch bei der Einschränkung der Kontrollintensität auch der Aspekt der Sachnähe zu seinem Recht kommt, sei zusätzlich vermerkt.

Hinzu kommt der breite Entscheidungszusammenhang, der in dreifacher Hinsicht relevant wird. Zunächst verlangt dieser eine Abstimmungsleistung im

---

[65] Vgl. dazu schon Badura, VVDStRL 34 (1976), S. 294 (Diskussionsbeitrag); Schmidt-Aßmann, in: E/Z/B, BBauG, § 1 , Rdnr. 307.

[66] Vgl. dazu oben, 1. Kap.

[67] Bei dieser Argumentation wird ein weiterer Umstand nicht berücksichtigt: Während der Richter auf seine „zweite Legitimationsbasis", das Gesetz, in höherem Maße angewiesen ist (vgl. hierzu Schmidt-Aßmann, VVDStRL 34 (1976), S. 221 [234]), ist die an das Parlament über Aufsicht und Weisungen rückgekoppelte (bürokratische) Verwaltung eher imstande, größere Distanzen zwischen Rechtssatz und Wirklichkeit zu überbrücken, was – gegenüber der Verwaltungsgerichtsbarkeit – ihre Berechtigung zur „politischen Eigenprogrammierung" verstärkt; zu diesem Aspekt Pitschas, Verwaltungsverantwortung, S. 543ff.; (verallgemeinernde) Schlüsse für die gerichtliche Kontrolle ziehend Brohm, DÖV 1987, 265 [270f.]; enger Erichsen, DVBl. 1985, 22 [26], dem insofern zuzustimmen ist, als er ein pauschales Urteil ablehnt.

[68] Vgl. dazu Schmidt-Aßmann, VVDStRL 34 (1976), S. 221 [232]; zutreffend bemerkt er (ebd., S. 253f., Fn. 111), daß die Verantwortung dort ohne weiteres ein überzeugendes Argument zur Kontrollbeschränkung liefert, „wo die Weitläufigkeit der von der Begriffshandhabung ausgelösten Folgen weit über den Einzelfall hinaus die administrative Vorbereitungs-, Stimmigkeits- und Folgenverantwortung trifft, d.h. wo ein Verwaltungsprogramm empfindlich gestört wird."

Hinblick auf fachübergreifende Pläne. Zum zweiten erfordert er eine Koordinationsleistung bezüglich der konkreteren einander zuzuordnenden Interessen, die in das Planungsvorhaben als infrastrukturell und räumlich stimmiges und funktionsfähiges Ganzes ausmünden soll[69]. Bei diesen beiden Momenten steht die Verantwortung der Verwaltung für den Gesamtzusammenhang dem verengten Blick des sich auf das klägerische Interesse konzentrierenden Richters gegenüber[70]. Sie kommt insbesondere dort zum Tragen, wo hinter der Einschränkung der Kontrolle die Notwendigkeit der Wahrung der Quintessenz administrativer Konkretisierungsarbeit steht, nämlich der Wahrung der planerischen Konzeption.

Die dritte Seite des Entscheidungszusammenhangs bildet sein nahezu unerschöpflicher Reichtum der relevanten Umstände (einschließlich Folgewirkungen) wie auch die unzähligen Kombinationsmöglichkeiten zwischen den beteiligten Belangen. Hier sind es nicht zuletzt Praktikabilitätsüberlegungen, die im Rahmen der Kooperation zwischen Verwaltung und Verwaltungsgerichtsbarkeit[71] zu einer Einschränkung der im Hinblick auf Art und Maß der

---

[69] Hier zeigt sich, daß Interessengeflecht und Eigenverantwortung der Verwaltung Hand in Hand gehen.

[70] Dazu Schmidt-Aßmann, VVDStRL 34 (1976), S. 221 [258] mit Folgerungen für die Kontrollintensität; allgemeiner zu diesem Gesichtspunkt des „Kompromisses zwischen Verwaltungsverantwortung und gerichtlicher Kontrolle" Weyreuther, UPR 1986, 121 [126].

[71] Vgl. zu den Dimensionen dieser Kooperation Franßen, FS Zeidler, S. 429 [446f.], der in Anlehnung an die von Bachof (in: Götz / Klein / Starck (Hrsg.), Die öffentliche Verwaltung, S. 179 und 242 (Diskussionsbeiträge)) und Sendler (jüngst FS Zeidler, S. 339 [344f.]) kritisierte übertriebene richterliche Ziselierarbeit an der Auslegung von Gesetzen vom die Verwaltungsgerichtsbarkeit treffenden Verbot spricht, verwaltungsrechtliche Rechtssätze so auszulegen, daß sie zu einer Überanstrengung der Verwaltung führen müssen, weil deren Leistungskraft überfordert wird.

Dieses „Rücksichtnahmegebot" besteht im Interesse sach- und zeitgemäßer Gemeinwohlaktualisierung und erhält dadurch Inhalt und Grenzen; in diesem Rahmen wahrt es im Fachplanungsrecht die Leistungsfähigkeit der Verwaltung gegenüber der erdrückenden Fülle des Materials, vgl. die auf den Zeitfaktor bezogenen, gleichwohl aber auch sachlich Geltung beanspruchenden Ausführungen des BayVGH, U. v. 8. 3. 1985 – 20 B 81 D.I – BayVBl. 1985, 399 [406]: „Wenn es darum geht, ob eine bisher geplante Konfiguration der Hauptbahnen beibehalten oder geändert werden soll, darf in die Abwägung auch der mit einer Änderung verbundene Planungs- und Verfahrensaufwand eingestellt werden."

In diesem Zusammenhang ist es unangebracht, von „selektiver Gesetzmäßigkeit" zu sprechen, wenn damit eine Mißachtung materieller Gesetzesinhalte impliziert wird. Materiell-rechtlicher Perfektionismus ist dort fehl am Platz, wo die Verwissenschaftlichung aller Lebensbereiche die strukturelle Leistungsfähigkeit des verantwortlichen Organs zu sprengen droht: denn so wendet sich der materielle Gesetzesinhalt gegen das Gesetz selbst. Verwaltungsverantwortung (wie auch Eigenverantwortung überhaupt) bezieht sich nicht nur auf die Bewältigung des Unwägbaren, sondern auch auf die Auseinandersetzung mit dem nicht mehr Verarbeitbaren (wobei freilich die Frage, inwieweit dies zum Zuge kommt, sonst nicht im luftleeren Raum steht, sondern nicht zuletzt je nach den jeweils in Kauf zu nehmenden Risiken zu beantworten ist). S. zu den Ursachen der Problematik allgemein Schmidt-Aßmann, Ordnungsidee, S. 16f.

Zusammenstellung des entscheidungserheblichen Materials und der Berücksichtigung von Planungsalternativen anzulegenden Maßstäbe führen[72].

Des weiteren sind in diesem Zusammenhang die weit in die Zukunft reichenden und sich sachlich in breite Bereiche gesellschaftlichen Lebens auswirkenden Folgen des Projekts zu berücksichtigen. Optionen, die die planerische Konzeption für eventuelle zukünftige sachliche Veränderungen offenläßt, sind von den Gerichten in angemessenem Umfang hinzunehmen[73].

Der Primat der Verantwortung der Verwaltung für die Verwirklichung des Gemeinwohls in sachlicher und zeitlicher Hinsicht findet Rückendeckung in dem Gedanken, daß das Rechtsschutzinteresse des einzelnen auch in grundrechtsrelevanten Bereichen nicht dermaßen vorrangig sein kann, daß zu seiner optimalen Erfüllung die im Interesse der Allgemeinheit wahrzunehmenden Aufgaben der Verwaltung übermäßig behindert oder nahezu blockiert werden dürften[74]. Das trifft mit der Einsicht zusammen, daß eine – Verantwortung für den Erfolg ihres Zusammenwirkens mit der Verwaltung tragende – Verwaltungsgerichtsbarkeit Rücksicht auf die realen Bedingungen der Erstellung des Plans nehmen und somit nicht nur ihr nachträgliches Mitvorhersehen bei Prognosen einschränkend handhaben[75], sondern auch – wie der BayVGH hervorgehoben hat – die Vorgeschichte der Planung mit in die Gesamtrechnung einstellen muß[76]. Die gegenüber dem letzten Gedanken vom BVerwG geäußerte Befürchtung, dadurch könnte die Planung und ihre Kontrolle faktischen Zwängen anheimgegeben werden[77], kann diesen vor immer möglichen Überspannungen zu Lasten des Rechtsschutzes bewahren[78], ihn jedoch nicht in seiner Substanz entkräften. Denn auch die vom BVerwG als Ersatz angebo-

---

[72] S. dazu unten, 3. Kap. C I 1 b (2), (3) (a).

[73] Vgl. zu den Entscheidungsoptionen im Rahmen staatlicher Zukunftsverantwortung Pitschas, Verwaltungsverantwortung, S. 273; zu der Kontrollpraxis und den -maßstäben unten, 3. Kap. A II 4.

[74] So BVerwG, U. v. 27. 5. 1983 – 4 C 40, 44 u. 45.81 – E 67, 206 [209f.] im Hinblick auf die Verfassungsmäßigkeit der Vorschrift des Art. 74 Abs. 5 BayVwVfG über die Ersetzung der individuellen Zustellung des PlfB bei einem Großvorhaben mit mehr als 300 Betroffenen durch dessen öffentliche Bekanntmachung. Zustimmend und die Relevanz dieses Gedankens auch für das materielle Recht hervorhebend Franßen, FS Zeidler, S. 429 [445f.].

[75] Dazu – und zu den Grenzen, die sich z. B. dann ergeben, wenn die Planung wegen Eintretens unvorhergesehener Entwicklungen in die Nähe der Funktionslosigkeit gerät – s. unten, 3. Kap. C I 1 b (3) (b).

[76] BayVGH, U. v. 8. 3. 1985 – 20 B 81 D.I – BayVBl. 1985, 399 [406f.].

[77] BVerwG, U. v. 5. 12. 1986 – 4 C 13.85 – S. 95f. des amtl. Umdrucks (insofern in BVerwGE 75, 214 nicht abgedruckt).

[78] Diese Gefahr hat auch der BayVGH (U. v. 8. 3. 1985 – 20 B 81 D.I – BayVBl. 1985, 399 [406]) erkannt und klargestellt, daß „ein solcher Gedanke ... selbstverständlich mit Behutsamkeit angewendet werden [muß]. Er darf nicht dazu führen, daß früher gemachte Fehler in jedem Fall verewigt werden und das Verfahren durch die normative Kraft des Faktischen beherrscht wird."

tene Anerkennung der Möglichkeit mangelnder Durchschlagskraft von Fehlern[79] steht letztlich in demselben funktionalen Zusammenhang mit diesem Gedanken. Dieser erschöpft sich aber nicht darin, sondern nimmt auch auf die gerichtlichen Kontrollmaßstäbe und damit auf die verwaltungsgerichtliche Bestandskraft des Planfeststellungsbeschlusses insgesamt Einfluß[80].

Die Annahme einer Einschränkung der Kontrolle wird dadurch bekräftigt, daß der Gesetzgeber flankierend ein ausgreifendes, die materielle Rechtskonkretisierung steuerndes Verfahren vorgesehen hat[81], das nicht nur den für die Entscheidung notwendigen Informationsfluß ermöglicht, sondern auch Rechtsschutzfunktionen entfaltet und insgesamt eine sachgemäße Rechtskonkretisierung zu gewährleisten imstande ist[82]. Allerdings ist hier Vorsicht geboten: Die beschränkt mildernde Einwirkung des Planfeststellungsverfahrens

---

79 BVerwG, U. v. 5. 12. 1986 – 4 C 13.85 – S. 96 des amtl. Umdrucks (insoweit in BVerwGE 75, 214 nicht abgedruckt).

80 Die Vielseitigkeit der Problematik und der im Spiel stehenden öffentlichen Interessen wird durch die enge Gedankenführung des BVerwG (U. v. 5. 12. 1986 – 4 C 13.85 – S. 95f. des amtl. Umdrucks; vgl. S. 96, wo das Gericht pauschal von „Interessen der planenden Behörde" spricht) nur unzureichend erfaßt. Anders dagegen beim Urteil des BayVGH vom 8. 3. 1985 – 20 B 81 D.I – BayVBl. 1985, 399 [406f.], wo die breite Veranschlagung der Problematik den Kreis der einzubringenden Gesichtspunkte erweitert, diese aber (und gerade deshalb!) nicht als allein maßgeblich und undifferenziert behandelt, sondern ihnen im Gesamtkontext der Entscheidungskoordinaten variable Entfaltungskraft zuspricht.

Das Gericht erkennt zutreffend die Bedeutung des Zeitfaktors: „Die Planung eines Großvorhabens ... nimmt oft einen langen Zeitraum in Anspruch. In der Regel bilden die in der Anfangsphase getroffenen grundlegenden Entscheidungen den Rahmen für die anschließende weitere Konkretisierung. Während des Verfahrens ergeben sich häufig neue Erkenntnisse oder es vollzieht sich ein allgemeiner Bewußtseinswandel, so daß frühere Entscheidungen schließlich in einem anderen Licht erscheinen als zur Zeit ihrer Entstehung, gleichwohl aber weiterwirken.

Diese geschichtlichen Vorbelastungen einer Planung müssen nicht nur gesehen, sondern in gewissem Maße auch rechtlich in Kauf genommen werden. Wollte man demgegenüber das Planungsergebnis ausschließlich an den jeweils neuesten Erkenntnissen messen, dann würde in ungeschichtlicher Weise ein Idealzustand postuliert und der Planungsprozeß mit seinen unvermeidlichen Unvollkommenheiten ignoriert. Es würde übersehen, daß die Planung einmal zu Ende kommen muß und nicht immer wieder bei Null beginnen kann."

Des weiteren wird – als Ausdruck der Verantwortung der Gerichte für den Erfolg ihres Zusammenwirkens mit der Exekutive – anerkannt, daß auch die gerichtliche Vorbelastung der Planung Bedeutung haben muß; insbesondere dann, wenn das Gericht in früheren, dasselbe Projekt betreffenden Entscheidungen den Rahmen materieller Rechtskonkretisierung (mit-)abgesteckt hat.

Schließlich wird gesehen, daß sich aus der Geschichtlichkeit von Planungen auch Maßstäbe für gerichtliche Entscheidungen ergeben: „Die Gerichte müssen abwägen zwischen der Durchsetzung bestimmter sachlicher Belange und den mit einer Verlängerung des Planungsprozesses verbundenen Nachteilen."

81 S. zum PlfVf und seinen Funktionen Badura, in: Erichsen / Martens, AllgVerwR, S. 450ff.; Schmitt Glaeser, in: Lerche / Schmitt Glaeser / Schmidt-Aßmann, Verfahren, S. 35; Ule / Laubinger, Verwaltungsverfahrensrecht, S. 241ff., jeweils m.zahlr.N. aus der Rspr. und (Kommentar-)Literatur.

82 Vgl. Bullinger, JZ 1984, 1001 [1006f.].

auf die Intensität der Nachprüfung der materiellen Rechtskonkretisierung kann im Rahmen eines ausgewogenen Gesamtzusammenhangs Verfahrens- und materiell-rechtlicher Kontrolle[83] weder eine weitgehende Verlagerung der gerichtlichen Kontrolle auf das Verfahren bedeuten[84], noch als Einladung zur interpretatorischen Überspannung verfahrensrechtlicher Positionen verstanden werden[85]. Zum ersten ist die materiell-rechtliche Kontrolle verfassungsrechtlich unverzichtbar[86]. Zum zweiten träfe eine ausgreifende Verfahrenskontrolle auf die Verfahrensverantwortung der Verwaltung wie auch auf deren Verantwortung für die Gemeinwohlumsetzung, die hier u.a. die Auswirkungen von Verfahrensfehlern auf die verwaltungsgerichtliche Bestandskraft der Entscheidung einschränkt[87]. Und zum dritten würde eine Ausdehnung verfahrensrechtlicher Positionen sowohl die Effizienz gefährden[88] als auch die Verwaltung der Flexibilität berauben, die aber angesichts der Dynamik und Offenheit des Aufgabenbereichs für die Gemeinwohlaktualisierung unerläßlich ist[89].

---

83 Auf die Wahrung des Gesamtzusammenhangs muß in doppelter Richtung hingewiesen werden: denn dieser wird durch die Geringschätzung des Verfahrens wegen seiner „bloß dienenden Funktion" ebenso verdeckt, wie er durch eine Überbetonung der prozessualen Steuerung materieller Rechtskonkretisierung gesprengt werden kann; etwas zu weitgehend daher auch Pitschas, Verwaltungsverantwortung, S. 109f. m.Fn. 269, S. 158 m. Fn. 103.

84 Zu undifferenziert etwa noch Schwarze, Der funktionale Zusammenhang, S. 64ff.; BVerfG, B. v. 20. 12. 1979 – 1 BvR 385/77 – E 53, 30 [81f.] (Sondervotum); Sellner, BauR 1980, 391 [401f.]; insofern berechtigt die Kritik von Pietzcker, VVDStRL 41 (1983), S. 193 [206f.].

85 Sowohl auf der Ebene einfachen Rechts wie auch der Verfassung; zu weitgehend aus letzterer Sicht auch Grimm, NVwZ 1985, 865 [872], der im Zusammenhang gerichtlicher Kontrolle grundrechtsrelevanter Verfahrensgarantien bei Planungsentscheidungen die Verwaltungsverantwortung unberücksichtigt läßt (und insofern die systematische Auslegung der Verfassung verkürzt).

86 S. statt aller Schmidt-Aßmann, VVDStRL 34 (1976), S. 221 [267].

87 Zur allgemeinen Diskussion des Problems s. nur die Bestandsaufnahme von Hufen, DVBl. 1988, 69 [insb. 75ff.] m.zahlr.N., der sich jedoch für eine engere Sicht ausspricht. Der hier angesprochene Gedanke wird z.B. von Hill, Das fehlerhafte Verfahren, S. 120, im Rahmen der funktionalen Aspekte des § 46 VwVfG erwogen: „Bei ... einer Interpretation etwa der Regelungen des Planfeststellungsverfahrens müßten allerdings auch die Folgen beachtet werden, die durch die mangelnde Ersetzungsbefugnis des Gerichts im Hinblick auf Zeit und Effektivität der Verwaltungsentscheidung eintreten". Die zutreffenden Konsequenzen zieht Ronellenfitsch, in: Umwelt, Verfassung, Verwaltung, S. 13 [31f. m. Fn. 78]. Auch das BVerwG nimmt zu Recht – entgegen der h.M. in der Literatur – eine eingeschränkte Durchschlagskraft von Verfahrensfehlern an, vgl. U. v. 30. 5. 1984 – 4 C 58.81 – E 69, 256 [269f.]; U. v. 5. 12. 1986 – 4 C 13.85 – E 75, 214 [228].

88 Zur Effizienzfunktion des Verwaltungsverfahrens vgl. die Referate von Wahl und Pietzcker in: VVDStRL 41 (1983), S. 153 und 193.

89 Die Flexibilitätserfordernisse erhellen sich vor dem Hintergrund der Entscheidungssituation, vgl. hierzu Schmitt Glaeser, in: Lerche / Schmitt Glaeser / Schmidt-Aßmann, Verfahren, S. 35 [55f.]; anschaulich am Beispiel der Massenverfahren Henle, BayVBl. 1981, 1.

Die Vollzugsnähe des Planfeststellungsbeschlusses und die damit verbundene Verfestigung der Betroffenheiten weisen auf die Notwendigkeit wachsamer Kontrolle hin, dürfen aber nicht dahingehend mißverstanden werden, daß dadurch die bisher aufgezeigte weitere Dimension überspielt wird oder daß der Planfeststellungsbeschluß den die auf Überschaubarkeit beruhende herkömmliche Eingriffskonstellation begleitenden Vorstellungen unterworfen wird.

Denn diese Vorstellungen müssen dort versagen, wo in einem offenen und komplexen Sachbereich die Einwirkungen auf private Rechtspositionen sich erst in dem Zusammenspiel der Interessen nach Art, Maß und Subjekt verdichten[90]. Das bedeutet, daß die gerichtliche Kontrolle erst innerhalb ihrer Adäquanz für den Gesamtzusammenhang auch für die einzelnen privaten Rechtspositionen effektiv sein kann[91] – und insofern muß. In diesem Sinne sind beide Seiten der Medaille zu betrachten: Der weite Vermittlungs- und Verdichtungszusammenhang entschärft – in Verbindung mit den vorangestellten Überlegungen – die Forderung nach einer tiefen Nachprüfung der jeweiligen Einwirkung als punktueller Gegebenheit[92]; was er vornehmlich verlangt, ist eine den für die jeweilige Einwirkung maßgeblichen Gesamtzusammenhang deckende Kontrolle[93].

Im vorliegenden Kontext ist ein weiterer Aspekt von Bedeutung; nämlich der Umstand, daß sich die Nachprüfung nicht nur auf den Plan (als Ergebnis) beschränkt, sondern die administrative Konkretisierung als Ganzes (unter Einschluß des Konkretisierungsvorgangs) ins Auge faßt. In dieser Struktur trägt die Kontrolle der Angewiesenheit betroffener Rechtspositionen auf eine sachgerechte Abwägung Rechnung. Ihre konkrete Ausgestaltung – bei ihr kommt der schon erwähnte Ausgleichsmechanismus einer beschränkten Durchschlagskraft von Fehlern zum Tragen – läßt aber auch die Verwaltungs-

---

[90] Vgl. hierzu Schmidt-Aßmann, AöR 106 (1981), S. 205 [214ff.]; Schmitt Glaeser, in: Lerche / Schmitt Glaeser / Schmidt-Aßmann, Verfahren, S. 35 [55]; Steinberg, Nachbarrecht, I Rdnr. 34.

[91] Das kommt etwa dann zum Ausdruck, wenn zugestanden wird, daß „die Vielzahl möglicher Abwägungsvarianten ... das gerichtliche Kontrollinstrumentarium, die Frage nach Geeignetheit, Erforderlichkeit und Verhältnismäßigkeit unscharf [macht], so daß es nur noch auf grobe Verstöße reagiert" (so Schmidt-Aßmann, VVDStRL 34 (1976), S. 221 [258]).

[92] Und nicht nur das: Bei Anlageverlegungen schließt er die Positionen derjenigen, die von der Verlegung profitieren, mit ein; dadurch erhält aber die verwaltungsgerichtliche Bestandskraft der Verwaltungsentscheidung neben der Verwaltungsverantwortung eine zusätzliche, rechtsschutzrelevante Stütze. Zu diesem Gedanken s. Lerche, Kernkraft, S. 27 m. Fn. 63 (in etwas anderem Zusammenhang); für die Planfeststellung Lerche, atomwirtschaft-atomtechnik 1982, 389 [390] und BayVGH, U. v. 8. 3. 1985 – 20 B 81 D.I – BayVBl. 1985, 399 [407].

[93] Daß dies Hand in Hand geht, wird bei der subjektiv-rechtlichen Begrenzung des Kontrollumfangs bei Nicht-Enteignungsbetroffenen übersehen, damit aber der Rechtsschutz empfindlich gekürzt.

verantwortung nicht unberücksichtigt. Insgesamt wird also durch das Instrument der Vorgangskontrolle das bereichsspezifische Bild des Verhältnisses von administrativer Gemeinwohlkompetenz und gerichtlichem Rechtsschutzauftrag in ausgewogener Weise komplettiert.

Diese mehr abstrakt angelegten und theoretisch ausgerichteten Ausführungen zeigen die allgemeinen Strukturen der gesetzlich begründeten selbständigen Konkretisierungsbefugnis der planenden Behörde; ihnen ist aber auch zu entnehmen, daß das Maß der Kontrolle flüssig ist. Inwieweit die Schrankensystematik des BVerwG, ihre Handhabung in der Rechtsprechung und ihre Auswertung in der spezielleren Literatur dieser Struktur und dem Erfordernis nach Elastizität Rechnung tragen, wird sobald aufzuzeigen sein. Dabei werden die näheren Konturen des gezeichneten allgemeinen Bildes sichtbar.

3. Kapitel

Die Schrankensystematik des BVerwG

Ihr Gehalt vor dem Hintergrund der Struktur fachplanungsrechtlicher Konkretisierung und der Befugnis der planenden Verwaltung zur eigenverantwortlichen Entscheidung

Das BVerwG geht in ständiger Rechtsprechung davon aus, die planerische Gestaltungsfreiheit erstrecke sich ihrem Gegenstand nach „in umfassender Weise auf schlechthin alle planerischen Gesichtspunkte, die zur möglichst optimalen Verwirklichung der gesetzlich jeweils vorgegebenen Planungsaufgabe, aber auch zur Bewältigung der von dem Planvorhaben in seiner räumlichen Umgebung erst aufgeworfenen Probleme von Bedeutung sind“[1]. Gleichzeitig wird aber betont, daß „in den verschiedenen Ebenen oder Stufen . . . , in denen sich der planerische Entscheidungsprozeß vollzieht“[2], rechtliche Bindungen von „unterschiedlicher Intensität“[3] auftreten.

Diese rechtlichen Bindungen finden Platz in der an die „allgemeine Struktur von (Fach)Planungsentscheidungen“[4] angelehnte und daher für alle Fachplanungen geltende[5] Schrankensystematik, die das BVerwG unter Leitung seines 4. Senats entwickelt und ausgebaut hat. Dabei stellen nicht nur die Schranken der Planrechtfertigung, der Planungsleitsätze und der Abwägung verschiedene – nach Inhalt der rechtlichen Bindung und des davon erfaßten Entscheidungsgegenstandes, nach Bindungs- und Kontrolldichte unterschiedliche – Stufen des Schrankensystems dar; auch die Abwägung selbst ist von der Rechtsprechung als mehrstöckiges Gebilde konzipiert worden.

Diese Schrankensystematik vermag sich gegenüber den Wellen, die die Umsetzung des Grundsatzes praktischer Konkordanz zwischen gerichtlichem

---

[1] U. v. 14. 12. 1979 – 4 C 10.77 – E 59, 253 [256]; U. v. 5. 12. 1986 – 4 C 13.85 – S. 38 des amtl. Umdrucks (insoweit in E 75, 214 nicht abgedruckt).

[2] U. v. 7. 7. 1978 – 4 C 79.76 u. a. – E 56, 110 [118].

[3] U. v. 5. 12. 1986 – 4 C 13.85 – S. 38 des amtl. Umdrucks (insoweit in E 75, 214 nicht abgedruckt).

[4] Vgl. dazu etwa BVerwG, B. v. 17. 12. 1985 – 4 B 214.85 – NVwZ 1986, 640 [641].

[5] S. z. B. BVerwG, U. v. 14. 2. 1975 – 4 C 21.74 – E 48, 56 [59] (fernstraßenrechtliche Plf); U. v. 7. 7. 1978 – 4 C 79.76 u. a. – E 56, 110 [117] (luftverkehrsrechtliche Plf); U. v. 10. 2. 1978 – 4 C 25.75 – E 55, 220 [226ff.] (wasserrechtliche Plf); U. v. 14. 12. 1979 – 4 C 10.77 – E 59, 253 [256f.] (bundesbahnrechtliche Plf); B. v. 20. 7. 1979 – 7 CB 21.79 – NJW 1980, 953 (abfallrechtliche Plf).

Rechtsschutzauftrag und exekutivischer Gemeinwohlkompetenz durch den Konkretisierungs- und Verantwortungsgedanken bis in die Einzelheiten praktischer Rechtshandhabung hinein schlägt, nur beschränkt zu behaupten.

A. Die Vorabprüfung der Rechtmäßigkeit des Planfeststellungsbeschlusses im Rahmen der Planrechtfertigung

I. Das Erfordernis der Rechtfertigung des Plans als Schranke der planerischen Gestaltungsfreiheit und insbesondere als fachplanungsspezifisches Instrument des verfassungsrechtlichen Eigentumsschutzes in der Rechtsprechung des BVerwG

1. Entwicklung und allgemeiner Inhalt des fachplanungsrechtlichen Rechtfertigungsgebots als Schranke der planerischen Gestaltungsfreiheit

Das Gebot der Rechtfertigung (Erforderlichkeit) der Planung als deren materiell-rechtliche Rechtmäßigkeitsvoraussetzung und Schranke der planerischen Gestaltungsfreiheit wurde vom BVerwG am § 1 Abs. 1 BBauG a.F. (Ordnung der städtebaulichen Entwicklung)[6] und § 2 Abs. 1 (Erforderlichkeit)[7] entwickelt[8] und als „planerisches Grundprinzip"[9] auf das Fachplanungsrecht übertragen[10]. Es stellt eine angesichts der Eingriffskomponente hoheitlicher Planungen rechtsstaatlich motivierte, aber spezifisch planungsbezogene Einschränkung der Entscheidungsbefugnis dar[11].

---

[6] Vgl. jetzt § 1 Abs. 3 und 5 BauGB.

[7] Vgl. jetzt § 1 Abs. 3 BauGB.

[8] BVerwG, U. v. 12. 12. 1969 – 4 C 105.66 – E 34, 301 [305]; BVerwG, U. v. 5. 7. 1974 – 4 C 50.72 – E 45, 309 [312].

Aus der umfangreichen Literatur zum Rechtfertigungserfordernis bei der Bauleitplanung vgl. nur Schmidt-Aßmann, in: E/Z/B, BBauG, § 1 Rdnrn. 27ff.; Hoppe, in: Ernst / Hoppe, Baurecht, Rdnr. 254; Weyreuther, DVBl. 1981, 369ff.; Pfaff, Planungsrechtsprechung, S. 151ff., jeweils m.w.N.

[9] So der zutreffende Ausdruck von Pfaff, Planungsrechtsprechung, S. 152.

[10] Grundlegend BVerwG, U. v. 14. 2. 1975 – 4 C 21.74 – E 48, 56 [59ff.] zur Straßenplanung; zur Geltung des Rechtfertigungsgebots für alle Fachplanungen ähnlicher Struktur BVerwG, U. v. 7. 7. 1978 – 4 C 79.76 u.a. – E 56, 110 [117].

[11] In der Rechtsprechung des BVerwG erscheint die Planrechtfertigung in erster Linie als gegenständliche Präzisierung der Planungsermächtigung in ihrer eingriffsrelevanten Komponente und wird auch in der Literatur vorwiegend so behandelt, vgl. etwa Ibler, Schranken, S. 130ff. [141ff., 169f.]; Steinberg, Nachbarrecht, III Rdnr. 198; Kühling, Fachplanungsrecht, Rdnr. 164; Kügel, Der Planfeststellungsbeschluß, S. 127; Niehues, WiVerw. 1985, 250 [255f.]. Die Auffassung von Winter, NuR 1985, 41 [43f.], der hinter der Planrechtfertigung die Forderung sieht, daß der durch das Planvorhaben verursachte gesellschaftliche Aufwand, also die Opferung gesellschaftlicher Ressourcen sich lohnen, und deshalb die durch ein unnötiges Vorhaben drohende Kapitalverschwendung verhindert werden muß, weist in die Richtung der Daseinsvorsorge und der allgemeinen Wachstumsvorsorge und damit des Sozialstaatsprinzips. Für ein sol-

Nach der vom BVerwG[12] nahezu stereotyp verwendeten Formel trägt die vorhabenbezogene Fachplanung ihre Rechtfertigung nicht etwa schon in sich selbst, sondern ist im Hinblick auf die von ihr ausgehenden Einwirkungen auf Rechte Dritter für die jeweilige Planungsmaßnahme rechtfertigungsbedürftig. Allgemeine Voraussetzung der Rechtfertigung der Planung ist, daß für das mit ihr beabsichtigte Vorhaben nach Maßgabe der vom jeweiligen Fachplanungsgesetz allgemein verfolgten Ziele ein Bedürfnis besteht, die mit ihr geplante Maßnahme unter diesem Blickwinkel also objektiv erforderlich ist. Erforderlich ist sie nach der Rechtsprechung nicht erst bei Unausweichlichkeit, sondern wenn sie vernünftigerweise geboten ist.

Das Rechtfertigungsgebot dürfte nach dem Konzept des BVerwG bei allen Einwirkungen auf fremde Rechte zum Zuge kommen, die auf planerischen Festsetzungen beruhen[13], wobei die Grundrechte des Art. 14 Abs. 1 GG und Art. 2 Abs. 2 Satz 1 GG im Vordergrund stehen[14].

Es ist aber besonders im Zusammenhang mit Einwirkungen auf das Eigentum entwickelt und verfeinert worden, deren Intensität die Schwelle des enteignungsrechtlich Relevanten erreicht, so daß es in der Rechtsprechung in erster Linie als die erste von zwei Stufen des verfassungsrechtlichen Eigen-

---

ches Verständnis läßt sich aber in der Rechtsprechung kein Anhaltspunkt finden; gegen Winter zutreffend Niehues, WiVerw. 1985, 250 [255f.]; ausführlich Ibler, Schranken, S. 143f.

[12] S. etwa BVerwG, U. v. 7. 7. 1978 - 4 C 79.76 u.a. - E 56, 110 [118f.]; BVerwG, U. v. 22. 3. 1985 - 4 C 15.83 - E 71, 166 [168].

[13] Es liegt auf der Linie der Rechtsprechung des BVerwG, daß auch Fachplanungen (zwar keiner enteignungsrechtlich qualifizierten, aber schon) einer Rechtfertigung bedürfen, deren Einwirkungen nur die unterhalb der Enteignungsschwelle liegende fachplanungsrechtliche Zumutbarkeitsgrenze erreichen; denn auch solche Belange können nur in den vom jeweiligen Fachplanungsgesetz bestimmten Grenzen überwunden werden, also nur bei Konformität des Vorhabens mit den generellen Zielen des einschlägigen Gesetzes (vgl. Kodal / Krämer, Straßenrecht, Kap. 34, Rdnr. 27.7 (S. 914)).

Fachplanungen dagegen, die keine Einwirkungen auf fremde Rechte haben, wie etwa öffentliche Straßen, die nur durch Staatswald geführt werden sollen, benötigen keine Rechtfertigung, vgl. dazu etwa Kühling, Fachplanungsrecht, Rdnr. 164.

[14] Soweit ersichtlich liegt bisher keine Entscheidung des BVerwG speziell zum Rechtfertigungsgebot in bezug auf Art. 2 Abs. 2 Satz 1 GG vor. „Es verbietet sich [aber] von selbst anzunehmen, daß zwar das Eigentum verfassungsrechtlich gegen bestimmte Vorgänge ... geschützt sei, dagegen die als Rechtsgut höherwertige und in gewisser Weise auch stärker umgebungsabhängige körperliche Unversehrtheit (Gesundheit) einen vergleichbaren Schutz nicht genieße" (BVerwG, U. v. 29. 7. 1977 - 4 C 51.75 - E 54, 211 [222f.] - zur Bebauungsplanung und in bezug auf die Frage, ob Art. 2 Abs. 2 Satz 1 GG als Grundlage einer Nachbarklage dienen kann. Der aufgestellte Grundsatz dürfte aber auch im vorliegenden Zusammenhang Geltung beanspruchen). Zum Rechtfertigungsgebot ausdrücklich in bezug auf beide Grundrechte (aus Anlaß des spezielleren Falls der materiell-rechtlichen Bindungen bei faktischen Eingriffen durch formlose Planung) vgl. VGH BW, B. v. 3. 4. 1981 - 5 S 405/81 - n.v., hier zitiert nach Steinberg, Nachbarrecht, II Rdnr. 52 m. Fn. 149; im Anschluß daran VGH BW, U. v. 23. 4. 1981 - 5 S 2342/80 - ESVGH Bd. 31, 196 [197].

tumsschutzes gegen enteignende Einwirkungen auf der Planungsebene Bedeutung erlangt hat[15].

2. Das Rechtfertigungsgebot in seiner eigentumsschützenden Ausprägung: sein Hintergrund, Inhalt und Stellung im System der Schranken planerischer Gestaltungsfreiheit und gerichtlicher Planungskontrolle

Der Ausbau der Planrechtfertigung als Instrument des verfassungsrechtlichen Eigentumsschutzes auf der Planungsebene beruht auf dem zwischen Planfeststellung und Enteignung bestehenden unlösbaren tatsächlichen und rechtlichen Zusammenhang[16].

Die unter dem Gesichtspunkt der Planrechtfertigung interessierenden enteignungsrechtlichen Vorwirkungen des Planfeststellungsbeschlusses haben zum Inhalt die Vorwegnahme der Zulässigkeit der Enteignung dem Grunde nach. Der Umfang dieser Vorwegnahme entspricht den Festsetzungen des Planfeststellungsbeschlusses über die Erforderlichkeit der Erfüllung der gesetzlichen Aufgabe durch den Bau des Vorhabens, die Lage (: Standort, Trasse), die bauliche (technische) Dimensionierung und Ausgestaltung und den Zeitpunkt der beabsichtigten Realisierung des Vorhabens: Damit steht die Zulässigkeit der Enteignung sowohl unter sachlichen (: Erforderlichkeit der Enteignung an sich und überhaupt zur Verwirklichung eines von einem dringenden öffentlichen Interesse geforderten Vorhabens), als auch räumlichen (: Realisierung des Vorhabens auf bestimmten Grundstücken in einem bestimmten Umfang) und temporären Aspekten (: Inanspruchnahme oder Belastung des Eigentums zu einem bestimmten Zeitpunkt) fest[17].

---

[15] Dazu etwa BVerfG (3. Kammer), B. v. 9. 6. 1987 – 1 BvR 418/87 – NVwZ 1987, 967 und sogleich unten im Text.

[16] Vgl. § 19 Abs. 1 und 2 FStrG; § 37 Abs. 1 BBahnG; § 30 Sätze 1 und 2 PBefG; § 44 Abs. 1 und 2 WaStrG, § 28 Abs. 1 und 2 LuftVG.

Zum sich aus der aufgrund dieser Vorschriften bestehenden Gemengelage zwischen Plf und Enteignung ergebenden Fragenkomplex insgesamt vgl. die ausführliche Darstellung bei Hoppe / Schlarmann, Rechtsschutz, Rdnrn. 41ff., 78; Kodal / Krämer, Straßenrecht, Kap. 34, Rdnr. 22.4 (S. 899f.); Kügel, Der Planfeststellungsbeschluß, S. 41ff.; Bender, DVBl. 1984, 301; Schmidt-Aßmann, JuS 1986, 833 [837ff.]. (Zu den Unterschieden zwischen den enteignungsrechtlichen Vorwirkungen der Plf und denen der kommunalen Bauleitplanung s. statt vieler Battis, in: B/K/L, BauGB, Vorb. §§ 39 – 44, Rdnrn. 5ff. und Schmidt-Aßmann, JuS 1986, 833 (838), jeweils m.w.N.).

Aus der Rechtsprechung s. BVerfG, U. v. 10. 5. 1977 – 1 BvR 514/68 – E 45, 297; BVerwG, U. v. 30. 4. 1969 – 4 C 6.68 – DÖV 1970, 64; BVerwG, U. v. 23. 1. 1981 – 4 C 4.78 – E 61, 295; BGH, U. v. 9. 4. 1987 – III ZR 181/85 – NJW 1987, 3200; sowie die ganze unten dargestellte Rechtsprechung zur Planrechtfertigung.

[17] Für das im Fall der planakzessorischen Enteignung durchzuführende Enteignungsverfahren verbleibt nur ein engerer Bereich der Frage nach der Zulässigkeit der Enteignung im Einzelfall unter Berücksichtigung des Verhältnismäßigkeitsgrundsatzes wie auch die Bestimmung der angemessenen Art der Entschädigung; s. nur Kügel, Der Planfeststellungsbeschluß, S. 43.

Die angesichts dieser Situation sich aufdrängende Frage nach den materiellrechtlichen Voraussetzungen der planbedingten enteignenden Einwirkung auf Grundstücke wurde vom BVerwG (nach einer Entwicklungsphase) im Sinne eines zweistufigen Instrumentariums beantwortet, das sich in Planrechtfertigung und Abwägung aufgliedert und unter dessen Stufen sowohl die verfassungsrechtlichen Zulässigkeitsvoraussetzungen der Enteignung als auch rechtliche Bindung und planerische Gestaltungsfreiheit aufgeteilt werden.

Schon die für das fachplanungsrechtliche Rechtfertigungsgebot grundlegende Entscheidung des BVerwG[18] hat betont, daß die Planung „im Hinblick darauf, daß sie rechtsgestaltend in individuelle Rechtspositionen Dritter eingreift und Grundlage der zur Ausführung des Planes etwa notwendigen Enteignungen ist . . . , einer – auch vor Art. 14 GG standhaltenden – Rechtfertigung" bedarf.

Die dadurch ausgedrückte Anerkennung des Rechtfertigungsgebots als materiell-rechtliche Planungsbindung hat sich am Anfang der älteren Rechtsprechung des BVerwG gegenübergesehen, die wegen der strukturellen Unterschiede zwischen Planung und Enteignung die Anwendung der Enteignungsgrundsätze auf der Planungsebene abgelehnt hatte und die Planung als nur an das „rechtsstaatliche Gebot gerechter Abwägung" gebunden ansah[19].

Diese ältere Rechtsprechung hat inzwischen eine andere Deutung erfahren[20]: Nach dem 4. Senat sei mit ihr nur die Anwendung der Enteignungsgrundsätze auf den engeren Bereich der planenden Abwägung gemeint, nicht jedoch eine grundsätzliche Einschränkung des verfassungsrechtlichen Eigentumsschutzes gegenüber Maßnahmen der planenden Verwaltung. Vielmehr stehe außer Frage, daß das konkrete Planungsvorhaben stets einer gerade auch vor Art. 14 GG standhaltenden Rechtfertigung bedürfe, mithin nur zulässig sei, wenn es zum Wohl der Allgemeinheit erforderlich sei.

Mit dieser Deutung hat das BVerwG die Planrechtfertigung als erste Stufe des Eigentumsschutzes bei der Fachplanung bestätigt und ihr die Funktion zugewiesen, die Anforderungen des Grundsatzes der Gesetzmäßigkeit der Enteignung und des Allgemeinwohlerfordernisses des Art. 14 Abs. 3 Satz 1 GG partiell und planungsspezifisch einzulösen – indem verlangt wird, daß das Vorhaben „überhaupt" und „als Ganzes"[21] zur Verwirklichung einer gesetzlich festgelegten und in concreto dringenden Gemeinwohlaufgabe erforderlich ist.

---

18 BVerwG, U. v. 14. 2. 1975 – 4 C 21.74 – E 48, 56 [59].

19 BVerwG, U. v. 30. 4. 1969 – 4 C 6.68 – DÖV 1970, 64; zustimmend Krohn / Löwisch, Eigentumsgarantie, Rdnr. 43 und dagegen – im Sinne der neueren Rechtsprechung – etwa Niehues, WiVerw. 1985, 250 [254f.].

20 BVerwG, U. v. 6. 12. 1985 – 4 C 59.82 – E 72, 282 [285]; s. auch BVerwG, U. v. 20. 8. 1982 – 4 C 81.79 – E 66, 133 [134ff.], wo an den Grundsätzen des U. v. 30. 4. 1969 festgehalten wird, ohne daß die Planrechtfertigung in Frage gestellt wird.

21 Diese Redewendungen entsprechen dem Verständnis des BVerwG zum Inhalt der Planrechtfertigung und ihrer Abgrenzung von der Abwägung, die weiter unten detail-

Die Anforderungen der enteignungsrechtlich qualifizierten Rechtfertigung sind nach der Rechtsprechung[22]: erstens, die Qualifizierung der die jeweilige Planungsaufgabe umschreibenden und als Enteignungszwecke in Betracht kommenden „generellen Ziele" des Fachplanungsgesetzes als „Wohl der Allgemeinheit" im Sinne von Art. 14 Abs. 3 Satz 1 GG[23], zweitens die Übereinstimmung der auf die Befriedigung der der Planung zugrunde gelegten Bedürfnisse ausgerichteten konkret verfolgten planerischen Ziele mit den generellen Planungszielen (Zielkonformität), und drittens, die anhand des Bedürfnisses zu beurteilende Erforderlichkeit und Zwecktauglichkeit des Vorhabens zur Verwirklichung der gesetzlichen Zielsetzung.

Dabei beschränkt sich die Zielkonformität grundsätzlich, aber nicht immer, auf die Übereinstimmung mit den Zielen des Fachplanungsgesetzes[24]. Externen Planungszielen zuzuordnende Belange, die der Planung zugute kommen, haben zwar in der Regel im Stadium der grundsätzlichen Rechtfertigung des Vorhabens keine selbständige Bedeutung, sondern verleihen der Planung im

---

liert dargestellt wird; s. BVerwG, U. v. 5. 12. 1986 – 4 C 13.85 – E 75, 214 [238] und BVerwG, U. v. 20. 8. 1982 – 4 C 81.79 – E 66, 133 [137]; vgl. auch BVerwG, U. v. 30. 5. 1984 – 4 C 58.81 – E 69, 256 [271]: „Rechtfertigung des Vorhabens schlechthin".

22 St. Rspr., s. BVerwG, U. v. 14. 2. 1975 – 4 C 21.74 – E 48, 56 [59ff.]; BVerwG, U. v. 7. 7. 1978 – 4 C 79.76 u.a. – E 56, 110 [118f.]; BVerwG, U. v. 30. 5. 1984 – 4 C 58.81 – E 69, 256 [270]; BVerwG, U. v. 22. 3. 1985 – 4 C 15.83 – E 71, 166 [168ff.]; BVerwG, U. v. 12. 7. 1985 – 4 C 40.83 – E 72, 15 [21ff.]; BVerwG, U. v. 6. 12. 1985 – 4 C 59.82 – E 72, 282 [283ff.]; BVerwG, U. v. 5. 12. 1986 – 4 C 13.85 – E 75, 214 [232f.]; BVerwG, U. v. 3. 5. 1988 – 4 C 26.84 – NVwZ 1989, 149; BVerwG, U. v. 24. 11. 1989 – 4 C 41.88 – E 84, 123 [130]; BVerwG, U. v. 9. 3. 1990 – 7 C 21.89 – NVwZ 1990, 969 [971]. Aus der Rspr. der Instanzgerichte (im Anschluß an das BVerwG) etwa BayVGH, B. v. 16. 4. 1981 – 20 CS 80 D.61 – BayVBl. 1981, 401 [405]; OVG NW, U. v. 4. 6. 1984 – 20 A 1283/83 – ZfW 1985, 187 [189]; Hess VGH, B. v. 19. 4. 1984 – 2 TH 91/83 – NVwZ 1986, 849; VGH BW, U. v. 15. 12. 1987 – 5 S 3278/86 – NVwZ-RR 1989, 59 [60f.]; VGH BW, U. v. 23. 6. 1988 – 5 S 1030/87 – NVwZ-RR 1989, 349 [350f.].

23 S. zu dieser Anforderung – und zugleich zur Bejahung der Allgemeinwohlqualität der Zielsetzung des FStrG – BVerwG, U. v. 22. 3. 1985 – 4 C 15.83 – E 71, 166 [168]; BVerwG, U. v. 6. 12. 1985 – 4 C 59.82 – E 72, 282 [283]. Diese Anforderung betrifft die Prüfung der Verfassungsmäßigkeit des Gesetzes am Maßstab des Art. 14 Abs. 3 GG; zu den von der Rspr. angenommenen verfassungsrechtlichen Anforderungen s. etwa das erste der oben angeführten Urteile und die Analyse der Rspr. von Niehues, WiVerw. 1985, 250 [257ff.]. Für die im Mittelpunkt dieser Arbeit stehenden Anlagen der Infrastruktur dürfte dieser Punkt kaum Probleme aufwerfen. Zur Prüfung der Verfassungsmäßigkeit eines Gesetzes, das selbst ein konkretes Vorhaben zum Wohl der Allgemeinheit erhebt, s. BVerwG, U. v. 12. 7. 1985 – 4 C 40.83 – E 72, 15 [21ff.].

24 Unter die generellen Ziele des Fachplanungsgesetzes fällt eine Fülle konkreter Zielsetzungen. Die zutreffende Feststellung des BVerwG im U. v. 22. 3. 1985 – 4 C 15.83 – E 71, 166 [168], die Zielkonformität sei nicht gegeben, wenn das Vorhaben nur der Arbeitsbeschaffung, der Aufwertung bestimmter Liegenschaften oder einem Prestigebedürfnis diene, betrifft eher unproblematische Fälle einer völligen Zweckverfehlung, deren praktische Bedeutung gering sein dürfte (vgl. hierzu Kühling, Fachplanungsrecht, Rdnr. 166). Zur Frage der Auswahl der konkret zu verfolgenden Ziele als Kontrollproblem s. unten, 3. Kap. A II 2, 4, wo auch Beispiele von in der Rspr. als legitim anerkannten Zielsetzungen gegeben sind.

Rahmen der Abwägung zusätzliche Überwindungskraft gegenüber widerstreitenden Interessen[25]. Je nach den Umständen können sie jedoch neben die generellen Ziele der Fachplanungsgesetze treten, etwa um die Verlegung einer Anlage zu rechtfertigen[26].

Die Erforderlichkeit des Vorhabens ist auch im Rahmen der enteignungsrechtlich qualifizierten Rechtfertigung dahin präzisiert worden, daß das Vorhaben nicht erst, wenn es unausweichlich, sondern schon wenn es objektiv vernünftigerweise geboten ist, als erforderlich bezeichnet werden muß[27]; was nach dem BVerwG auf der Erwägung beruht, daß die Erfüllung der Aufgaben öffentlicher Daseinsvorsorge behindert würde, wenn bei Inanspruchnahme privaten Grundbesitzes nur unumgängliche Maßnahmen geplant werden dürften[28].

Wenn die Planung allen diesen Anforderungen genügt, dann steht nach der Rechtsprechung[29] fest, daß die mit ihr konkret verfolgten Ziele und die für das

---

[25] Vgl. aus der Literatur nur Schlarmann, in: Azizi / Griller (Hrsg.), Rechtsstaat und Planung, S. 1 [16]; Blumenberg, DVBl. 1989, 86 [91].

[26] Bei Verlegung einer Anlage müssen zwar die fachspezifischen, den generellen Zielen des jeweiligen Fachplanungsgesetzes zuzuordnenden Rechtfertigungsgründe vorhanden sein, etwa das Verkehrsbedürfnis bei Verkehrsanlagen; die Verlegung an sich kann jedoch ausschließlich aus Drittgründen, etwa solchen des Immissionsschutzes gerechtfertigt sein, wie das BVerwG im U. v. 5. 12. 1986 – 4 C 13.85 – E 75, 214 [232f.], hervorgehoben hat. Die etwas andere Auffassung von Kodal / Krämer, Straßenrecht, Kapitel 34, Rdnr. 27.21 (S. 912), die für eine Verlegung nur auf fachplanungsspezifische Gründe abstellen, wird dem Umstand nicht gerecht, daß die Plf von ihrer gesetzlichen Zielsetzung her nicht nur ein Instrument der Konfliktbewältigung zwecks Durchsetzung eines Infrastrukturprogramms, sondern auch ein Instrument des mehrdimensionalen Interessenausgleichs bei der Raumnutzung darstellt. Der Fall, daß etwa aus den dem Staat aus Art. 2 Abs. 2 GG erwachsenden Schutzpflichten die Verlegung einer Anlage erforderlich wird (vgl. BVerwG, U. v. 5. 12. 1986 – 4 C 13.85 – E 75, 214 [233] unter Berufung auf BVerfG, B. v. 14. 1. 1981 – 1 BvR 612/72 – BVerfGE 56, 54 [73ff.]), läßt die vielfach unterschätzte Ausgleichs- und Gestaltungsfunktion der Plf auch in ihrer grundrechtlich relevanten Dimension deutlich in den Vordergrund treten. Daß dieser vom BVerwG schon mehrfach erkannte Umstand (vgl. schon BVerwG, U. v. 6. 12. 1985 – 4 C 59.82 – E 72, 282 [289]) in vielerlei Hinsicht problemgerecht ist und angesichts der dichten Besiedlung und intensiven Raumnutzung in der Bundesrepublik Deutschland in seiner Bedeutung nicht unterschätzt werden darf, dürfte keine besondere Hervorhebung benötigen.

[27] Grundlegend zur Präzisierung der Erforderlichkeit als das „vernünftigerweise Gebotene" BVerwG, U. v. 7. 7. 1978 – 4 C 79.76 u. a. – E 56, 110 [119]. Die allgemeine Aussage des BVerwG, das die so verstandene Erforderlichkeit des Vorhabens begründende Bedürfnis könne sich aus der aktuellen Verkehrslage oder aus einer Vorausschau auf künftige Entwicklungen ergeben (etwa BVerwG, U. v. 6. 12. 1985 – 4 C 59.82 – E 72, 282 [286]), ist nicht weiter problematisch. Die Probleme erwachsen erst im Umkreis der Frage nach dem die Erforderlichkeit begründenden Umfang (bzw. Intensität) des Bedürfnisses; zu der Weise, wie das Gericht dieses Zielkonkretisierungs- und Kontrollproblem angeht, s. sogleich unten im Text; zur Kritik unten, 3. Kap. A II 2, 3 b (1).

[28] So BVerwG, U. v. 6. 12. 1985 – 4 C 59.82 – E 72, 282 [285f.].

[29] BVerwG, U. v. 22. 3. 1985 – 4 C 15.83 – E 71, 166 [168]; BVerwG, U. v. 3. 5. 1988 – 4 C 26.84 – NVwZ 1989, 149.

Vorhaben streitenden öffentlichen Belange „Gemeinwohlqualität" im Sinne von Art. 14 Abs. 3 Satz 1 GG besitzen und demzufolge generell geeignet sind, im Rahmen der darauffolgenden Abwägung etwa entgegenstehende Eigentumsrechte zu überwinden.

Die abschließende Entscheidung über Allgemeinwohlkonformität und Rechtmäßigkeit der Planung insgesamt fällt im Rahmen der Abwägung, die insoweit auch Instrument zur Gewährleistung der grundgesetzlichen Voraussetzungen für enteignende Einwirkungen auf ein Grundstück ist und somit die zweite Stufe des Eigentumsschutzes auf der Planungsebene darstellt[30]. Dabei wird aufgrund des Widerstreits aller von der Planung berührten Belange und unter Berücksichtigung von Planungs- (Standort-, Dimensionierungs- und Ausgestaltungs-) Alternativen[31] sowohl die Frage entschieden, ob die Planung insgesamt dem Wohl der Allgemeinheit entspricht[32], als auch die Allgemeinwohlkonformität und Erforderlichkeit der Enteignung eines bestimmten Grundstücks[33].

In bezug auf das Problem, ob die konkrete Erforderlichkeit des Vorhabens (im Sinne nicht etwa des Standortes, der Dimensionierung oder der konkreten Ausgestaltung der Anlage im einzelnen, sondern der abschließenden Entscheidung über das „Ob" des Vorhabens „als Ganzes", der Frage also, „ob das Vorhaben überhaupt verwirklicht werden soll"[34]) auch zur Abwägung gehört, ist die Rechtsprechung des BVerwG wenig geschlossen[35].

---

[30] BVerwG, U. v. 22. 3. 1985 - 4 C 15.83 - E 71, 166 [170]; BVerwG, U. v. 6. 12. 1985 - 4 C 59.82 - E 72, 282 [289]; BVerfG (3. Kammer), B. v. 9. 6. 1987 - 1 BvR 418/87 - NVwZ 1987, 967.

[31] St. Rspr., vgl. (ausdrücklich oder im Ergebnis) BVerwG, U. v. 7. 7. 1978 - 4 C 79.76 u.a. - E 56, 110 [124f.]; BVerwG, U. v. 30. 5. 1984 - 4 C 58.81 - E 69, 256 [271]; BVerwG, U. v. 22. 3. 1985 - 4 C 15.83 - E 71, 166 [167, 171 m.w.N.]; BVerwG, U. v. 5. 12. 1986 - 4 C 13.85 - E 75, 214 [235ff., 237ff., 244ff.]; BVerwG, U. v. 3. 5. 1988 - 4 C 26.84 - NVwZ 1989, 149 [150]; BVerwG, B. v. 20. 12. 1988 - 4 B 211.88 - NVwZ-RR 1989, 458. Im Anschluß daran etwa Hess VGH, B. v. 19. 4. 1984 - 2 TH 91/83 - NVwZ 1986, 849 [849f.]; VGH BW, U. v. 21. 10. 1988 - 5 S 1088/88 - NVwZ-RR 1989, 354 [356]; BayVGH, U. v. 10. 5. 1988 - 8 B 85 A.1455, 8 B 86.03383 - S. 11 des amtl. Umdrucks; dagegen etwa noch BayVGH, B. v. 16. 4. 1981 - 20 CS 80 D.61 - BayVBl. 1981, 401 [405f.].

[32] BVerwG, U. v. 3. 5. 1988 - 4 C 26.84 - NVwZ 1989, 149 [150]. Aus der Literatur zum Allgemeinwohlvorbehalt bei der Fachplanung s. nur Kühling, Fachplanungsrecht, Rdnrn. 234ff.

[33] BVerwG, U. v. 22. 3. 1985 - 4 C 15.83 - E 71, 166 [170]; BVerwG, U. v. 12. 7. 1985 - 4 C 40.83 - E 72, 15 [24]; BVerwG, U. v. 6. 12. 1985 - 4 C 59.82 - E 72, 282 [289]; BVerwG, U. v. 9. 3. 1990 - 7 C 21.89 - NVwZ 1990, 969 [971]; BVerfG (3. Kammer), B. v. 9. 6. 1987 - 1 BvR 418/87 - NVwZ 1987, 967.

[34] BVerwG, U. v. 22. 3. 1985 - 4 C 15.83 - E 71, 166 [167].

[35] Vgl. Kühling, DVBl. 1989, 221 [223]. Hier steckt ein großer Teil der Problematik der Abgrenzung von Planrechtfertigung und Abwägung, die mit der Frage des gerichtlichen Kontrollumfangs eng verbunden ist. Zu den Auswirkungen auf die Balance des Systems gerichtlicher Plankontrolle insgesamt s. ausführlich unten, 3. Kap. A II 3.

Im U. v. 22. 3. 1985[36], wo im Rahmen der Planrechtfertigung auf eine bloße Plausibilitätskontrolle abgestellt wird und der Prüfungsschwerpunkt im Abwägungsgebot liegt, wird auch die Frage der konkreten Erforderlichkeit des Vorhabens der Abwägung zugewiesen. Diese Einordnung der konkreten Erforderlichkeit der Anlage sieht sich aber der im U. v. 6. 12. 1985[37] zum Ausdruck gebrachten Auffassung gegenüber: Dort wird eine volle Kontrolle der Planrechtfertigung für richtig gehalten und zugleich zumindest der Eindruck erweckt[38], als erfordere die Frage der konkreten Erforderlichkeit im Rahmen der Abwägung keine zusätzliche Prüfung und Erwägung.

Keine solche Unsicherheit verrät dagegen die Rechtsprechung zur Zuweisung der Entscheidung über Verhältnismäßigkeit der Planung dem Abwägungsgebot. Nach der sich stetig wiederholenden Formel des BVerwG wird durch das Abwägungsgebot auch dem Verhältnismäßigkeitsgrundsatz in planungsspezifischer Weise Rechnung getragen, so daß dessen Einhaltung keiner eigenen Prüfung bedarf[39].

Diese Zuordnung der materiell-rechtlichen Bindungen der Planfeststellung und die inhaltliche Umschreibung der Planrechtfertigung sind mit Differenzierungen des Umfangs gerichtlicher Kontrolle verbunden.

Während für die Abwägung nach der Rechtsprechung die spezifischen Abwägungsregeln gelten, also das Eigentum als abwägungserheblicher Belang nach Abwägungsgrundsätzen zu behandeln ist, was eine entsprechend eingeschränkte Kontrolle mit sich bringt, soll es nach einer Auffassung im Rahmen der Planrechtfertigung eine viel stärkere Bindung und eingehendere Kontrolle geben.

Der 4. Senat des BVerwG hat am Anfang die Frage des Umfangs gerichtlicher Kontrolle im Rahmen der Planrechtfertigung ausdrücklich offengelas-

---

36 4 C 15.83 – E 71, 166 [167, 173].

37 4 C 59.82 – E 72, 282 [283 ff.].

38 So die vorsichtige Formulierung von Kühling, DVBl. 1989, 221 [223]; vgl. auch Steinberg, NVwZ 1986, 812 [812 f.]; ders., Nachbarrecht, III Rdnr. 134.

39 S. etwa BVerwG, U. v. 7. 7. 1978 – 4 C 79.76 u. a. – E 56, 110 [123]; BVerwG, U. v. 23. 1. 1981 – 4 C 4.78 – E 61, 295 [301]; BVerwG, U. v. 11. 12. 1981 – 4 C 69.78 – E 64, 270 [273]. Im Anschluß daran etwa Hess VGH, B. v. 19. 4. 1984 – 2 TH 91/83 – NVwZ 1986, 849 [850]. Die in der bundesverwaltungsgerichtlichen Rspr. gelegentlich anzutreffende Hervorhebung des Verhältnismäßigkeitsgrds. (vgl. U. v. 25. 2. 1988 – 4 C 32. und 33.86 – DVBl. 1988, 844 [845]: „[Das Gericht] verletzt ... nicht den planerischen Gestaltungsspielraum der Behörde, wenn es ... das Abwägungsgebot und das Abwägungsergebnis am Maßstab des Verhältnismäßigkeitsprinzips überprüft"; U. v. 20. 12. 1988 – 4 B 211.88 – NVwZ-RR 1989, 458: „Für die ... Abwägung ... kommt es darauf an, rechtsmindernde Eingriffe nach Möglichkeit zu vermeiden. Das verlangt der Grundsatz der Verhältnismäßigkeit, den zu beachten die Planfeststellungsbehörde auf der Grundlage ihrer planerischen Gestaltungsbefugnis nicht enthoben ist") dürfte nur eine Akzentuierung der in dem Grundsatz herkömmlicherweise zum Ausdruck kommenden Gedanken sein und kein Umstoß der Ansicht des Gerichts, daß diese Gedanken vom planerischen Abwägungsgebot eingelöst werden.

sen[40]. Später hat er sich für eine Plausibilitätskontrolle ausgesprochen; im Rahmen der Planrechtfertigung sollte nur geprüft werden, ob das Vorhaben einem legitimerweise anzustrebenden Ziel mit hinreichender Plausibilität dient[41]. Im Urteil vom 6. 12. 1985[42] wurde dieser Grundsatz aber von einem – auf die partielle Vorverlagerung der Enteignungsproblematik beruhenden – Anspruch auf grundsätzlich uneingeschränkte Kontrolle abgelöst.

Nach den Worten des Gerichts widerspräche es der die Gestaltungsfreiheit rechtlich eingrenzenden Funktion dieser Planungsbindung, wenn auch sie selbst der planerischen Gestaltung der Behörde anheimgegeben und wenn die Kontrolldichte der gerichtlichen Überprüfung demgemäß eingeschränkt wäre[43]. Im Rahmen des Grundsatzes der Gesetzmäßigkeit der Enteignung begreift das Gericht die generellen Planungsziele der Fachplanungsgesetze als Kataloge beschreibbarer Vorhaben und scheint jede selbständige Konkretisierungsmöglichkeit der Planungsbehörden abzulehnen[44]. Die vom Senat als Ausnahme bezeichneten Einschränkungen der Kontrollintensität bei Prognosen und Einschätzungen künftiger Entwicklungen oder beim Vorhandensein landesplanerischer Vorentscheidungen[45], sehen sich einer emphatischen Betonung der grundsätzlich vollen Kontrolle gegenüber. Nach dem BVerwG müssen die Gerichte „grundsätzlich voll überprüfen, ob der Plan durch Gründe des Gemeinwohls hinreichend gerechtfertigt ist“[46]. Statt einer „planerischen“[47] wird einer exakt zu prüfenden Erforderlichkeit der Vorzug gegeben:

---

40 BVerwG, U. v. 14. 2. 1975 – 4 C 21.74 – E 48, 56 [61].

41 BVerwG, U. v. 22. 3. 1985 – 4 C 15.83 – E 71, 166 [168].

42 4 C 59.82 – E 72, 282 [283ff.]; s. auch U. v. 24. 11. 1989 – 4 C 41.88 – E 84, 123 [131ff.].

43 U. v. 6. 12. 1985 – 4 C 59.82 – E 72, 282 [284].

44 Ein solches Verständnis des Urteils wird durch den Sinnzusammenhang der Ausführungen des 4. Senats sowie die Entwicklung dessen Spruchpraxis nahegelegt; vgl. Steinberg, NVwZ 1986, 812 [812f.]; ders., Nachbarrecht, III Rdnr. 134; Kühling, Fachplanungsrecht, Rdnr. 159f.; vgl. auch BVerwG, U. v. 25. 2. 1988 – 4 C 32. und 33.86 – DVBl. 1988, 844 [845] – zum Problem der „Heilbarkeit“ von Defiziten bei der Ermittlung des Abwägungsmaterials im gerichtlichen Verfahren – wo die Planrechtfertigung erneut als gerichtlich im wesentlichen voll nachprüfbar angesehen wird.

Im Gegensatz dazu deutet die praktizierte Kontrolle auf die Annahme hin (die, wie auch Kühling, Fachplanungsrecht, Rdnr. 405, bemerkt, schon wegen des durch den groben Maßstab des „vernünftigerweise Gebotenen“ eröffneten Vernunfthorizonts als naheliegend zu betrachten wäre), das Erforderlichkeitsgebot lasse nach dem Gericht schon materiell-rechtlich einen Spielraum zu mit der Folge, daß die eingehende gerichtliche Überprüfung seiner Einhaltung doch keine Vollkontrolle der Entscheidung über das „Ob“ des Vorhabens als Ganzes wäre. S. zur praktizierten Kontrolle – die die planerische Gestaltungsfreiheit respektiert – Steinberg, Nachbarrecht, III Rdnr. 134; Kühling, Fachplanungsrecht, Rdnr. 405; ausführlich unten, 3. Kap. A II 2, 3 b (1).

45 U. v. 6. 12. 1985 – 4 C 59.82 – E 72, 282 [286]; s. auch U. v. 24. 11. 1989 – 4 C 41.88 – E 84, 123 [131].

46 U. v. 6. 12. 1985 – 4 C 59.82 – E 72, 282 [285].

47 Die planerische Erforderlichkeit bei Bebauungsplänen ist nach absolut h. M. „nach der planerischen Konzeption der Gemeinde“ zu beurteilen. Grundlegend BVerwG,

„Eine zum Wohl der Allgemeinheit objektiv nicht erforderliche Maßnahme mit enteignungsrechtlicher Vorwirkung ist auch dann nicht gerechtfertigt, wenn sie der Gesamtkonzeption der planenden Behörde entsprechen würde[48]; und „ob die objektiven Voraussetzungen dafür, daß das Vorhaben vernünftigerweise geboten ist, im Einzelfall vorliegen, hat das Gericht grundsätzlich voll nachzuprüfen"[49].

II. Die Leistungsfähigkeit und die Funktion der Kontrollstufe „Planrechtfertigung" im Hinblick auf die Zielkonkretisierung durch die Verwaltung und das Abwägungsgebot

1. Das fachplanungsrechtliche Erforderlichkeitsgebot vor dem Hintergrund verschiedener Erforderlichkeits- bzw. Notwendigkeitsvorstellungen

Wie oben dargestellt wurde, baut das BVerwG sein Konzept von der Planrechtfertigung auf dem Erforderlichkeitsgedanken auf. Da aber das Prädikat „erforderlich" an sich „von geradezu bodenlos relativer Bedeutung"[50] ist, so daß sich sein Inhalt erst aus dem jeweiligen konkreten Normenzusammenhang erschließt[51], und da es im Umkreis und im Rahmen des Übermaßverbots schon mit manchem konkreten Sinn belegt ist, bedarf das fachplanungsrechtliche Erforderlichkeitsgebot der Konturierung.

In der Literatur wird das fachplanungsrechtliche Erforderlichkeitsgebot vielfach mit dem Übermaßverbot in Beziehung gesetzt. Nach Steinberg[52] deutet der Begriff der Erforderlichkeit auf das Grundrechtseingriffe rechtfertigende und begrenzende Prinzip der Verhältnismäßigkeit hin; Kodal / Krämer[53] sehen in dem fachplanungsrechtlichen Erforderlichkeitsgebot die fachplanungsrechtliche Ausprägung des gleichnamigen Teilgrundsatzes des Über-

U. v. 7. 5. 1971 – 4 C 76.68 – BRS, Bd. 24, Nr. 15, S. 24 [29]; aus der Literatur s. die Nachweise oben, 3. Kap. A I 1 (Fn. 8).

48 U. v. 6. 12. 1985 – 4 C 59.82 – E 72, 282 [285].

49 U. v. 6. 12. 1985 – 4 C 59.82 – E 72, 282 [286]; vgl. auch U. v. 24. 11. 1989 – 4 C 41.88 – E 84, 123 [131]: „Die Planrechtfertigung unterliegt der vollständigen gerichtlichen Überprüfung. Es handelt sich nicht um eine Frage des zu beachtenden Planungsermessens, sondern um eine dem kontrollierenden Gericht umfassend eröffnete Rechtsfrage".

50 Weyreuther, DVBl. 1981, 369 [370].

51 So Schmidt-Aßmann, in: E/Z/B, BBauG, § 1, Rdnr. 31; als Beispiel kann etwa die Analyse von Weyreuther, DVBl. 1981, 369, über die planungsrechtliche, erschließungsrechtliche und bebauungsrechtliche Erforderlichkeit bei Bebauungsplänen angeführt werden.

52 NVwZ 1986, 812; ders., Nachbarrecht, III Rdnr. 128.

53 Straßenrecht, Kap. 34, Rdnr. 27.1 (S. 911). Sinngemäß dürfte dasselbe in Kap. 31, Rdnr. 11 (S. 798) gemeint sein, worauf Ronellenfitsch, VerwArch. 1986, 177 [186, Fn. 53] bezug nimmt im Hinblick auf die Charakterisierung der Planrechtfertigung als „Ausprägung des Grundsatzes der Erforderlichkeit".

maßverbots; Ossenbühl[54] hat das (vergleichbare) Erforderlichkeitserfordernis bei Bebauungsplänen als Ausdruck eines übergreifenden Effekts des Grundsatzes der Erforderlichkeit im Stadium der Planungsinitiative gedeutet; nach Ibler[55] trägt das BVerwG der Eigenschaft des Grundsatzes des mildesten Mittels als eines jede Ermächtigungsgrundlage ergänzenden allgemeinen Grundsatzes des Verwaltungsrechts Rechnung, wenn es für die Planrechtfertigung die Erforderlichkeit des Vorhabens zur Verwirklichung der gesetzlichen Zielsetzung verlangt.

Wird angesichts dieser Stimmen der Blick zunächst dem unter das Übermaßverbot fallenden Grundsatz der Erforderlichkeit zugewendet, so muß vorab eine – auch in der fachplanungsrechtlichen Literatur anzutreffende[56] – Bedeutungsvariante aus der weiteren Betrachtung ausgeschlossen werden, die hier Notwendigkeit genannt werden soll[57].

Diese besagt[58], daß ein Mittel nicht weiter gehen darf, als sein Zweck es erfordert und verbietet den Einsatz von Mitteln, die über den legitimerweise zu verfolgenden Zweck hinausgehen, also weitere Nebenfolgen haben: Während der Grundsatz der Geeignetheit aufzeigt, ob ein Mittel noch zur Zweckerreichung führt, bestimmt die so begriffene Notwendigkeit, welches Mittel den Zweck schon zu erreichen vermag[59].

Der Gehalt dieser Notwendigkeit wird aber in den rechtlich relevanten Fällen schon durch andere Instrumente erfaßt, so daß eine gesonderte Prüfung

---

54 Gutachten, S. 159.

55 Schranken, S. 158f.

56 S. Löwer, in: Azizi / Griller (Hrsg.), Rechtsstaat und Planung, S. 94: Der im Rahmen der Planrechtfertigung zu beachtende Grds. der Verhältnismäßigkeit erfordere u.a., daß die Planung „notwendig sein muß und zu keinem anderen Eingriff führt, als der Zweck erfordert“.

57 Im Anschluß an Jakobs, Der Grundsatz der Verhältnismäßigkeit, S. 79ff. In der Literatur erscheint der Begriff der Notwendigkeit auch als Bedeutung des Grds. der Erforderlichkeit, was im Hinblick auf den zwischen ihnen bestehenden Zusammenhang zwar erklärlich, aber angesichts der Nutzlosigkeit der Notwendigkeit vermieden werden sollte. Vgl. etwa Drews / Wacke, Gefahrenabwehr, S. 422 mit einer Fülle von Beispielen, die die Richtigkeit der hier vertretenen Auffassung untermauern: Bei allen kommt man ohne diese Notwendigkeit bzw. die entsprechende Deutung des Grds. der Erforderlichkeit aus.

58 Zu den Bedeutungsvarianten des „Grds. der Notwendigkeit“ ausführlich Jakobs, Der Grundsatz der Verhältnismäßigkeit, S. 79ff.

59 So Jakobs, Der Grundsatz der Verhältnismäßigkeit, S. 80f. Zu bemerken ist, daß die so verstandene Notwendigkeit keinen Mittel-Mittel-Vergleich – wie der Grds. des mildesten Mittels – anspricht, sondern ein Zweck-Mittel-Verhältnis; sie wird aber zu Recht nicht so erfaßt, als würde sie nur das Mittel zulassen, das der Zweck gerade noch erfordert: Denn dieses unvermittelte Zweck-Mittel-Verhältnis würde das Angewiesensein des Grds. der Erforderlichkeit auf die gleiche Wirksamkeit der Mittel beseitigen (zur gleichen Wirksamkeit s. statt aller Hirschberg, Der Grundsatz der Verhältnismäßigkeit, S. 56ff.; aus der Rspr. etwa BVerfG, U. v. 3. 11. 1982 – 1 BvL 4/78 – NJW 1983, 439 [441]).

ihrer Einhaltung überflüssig ist und im Interesse der Übersichtlichkeit auch vermieden werden sollte[60]. Hat nämlich der Einsatz eines Mittels über die Erreichung des legitimen Zwecks hinaus weitere Folgen, dann ist er unzulässig, wenn die Nebenfolgen verboten sind. In dem anderen Fall, daß die Nebenfolge (bloß) einschneidende Wirkung hat, verstößt der Einsatz des nicht notwendigen Mittels gegen den Grundsatz der Erforderlichkeit: Denn dann ist das wirksamste der notwendigen Mittel – verglichen mit jenem – gleich gut geeignet, weil es den legitimen Zweck auch erreicht, an dem ausschließlich gemessen werden darf (so daß der Überschuß des nicht notwendigen Mittels dieses nicht etwa als wirksamer erscheinen läßt); und es ist auch milder, weil bei ihm die weitere einschneidende Nebenfolge nicht vorhanden ist.

Nach der – trotz einer Fülle unterschiedlicher Formulierungen[61] weithin anerkannten – begrifflichen Erfassung des Grundsatzes der Erforderlichkeit besagt dieser, daß unter mehreren zur Zweckerreichung gleich wirksamen Instrumenten nur dasjenige gewählt werden darf, das die geringst einschneidenden Folgen hervorruft. Er betrifft nicht die Frage, in welchem Verhältnis das Mittel zum erstrebten Zweck steht, sondern verlangt einen Mittel-Mittel-Vergleich in bezug auf ihre Folgen[62]. Nur in diesem Sinne ist er Ausdruck des Postulats, daß der Handelnde in der Beeinträchtigung anderer nicht weiter gehen darf, als seine als berechtigt anzuerkennenden Interessen (der Zweck seines Handelns) gerade noch erfordern[63].

Von dem so umschriebenen Grundsatz der Erforderlichkeit unterscheidet sich das fachplanungsrechtliche Erforderlichkeitsgebot grundlegend. Denn bei der Planrechtfertigung wird danach gefragt, ob die für das Vorhaben sprechenden Belange, gemessen an den generellen Zielen des jeweiligen Fachplanungsgesetzes, dieses „überhaupt" als erforderlich erscheinen lassen. Bei ihr handelt es sich also um die Prüfung der fachgesetzlichen Voraussetzungen zum Ergreifen der planerischen Maßnahme überhaupt, d.h. im Zweck-Mittel-Schema um eine auf das Vorliegen des Zwecks bezogene Prüfung[64]. Daß das fachplanungsrechtliche Erforderlichkeitsgebot schon vor der Mittelebene eingreifen will, wird dadurch bestätigt, daß bei der Planrechtfertigung grundsätz-

---

[60] Der Auffassung von Jakobs, Der Grundsatz der Verhältnismäßigkeit, S. 82f., wird hier voll beigepflichtet.

[61] Vgl. Hirschberg, Der Grundsatz der Verhältnismäßigkeit, S. 56ff.; vgl. auch die synonym verwendeten Ausdrücke im Enteignungsrecht: Grds. der Erforderlichkeit = Grds. des geringstmöglichen Eingriffs = Gebot der Mindestintervention = Enteignung als ultima ratio.

[62] S. statt aller Lerche, Übermaß, S. 19.

[63] Hirschberg, Der Grundsatz der Verhältnismäßigkeit, S. 246.

[64] So sinngemäß auch Ibler, Schranken, S. 158. Hier wird lediglich festgestellt, daß das fachplanungsrechtliche Erforderlichkeitsgebot sich innerhalb der Zweckūberlegungen bewegt. Daß diese aber von ihm wegen der überlagernden Kraft des Abwägungsgebots nicht absorbiert werden, wird unten, 3. Kap. A II 3 b, noch gezeigt.

lich kein Mittel-Mittel-Vergleich stattfindet: Einerseits wird das Vorhaben als Mittel zum fachplanerischen Zweck nicht mit Planungsalternativen verglichen, die nach ständiger Rechtsprechung des BVerwG im Rahmen der Abwägung zu untersuchen sind; andererseits wird die Betroffenheit entgegengesetzter Belange ebenfalls erst bei der Abwägung berücksichtigt[65].

Zwar werden manchmal im Rahmen der Planrechtfertigung ausdrücklich oder implizit Mittel-Mittel-Beziehungen untersucht, etwa die Frage, ob bauliche oder betriebliche Maßnahmen zur Befriedigung der Bedürfnisse ausreichen[66], oder die Frage, ob der Ausbau der vorhandenen Anlage oder der Bau einer Komplementäranlage der Errichtung einer Ersatzanlage vorzuziehen ist[67]. Das macht aber weder den Schwerpunkt der Prüfung aus, noch ist es darauf zurückzuführen, daß das fachplanungsrechtliche Erforderlichkeitsgebot vom Grundsatz der Erforderlichkeit mitgespeist wird[68].

Das zweckbezogene fachplanungsrechtliche Erforderlichkeitsgebot berührt sich mit dem Prüfungsinstrumentarium des Grundsatzes der Erforderlichkeit nur insofern, als bei einer Nichtanerkennung des Zwecks aus tatsächlichen oder rechtlichen Gründen auch der Prüfung unter Erforderlichkeitsgesichtspunkten der Boden von vornherein entzogen ist[69]. Weitergehende Meinungen, wohl in der (unausgesprochenen) Hoffnung, der zweckbezogenen Erforderlichkeit etwas von der – in abstracto zwar bestehenden, in concreto jedoch vielfach überschätzten – Schärfe des Grundsatzes der Erforderlichkeit als Entscheidungsregel zu verleihen, sind als ungerechtfertigt abzulehnen.

Die Literatur konstatiert aber teilweise weiter eine Beziehung zwischen fachplanerischer Erforderlichkeit und Übermaßverbot (bzw. Verhältnismäßigkeitsgrundsatz i.w.S.) im allgemeinen.

Diesbezüglich ist auch hier festzustellen, daß die Planrechtfertigung mit dem durch den Verhältnismäßigkeitsgrundsatz i.e.S. ausgedrückten Proportionalitätsgedanken verflochten ist, und zwar insoweit, als die Legitimität der Verfolgung des Zwecks unter dem Gebot der Angemessenheit zu den dadurch

---

65 Vgl. die Darstellung der Rspr. oben, 3. Kap. A I 2.

66 S. etwa BVerwG, U. v. 7. 7. 1978 – 4 C 79.76 u.a. – E 56, 110 [120].

67 S. etwa BVerwG, U. v. 5. 12. 1986 – 4 C 13.85 – E 75, 214 [232ff.], wo die ganze Frage der Ersetzungsbedürftigkeit des Münchner Flughafens im Rahmen der Planrechtfertigung abgehandelt und abschließend entschieden wird.

68 Vgl. unten, 3. Kap. A II 3 b (1), (2), wo gezeigt wird, daß der Grds. der Erforderlichkeit bei der Plf keine Entscheidungsregel darstellen kann und wo die Hintergründe dieser Praxis untersucht werden (Deshalb kann auch der Auffassung von Ibler, Schranken, S. 158, der Grds. der Erforderlichkeit trete neben die Planrechtfertigung, um sie – wie jede Ermächtigungsgrundlage – zu ergänzen, nicht zugestimmt werden).
Die im Text angestellten Überlegungen zum Vergleich von Planrechtfertigung und Grds. der Erforderlichkeit beziehen sich auf das von ihm getragene Prüfungsinstrumentarium, dessen Verwendung nicht ausgeschlossen ist.

69 Dazu Hirschberg, Der Grundsatz der Verhältnismäßigkeit, S. 58.

hervorgerufenen Betroffenheiten steht[70]; denn je offener der Zweck ist, desto mehr fließt der Proportionalitätsgedanke schon in die Überlegungen zu seiner Anerkennung und zur Annahme des berechtigten (zulässigen) Maßes seiner Verwirklichung ein[71]. Aus diesem Grund und in diesem Sinn kann der Literatur voll zugestimmt werden.

Nachdem das fachplanungsrechtliche Erforderlichkeitsgebot im obigen Sinne präzisiert wurde, kann darauf hingewiesen werden, daß die zweckbezogene Erforderlichkeit nichts Unbekanntes ist; sie ist im Zusammenhang mit Ermächtigungen der Verwaltung, in geschützte Rechtspositionen einzuwirken, in verschiedenen Rechtsgebieten anzutreffen. Ihre Problematik kann am Beispiel der polizeirechtlichen Erforderlichkeit und der ihr entgegengesetzten Erforderlichkeit bei Bebauungsplänen kurz skizziert werden[72].

In seiner polizeirechtlichen Tradition ist das Erforderlichkeitsgebot mit der Befugnis zum Erlaß selbständiger Polizeiverfügungen verbunden und besagt, daß der Eingriff in einem konkreten Sinn notwendig sein muß. Seine Anforderungen werden weiter dahingehend umschrieben, daß der Eingriff unbedingt notwendig sein muß, daß für den Eingriff ein akutes Bedürfnis oder zwingende Gründe bestehen sollen, oder daß es zwischen Anlaß und Aktivität der Verwaltung eine enge (intensive) Verbindung geben soll. Zudem eröffnet es eine uneingeschränkte gerichtliche Kontrollbefugnis[73].

Dieser Behandlung des Erforderlichkeitsgebots, die in der Überschaubarkeit des Sachverhalts (im Sinne der Begrenztheit der relevanten Umstände und der Neben- und Fernwirkungen), der sicheren Erkenntnismöglichkeit bei der Frage der drohenden konkreten Gefahr (die ihrerseits vor dem Hintergrund der abwehrenden Funktion polizeilichen Handelns zu sehen ist) sowie dem umfangreichen Präjudizienbestand begründet ist, wird das Erforderlichkeitsgebot bei Bebauungsplänen gegenübergestellt[74].

---

[70] Hier wird der Grds. der Verhältnismäßigkeit i.e.S. als Entscheidungsregel angesprochen, so daß die Frage, ob er als (positives) Gebot oder (negatives) Verbot formuliert wird, keine Rolle spielt.

[71] Vgl. – in etwas anderem Zusammenhang – Hirschberg, Der Grundsatz der Verhältnismäßigkeit, S. 190f. Ausführlicher unten, 3. Kap. A II 3 b (1).

[72] Auch im Enteignungsrecht ist die zweckbezogene Erforderlichkeit anzutreffen, und zwar als Erforderlichkeit des Vorhabens (vgl. etwa BVerfG, U. v. 24. 3. 1987 – 1 BvR 1046/85 – E 74, 264 [294]; Schmidbauer, Enteignung, S. 161) oder als Erforderlichkeit der Enteignung „an sich und überhaupt zur Erfüllung einer staatlichen Aufgabe" (vgl. BVerfG, U. v. 10. 3. 1981 – 1 BvR 92, 96/71 – E 56, 249 [281] – Sondervotum Böhmer). S. zu ihrer Behandlung auf der Grundlage des verfassungsrechtlichen Abwägungserfordernisses und vor dem Hintergrund der fachplanungsspezifischen „Fixierung" des Gemeinwohls durch den Gesetzgeber unten, 3. Kap. A II 5.

[73] Vgl. Schmidt-Aßmann, in: E/Z/B, BBauG, § 1 Rdnrn. 31ff.

[74] S. statt aller Schmidt-Aßmann, in: E/Z/B, BBauG, § 1 Rdnrn. 31ff.

Bei letzterem geht die absolut h.M. in Rechtsprechung[75] und Literatur[76] davon aus, daß es „lockerere Verbindungen" zwischen Planungsanlaß und Planungsaktivität zuläßt. Es sei vor dem Hintergrund des § 1 Abs. 5 und 6 BauGB zu sehen und nicht in einem polizeirechtlichen engen Sinn.

Es eröffne einen Entscheidungsspielraum der Verwaltung, weshalb die Erforderlichkeit als nach Maßgabe der planerischen Konzeption bestehend anzusehen sei und nur bei groben und einigermaßen offensichtlichen Mißgriffen durchgreife. Wenn eine uneingeschränkte gerichtliche Kontrolle angenommen werden würde, würde das zur Beseitigung der den Gemeinden unbestrittenermaßen zustehenden planerischen Gestaltungsfreiheit führen[77].

In diesen Grundsätzen kommt nicht nur der Umstand zum Ausdruck, daß das Erforderlichkeitsgebot angesichts der Offenheit der generellen Zielsetzung des BauGB keine Maßstäblichkeit liefert; darüber hinaus wird auch die damit zusammenhängende untrennbare Verbindung des Erforderlichkeits- mit dem die planerische Gestaltungsfreiheit einschließenden Abwägungsgebot berücksichtigt[78].

Bei der Fachplanung werden Parallelen zu beiden oben dargestellten Erforderlichkeitsgeboten gezogen: Ibler ist der Auffassung[79], daß es im Rahmen der Planrechtfertigung keine selbständige Entscheidungsbefugnis der Verwaltung gibt, worauf auch die neuere Rechtsprechung des BVerwG hinzuweisen scheint[80]; dagegen geht es nach Steinberg[81] auf der Stufe der Planrechtfertigung nicht primär um die dem Eingriffs- und Schrankendenken verhaftete Vorstellung der Rechtfertigung einer Maßnahme nach Maßgabe einer objektiv gegebenen tatsächlichen Situation, sondern um die Rechtfertigung einer konkreten Planung durch eine in sich schlüssige planerische Konzeption.

---

[75] St. Rspr. seit BVerwG, U. v. 7. 5. 1971 – 4 C 76.68 – BRS, Bd. 24, Nr. 15, S. 24 [29].

[76] S. die Angaben oben, 3. Kap. A I 1 (Fn. 8).

[77] S. statt aller Schmidt-Aßmann, in: E/Z/B, BBauG, § 1, Rdnrn. 33f., der ein zweistufiges Kontrollschema herausarbeitet. Dieses bezieht sich zunächst auf die begriffsbildende Administrativentscheidung (die planerische Konzeption selbst), wo es einen weiten Gestaltungsspielraum zuläßt und dann auf ihre Umsetzung, die sich in diese Konzeption einfügen muß (s. auch ders., VVDStRL 34 (1976), S. 221 [254ff.] mit allgemeinen Ausführungen zur Behandlung der von ihm so genannten „mehrstöckigen" Begriffe).

[78] A.A. Rubel, Planungsermessen, S. 59, nach dem es sich beim Erforderlichkeitsgebot „keineswegs um ein inhaltsleeres oder bereits im Abwägungsgebot enthaltenes Kriterium" handelt.

[79] Ohne freilich die Ersetzung der polizeirechtlichen Unausweichlichkeit durch das fachplanungsspezifische „vernünftigerweise Gebotene" anzutasten, s. Schranken, S. 178ff.; ders., NuR 1989, 247 [249f.].

[80] S. oben, 3. Kap. A I 2.

[81] NVwZ 1986, 812; ders., Nachbarrecht, III Rdnr. 128.

Eine Würdigung des so in seiner Reichweite umschriebenen Meinungsspektrums zeigt, daß die Entscheidung über das „Ob" der Planung auch unter dem Gesichtspunkt der Planrechtfertigung sinnvollerweise keiner vollen Kontrolle unterliegen kann. Denn diese Entscheidung erfolgt sowohl im Bereich der fachspezifischen Ziele der Fachplanungsgesetze (dazu unten 2.) als auch im Umkreis der die Zielanwendung in sich aufnehmenden Abwägung (dazu unten 3.) in Ausübung einer selbständigen Konkretisierungsbefugnis der Verwaltung. Im Hinblick darauf ist aus dem Blickwinkel der Zielkonkretisierung eine flexible Einschränkung richterlicher Kontrollmacht zu verzeichnen (dazu unten 4.). Die darin zum Ausdruck kommende Aufgabenverteilung bei der Konkretisierung des Wohls der Allgemeinheit hält auch vor den Anforderungen des Art. 14 Abs. 3 GG stand (dazu unten 5.).

2. Die Konkretisierung der generellen Ziele der Fachplanungsgesetze durch die Verwaltung im Rahmen der Planungsentscheidung

Die generellen Ziele der Fachplanungsgesetze legen die für ein Vorhaben in Betracht zu ziehenden öffentlichen Belange fest. Sie sind Ausgangspunkt der mit einer konkreten Planung verbundenen rechtlichen Überlegungen. Mit ihrer Offenheit eröffnen sie das Feld für die selbständige Konkretisierungsleistung der Verwaltung im Rahmen der Planungsentscheidung.

Eine Betrachtung der gesetzlichen Vorgaben ergibt, daß die generellen Ziele häufig nicht ausdrücklich normiert sind: manche Gesetze enthalten kaum mehr als die Regelung, daß für bestimmte Vorhaben eine Planfeststellung erforderlich ist[82]. Dieses Regelungsdefizit wird zwar in gewissem Maß dadurch entschärft[83], daß gemäß der gegenständlichen Festlegung der Fachplanung als sektorale, vorhabenbezogene Planung, die unmittelbaren technischen Funktionen der im Gesetz angesprochenen Vorhabenart selbst Konkretisierungsleistungen erbringen[84]; auch soweit – wie bei Anlageverlegungen – außerfachgesetzliche Planungsziele Rechtfertigungsfunktionen übernehmen[85], sind sie auf die jeweilige Anlage bezogen.

In allen diesen Fällen jedoch sind die generellen Ziele – wie auch in den Fällen, in denen sie ausdrücklich im Gesetz enthalten sind oder sich aus den ihre Verwirklichung beabsichtigenden Vorschriften ergeben[86] – derart offen, daß

[82] Z.B. § 28 PBefG, § 36 BBahnG.

[83] Zu den die generellen Ziele einschließenden rechtsstaatlichen Anforderungen an die Fachplanung vgl. Badura, FS BayVerfGH, S. 157 [175f.]; Manner, Grundlagen, S. 98ff.; Kügel, Der Planfeststellungsbeschluß, S. 116f.

[84] Hier macht sich der Unterschied zum gesamtplanerischen Bezug der kommunalen Bauleitplanung bemerkbar. Die Fachplanungsgesetze haben schon von ihrem Gegenstand her einen deutlichen Vorteil im Hinblick auf die inhaltliche Vorprägung durch das Gesetz, was auch bei der Enteignungsproblematik in die Gesamtrechnung einzustellen ist, vgl. unten, 3. Kap. A II 5.

[85] Vgl. BVerwG, U. v. 5. 12. 1986 – 4 C 13.85 – E 75, 214 [232f.].

unter sie eine Fülle konkreter Zielsetzungen fällt, mit der Folge, daß ihre Umsetzung in ein konkretes Vorhaben eine Zielauswahl voraussetzt.

Im Bundesfernstraßengesetz etwa kommen die generellen Ziele in §§ 1 Abs. 1, 3 Abs. 1 und 4 zum Ausdruck[87]. Demnach ist Ziel der Straßenplanung, ein dem regelmäßigen Verkehrsbedürfnis genügendes und die Sicherheit und Leichtigkeit des Verkehrs gewährleistendes zusammenhängendes Straßennetz zu bauen, zu unterhalten, zu erweitern oder sonst zu verbessern[88]. Weil aber der allgemeine Verkehr mit den ihm dienenden Verkehrswegen nicht um seiner selbst willen, sondern als Mittel der Erschließung und Verbindung von Siedlungs- und Naturräumen Gegenstand der Daseinsvorsorge ist, wird die Zielsetzung durch diese Funktionen ergänzt, so daß strukturpolitische Gesichtspunkte (z.B. die Behebung der Verkehrsferne von Gebietsteilen)[89] und städtebauliche Gesichtspunkte (Freihaltung der Stadtkerne vom Durchgangsverkehr)[90] durchaus im Einklang mit den vom Bundesfernstraßengesetz verfolgten öffentlichen Belangen stehen[91].

In diesem Rahmen sind „als legitimerweise anzustrebende Ziele" in der Rechtsprechung anerkannt worden: Die Verbesserung der dem weiträumigen Verkehr dienenden Verkehrsverbindungen, etwa die Ersetzung alter Straßen mit zahlreichen Ortsdurchfahrten und unübersichtlichen Kurven durch nach modernem Stand völlig neu gebaute Kraftfahrzeugstraßen[92], oder die Schließung von Lücken im bestehenden Autobahnnetz durch die Herstellung leistungsfähiger Verkehrsverbindungen[93], die Erhöhung der Verkehrssicherheit[94], die Lenkung und Beeinflussung der Verkehrsströme[95], die verkehrsmäßige Aufschließung eines unterentwickelten Raumes zwecks Verbesserung der Wirtschaftsstruktur[96] und die verkehrsmäßige Entlastung des historischen Ortskerns[97].

---

[86] Vgl. BVerwG, U. v. 14. 2. 1975 – 4 C 21.74 – E 48, 56 [61f.].

[87] BVerwG, U. v. 14. 2. 1975 – 4 C 21.74 – E 48, 56 [61].

[88] Vgl. Badura, FS BayVerfGH, S. 157 [176].

[89] Zur Erschließungsfunktion etwa BayVGH, U. v. 30. 3. 1982 – 8 B 80 A.10 u.a. – BayVBl. 1982, 597 [598].

[90] VGH BW, U. v. 23. 6. 1988 – 5 S 1030/87 – NVwZ-RR 1989, 349 [351].

[91] So Kodal / Krämer, Straßenrecht, Kap. 34, Rdnr. 27.22 (S. 912).

[92] BVerwG, U. v. 22. 3.1985 – 4 C 15.83 – E 71, 166 [168f.]; BVerwG, U. v. 24. 11. 1989 – 4 C 41.88 – E 84, 123 [132].

[93] VGH BW, U. v. 15. 12. 1987 – 5 S 3278/86 – NVwZ-RR 1989, 59 [61]; VGH BW, U. v. 23. 6. 1988 – 5 S 1030/87 – NVwZ-RR 1989, 349 [350]; BVerwG, U. v. 24. 11. 1989 – 4 C 41.88 – E 84, 123 [133].

[94] BVerwG, U. v. 14. 2. 1975 – 4 C 21.74 – E 48, 56 [61]; BVerwG, U. v. 6. 12. 1985 – 4 C 59.82 – E 72, 282 [288]; BVerwG, U. v. 3. 5. 1988 – 4 C 26.84 – NVwZ 1989, 149f.

[95] Hess VGH, B. v. 19. 4. 1984 – 2 TH 91/83 – NVwZ 1986, 849f.; BVerwG, U. v. 6. 12. 1985 – 4 C 59.82 – E 72, 282 [287f.].

[96] BVerwG, U. v. 22. 3. 1985 – 4 C 15.83 – E 71, 166 [169]; VGH BW, U. v. 23. 6. 1988 – 5 S 1030/87 – NVwZ-RR 1989, 349 [350].

[97] BVerwG, U. v. 25. 2. 1988 – 4 C 32. u. 33.86 – DVBl. 1988, 844.

Beim Zielbereich des LuftVG, das aus den §§ 6 Abs. 3, 1 Abs. 1 und 29 Abs. 1 Satz 1 LuftVG ermittelt wird[98], kommen als legitime Zielsetzungen die Befriedigung und Lenkung des Verkehrsbedürfnisses[99], die Sicherheit des Luftverkehrs und die Beseitigung von Gefahren für die öffentliche Sicherheit und Ordnung durch die Luftfahrt in Betracht[100].

Alle diese Ziele werden bei Anlageverlegungen auch durch Drittbelange (: außerfachgesetzliche Ziele) angereichert[101].

Bei dieser Vielzahl möglicher legitimer Zielsetzungen kommt der Verwaltung eine selbständige Befugnis zur Zielauswahl, d.h. zur Wahl des konkret aufzugreifenden Sachproblems zu[102]. Die in diesem Kontext implizierte Entscheidung über das relative Gewicht der jeweils in Betracht kommenden Ziele[103] ist eine Frage politischer Prioritätensetzung und stellt einen ersten Ausdruck der im Rahmen der Zwecküberlegungen in ihrem Kern und in ihren Auswirkungen zu berücksichtigenden planerischen Komponente dar. Ein Fachplan unterliegt in diesem Zusammenhang der gerichtlichen Nachprüfung nur insofern, als er auf die Verwirklichung mindestens eines der möglichen legitimen Ziele ausgerichtet sein muß. Dagegen ist die Frage, welches dieser Ziele sich die Behörde gesetzt hat, der gerichtlichen Kontrolle entzogen[104].

Die eigentliche Konkretisierungsleistung der Verwaltung im Rahmen der Zwecküberlegungen bezieht sich aber auf das nach Maßgabe der fachgesetzlichen Ziele die „objektive Erforderlichkeit" des Vorhabens „als Ganzes" begründende Bedürfnis, also auf den konkret für das Vorhaben streitenden Zweck an sich[105].

---

98 BVerwG, U. v. 7. 7. 1978 – 4 C 79.76 u.a. – E 56, 110 [119f.].

99 Dazu BayVGH, B. v. 16. 4. 1981 – 20 CS 80 D.61 – BayVBl. 1981, 401 [405].

100 BVerwG, U. v. 7. 7. 1978 – 4 C 79.76 u.a. – E 56, 110 [120]; VGH BW, U. v. 19. 6. 1989 – 5 S 3111/87 – DVBl. 1990, 108 (Ls. 6).

101 S. oben, 3. Kap. A I 2, bei und in Fn. 26.

102 Kodal / Krämer, Straßenrecht, Kap. 34, Rdnr. 27.4; Steinberg, NVwZ 1986, 812; ders., Nachbarrecht, III Rdnr. 129f.; Kühling, Fachplanungsrecht, Rdnr. 161.

103 Eine solche Entscheidung ist in dem Gesetz über den Ausbau der Bundesfernstraßen vom 30. 6. 1971, BGBl. I, 873, enthalten, wo die Rangfolge des jeweiligen Vorhabens zu anderen Projekten in den verschiedenen Dringlichkeitsstufen zum Ausdruck kommt, vgl. hierzu BVerwG, U. v. 22. 3. 1985 – 4 C 15.83 – E 71, 166 [169]; BVerwG, B. v. 3. 4. 1990 – 4 B 50.89 – NVwZ-RR 1990, 454 [456]; Kühling, Fachplanungsrecht, Rdnr. 214; Kodal / Krämer, Straßenrecht, Kap. 32, Rdnr. 20.1 (S. 817).

104 So Kühling, Fachplanungsrecht, Rdnr. 161. Seiner Feststellung, daß dieses Verständnis auch der Rechtsprechung zugrunde liegt, und insofern auch das Urteil des BVerwG vom 6. 12. 1985 – 4 C 59.82 – E 72, 282, keine Kursänderung signalisiert hat, ist uneingeschränkt zuzustimmen.

105 Diese Frage wird hier nur anhand der Fachplanungsgesetze behandelt; dazu, daß die Ergebnisse, die hier herausgearbeitet werden, auch vor Art. 14 Abs. 3 GG Bestand haben, s. unten, 3. Kap. A II 5.

Auch in dieser Hinsicht weisen die Fachplanungsgesetze einen geringen Informationsgehalt auf. Den gesetzlichen Zielsetzungen lassen sich nämlich keine quantifizierbaren Voraussetzungen oder Zielvorgaben (Bedürfnisstandards, zulässiges Maß der Zweckverwirklichung in sachlicher und zeitlicher Hinsicht) entnehmen, an denen die Erforderlichkeit des Vorhabens gemessen werden könnte[106]; zudem kann auf objektiv gegebene tatsächliche Umstände oder feststehende Größen nur selten zurückgegriffen werden[107].

Wie schon im Rahmen allgemeinerer Überlegungen festgestellt wurde[108], erweist sich der durch die generellen Ziele der Fachplanungsgesetze an die Verwaltung gerichtete Auftrag im Zeichen der den hier maßgeblichen Sachbereich charakterisierenden Dynamik und Zukunftsorientiertheit als die mit der Einräumung einer selbständigen Konkretisierungsbefugnis verbundene Zuweisung einer Gestaltungsfunktion. Das der Verwaltung aufgetragene gezielte Einwirken auf komplexe Verhältnisse ist sowohl mit den technischen Funktionen der Infrastrukturanlagen verbunden, als auch – und zwar wegen der Bedeutung der Infrastrukturplanung für die räumliche und wirtschaftliche Ordnung – in übergeordnete, überfachliche Ziele und planungspolitische Konzepte eingebunden.

Die Frage, was an fachgesetzlichen Belangen in die planerischen Überlegungen für ein konkretes Projekt einfließt, ist somit mit von der selbständigen Konkretisierungsleistung der Verwaltung durchdrungenen planungspolitischen, fachlichen und überfachlichen Überlegungen und Entscheidungen verschmolzen[109], etwa über die Verbesserung der Nutzung von Verkehrsverbindungen, die verkehrswirtschaftliche Zuordnung von Verkehrsbedürfnissen zu einzelnen Verkehrsträgern, die landes- oder bundesweite Entwicklung des Luftverkehrs oder die strukturpolitisch motivierte Wirtschaftsförderung einzelner Gebiete.

Vor dem Hintergrund dieser Umstände umfaßt die selbständige Konkretisierungsleistung der Verwaltung – innerhalb der noch zu erörternden Grenzen[110] – die Definition des durch das konkret geplante Vorhaben zu lösenden Sachproblems in sachlicher und zeitlicher Hinsicht und damit die Bestimmung

---

106 Eine seltene Ausnahme stellt das Ruhrtalsperrengesetz dar, worauf Kühling, Fachplanungsrecht, Rdnr. 407, Fn. 28, hinweist. Danach ist der Bau neuer Talsperren u.a. nur dann notwendig (gerechtfertigt), wenn das vorhandene Talsperrensystem zum Ersatz des der Ruhr schädlich entzogenen Wassers nicht ausreicht, also nicht mehr in der Lage ist, einen Tagesmittelwert des unbeeinflußten Abflusses von 20,2 m^3/s an der Ruhrmündung sicherzustellen. S. dazu OVG NW, U. v. 4. 6. 1984 – 20 A 1283/83 – ZfW 1985, 187. Freilich werfen solche Vorschriften keine Probleme für die gerichtliche Kontrolle auf.

107 Das ist etwa dann der Fall, wenn die Planung bloß die Behebung konkreter Mißstände bezweckt, vgl. Kodal / Krämer, Straßenrecht, Kap. 34, Rdnr. 27.4 (S. 912f.).

108 S. oben, 2. Kap.

109 Vgl. Badura, FG Gesellschaft für Rechtspolitik, S. 27 [35].

110 S. unten, 3. Kap. A II 4.

der dem Vorhaben zuzukommenden Funktion. In ihrem Rahmen entwickelt sich die behördliche Maßstabsetzung, i.e. die planerische Konzeption, die in vielerlei Hinsicht das tragende Element der Planung ist und die einen wichtigen Anknüpfungspunkt für die gerichtliche Kontrolle darstellt.

Diese grundsätzlichen – und von einem großen Teil der Literatur im Ergebnis weithin geteilten[111] – Überlegungen können nicht etwa dadurch in Zweifel gezogen werden, daß die Fachplanung dem herkömmlichen Eingriffsdenken unterworfen wird und der Verwaltung wegen der angeblichen „Tatbestandsfunktion" der generellen Ziele jegliche selbständige Entscheidungsbefugnis abgesprochen wird[112]. Sie stellen im Gegenteil den inneren Grund dafür dar, daß die „Erforderlichkeit" keine Maßstäblichkeit bieten kann[113]; und sie zeigen, wie wenig Sinn deren Charakterisierung als „unbestimmter Rechtsbegriff (grds.) ohne Beurteilungsspielraum" hat[114].

Eine Betrachtung der Rechtsprechung bestätigt die hier vertretene Auffassung. Manchmal erkennen nämlich die Gerichte ausdrücklich an, daß die Frage, „welchem Verkehrsbedürfnis eine Straßenbaumaßnahme dienen und welches Verkehrsbedürfnis sie befriedigen soll, ... davon abhängen (kann), welche Verkehrsfunktion der zu bauenden Straße zukommen soll und in welcher Weise ein Planungsraum erschlossen werden soll"; damit wird eine planerische Komponente auch auf der Stufe der Planrechtfertigung bejaht[115].

[111] Zur Berücksichtigung der planerischen Gestaltungsfreiheit schon im Rahmen der für das Vorhaben streitenden Zwecküberlegungen – mit jeweils unterschiedlicher Akzentuierung – s. Löwer, in: Azizi / Griller (Hrsg.), Rechtsstaat und Planung, S. 73 [93ff.]; Lorenz, VBlBW 1984, 329 [340]; Kodal / Krämer, Straßenrecht, Rdnrn. 27.4ff. (S. 912ff.); Schmidt-Aßmann, in: MDHS, GG, Art. 19 Abs. 4, Rdnr. 211; Steinberg, NVwZ 1986, 812; ders., Nachbarrecht, III Rdnrn. 127ff.; Kühling, Fachplanungsrecht, Rdnrn. 161f., 166, 404ff.; vgl. auch Hoppe / Schlarmann, Rechtsschutz, Rdnr. 177 d (die aber im Rahmen der Vorverlagerung der Enteignungsproblematik die planerische Gestaltungsfreiheit wieder einschränken wollen, Rdnr. 192). A.A. Ibler, Schranken, S. 178ff.; ders., NuR 1989, 247 [249f.]; in der Tendenz auch Niehues, WiVerw. 1985, 250 [263f.], wo aber die von ihm als „Ausnahmen" bezeichneten Umstände von dem zuvor aufgestellten Grundsatz wenig übrig lassen.

[112] Von einer „Tatbestandsfunktion" der generellen Ziele spricht etwa Manner, Grundlagen, S. 121; dagegen Steinberg, NVwZ 1986, 812; ders., Nachbarrecht, III Rdnrn. 128f.; Peine, Raumplanungsrecht, S. 260.

[113] So auch Löwer, in: Azizi / Griller (Hrsg.), Rechtsstaat und Planung, S. 73 [95].

[114] Vgl. dazu VGH BW, U. v. 23. 6. 1988 – 5 S 1030/87 – NVwZ-RR 1989, 349 [350], wo angesichts der Rechtfertigung der Straßenplanung durch den Bedarfsplan sowie landes- und regionalplanerische Vorgaben von den mit der dogmatischen Figur des unbestimmten Rechtsbegriffs ohne Beurteilungsspielraum verknüpften Vorstellungen nichts übrigbleibt; s. auch oben, 1. Kap.

[115] Hess VGH, B. v. 19. 4. 1984 – 2 TH 91/83 – NVwZ 1986, 849. Das Gericht gesteht zutreffend der Verwaltungsentscheidung erhebliche Elemente einer planerischen Gestaltung dann zu, wenn mit dem Neubau einer Straße die Lenkung der Verkehrsströme beabsichtigt ist; so auch schon OVG NW, U. v. 7. 6. 1979 – IX A 1920/78 – NuR 1979, 162f. Auf derselben Linie liegt die frühere Rechtsprechung des VGH BW; s. die Zusammenstellung bei Lorenz, VBlBW 1984, 329 [340]; s. aber nunmehr VGH BW, U. v. 23. 6. 1988 – 5 S 1030/87 – NVwZ-RR 1989, 349 [350].

In anderen Fällen wird die Maßgeblichkeit außerhalb gerichtlicher Verantwortung liegender Entscheidungen und damit der Umstand anerkannt, daß nach den einschlägigen Rechtsvorschriften die durch die bautechnischen Maßnahmen der Verwaltung im Bereich der Fachplanung intendierten Effekte auch in Ausübung planerischer Gestaltungsfreiheit bestimmt werden[116].

Auch im Zusammenhang mit dem Maßstab des „vernünftigerweise Gebotenen" wird die selbständige Konkretisierungsleistung der Verwaltung grundsätzlich anerkannt (obwohl sie in ihrer Tragweite nicht immer voll erkannt wird). Nach dem BayVGH ist „unter ‚Notwendigkeit' einer Planung ... nicht eine mit naturwissenschaftlichen Methoden zu prüfende Naturnotwendigkeit im Sinne einer ‚Unausweichlichkeit' ... zu verstehen, sondern die Prüfung des ‚vernünftigerweise Gebotenen', das z.T. aufgrund von Wertungen zu ermitteln ist... Damit kann schon auf dieser Stufe – Prüfung der Notwendigkeit – eine planerische Komponente ins Spiel kommen. Die Behörde muß sich nicht damit begnügen, vorhandenen Bedarf so zu erfüllen, wie sie ihn objektiv vorgefunden hat; sie kann und darf durch ihre Maßnahmen auch die Angebots- und Nachfragestruktur selbst beeinflussen. Jede andere Beurteilung würde staatliche Verwaltung auf das bloße Reagieren beschränken und Verkehrspolitik im eigentlichen Sinne, d.h. auch im Sinne einer Lenkung und Beeinflussung der Verkehrsströme unmöglich machen..."[117].

Letztlich kommen auch die eine Vollkontrolle der Planrechtfertigung fordernden Entscheidungen[118] nicht umhin, die These zu akzeptieren, daß im Bereich der für das Vorhaben streitenden Zwecke planerische Konzeptionen maßgeblich sind. Denn auch bei ihnen wird die Rechtfertigung des Vorhabens

---

[116] Vgl. BVerwG, U. v. 5. 12. 1986 – 4 C 13.85 – E 75, 214 [243], wo die Aussage, daß dem Bedürnis nach Erweiterungsfähigkeit des planfestzustellenden Flughafens nicht ein statischer Kapazitätsbegriff oder der gegenwärtig bestehende oder ein für die nahe Zukunft prognostizierbarer Bedarf entgegengesetzt werden kann, u.a. mit dem Hinzutreten verkehrspolitischer Zielsetzungen begründet wird, „die im Rahmen der bestehenden Rechtsordnung Gegenstand gestaltender Verwaltung sein dürfen."

[117] BayVGH, B. v. 16. 4. 1981 – 20 CS 80 D. 61 – BayVBl. 1981, 401 [405]. Das Gericht schätzt aber die Tragweite der planerischen Komponente bei den das Vorhaben stützenden Zwecküberlegungen nicht richtig ein und versucht, seine Erkenntnis mit der These wieder einzuschränken, im Rahmen der Planrechtfertigung sei die Behörde mehr als bei manchen (anderen) Teilen der Abwägung an tatsächliche Feststellungen gebunden, so daß hier das kognitive Moment vorherrsche. Dem kann – vor dem Hintergrund der vom Gericht vorgenommenen Abgrenzung von Planrechtfertigung und Abwägung („Ob" – „Wie" des Vorhabens) – nicht zugestimmt werden; denn „mehr" an tatsächliche Feststellungen ist nur die Frage gebunden, ob die durch die generellen Ziele des Fachplanungsgesetzes verfolgten öffentlichen Interessen durch das Vorhaben überhaupt gefördert werden – und nicht die Entscheidung über das „Ob" des Vorhabens.

Zur Auffassung des BVerwG über den Maßstab des vernünftigerweise Gebotenen s. oben, 3. Kap. A I 2, bei und in Fn. 27 und 44 und unten, 3. Kap. A II 3 b (1), bei Fn. 163.

[118] BVerwG, U. v. 6. 12. 1985 – 4 C 59.82 – E 72, 282; im Anschluß daran VGH BW, U. v. 23. 6. 1988 – 5 S 1030/87 – NVwZ-RR 1989, 349 [350].

auf den Bedarfsplan (sei es daß diesem ein erhebliches indizielles Gewicht beigemessen wird oder daß die Erforderlichkeit aus ihm abgeleitet wird[119]) oder auf landes- und regionalplanerische Vorgaben gestützt[120]. Auch auf diese Weise wird die Aussichtslosigkeit des Unterfangens unterstrichen, den Gerichten in diesem Zusammenhang eine uneingeschränkte Kontrollbefugnis zuzusprechen[121].

3. Die Leistungsfähigkeit der Planrechtfertigung als eigenständige Stufe materiell-rechtlicher Planungsbindung und gerichtlicher Planungskontrolle neben dem Abwägungsgebot

Das Kernstück der materiell-rechtlichen Planungsbindung und der gerichtlichen Planungskontrolle bildet unbestrittenermaßen das Gebot gerechter Abwägung. Die Leistungsfähigkeit einer eigenständigen Planungsschranke „Planrechtfertigung" hängt davon ab, ob und inwieweit diese einen vom Abwägungsgebot abgrenzbaren, diesem gegenüber selbständigen substantiellen Gehalt aufweisen kann. Von den Vorschlägen, die die Gerichte zu diesem Problem unterbreitet haben, können nur diejenigen als angemessen betrachtet werden, die die Überlagerung des Erforderlichkeitsgebots durch das Abwägungsgebot anerkennen. Denn letzteres nimmt die behördliche Zielkonkretisierung in sich auf; und als Standort der planerischen Gestaltungsfreiheit läßt es auch seinerseits keine eingehende Kontrolle der im Rahmen der Planungsentscheidung erfolgenden Zweckpräzisierung zu.

---

[119] Nach dem BVerwG (U. v. 22. 3. 1985 – 4 C 15.83 – E 71, 166 [169f.]; U. v. 6. 12. 1985 – 4 C 59.82 – E 72, 282 [287]; U. v. 11. 4. 1986 – 4 C 53.82 – NVwZ 1986, 834; B. v. 3. 4. 1990 – 4 B 50.89 – NVwZ-RR 1990, 454 [456]) ist die Zulässigkeit des Vorhabens und der zu seiner Ausführung etwa erforderlichen Enteignung nicht aus der in Form eines Bundesgesetzes beschlossenen Bedarfsplanung abzuleiten; dieser kommt aber ein erhebliches indizielles Gewicht zu. In die entgegengesetzte Richtung weisende Gedanken hat neulich der VGH BW, U. v. 15. 12. 1987 – 5 S 3278/86 – NVwZ-RR 1989, 59 [60]; U. v. 23. 6. 1988 – 5 S 1030/87 – NVwZ-RR 1989, 349 [350], geäußert. Angesichts des Umstandes, daß einerseits die Fragen, ob dem Vorhaben Eigentumsrechte entgegenstehen und ob diese (und sei es generell) zu überwinden sind, von der Bundesbedarfsplanung ausgeklammert bleiben, andererseits aber diese auf einer sorgfältigen Analyse der Verkehrsbedürfnisse, einer Abwägung der Verkehrsinteressen mit anderen öffentlichen Belangen und einer Kosten-Nutzen-Analyse beruht, ist dem Ansatz des BVerwG zuzustimmen. So auch Niehues, WiVerw. 1985, 250 [259]; Ibler, Schranken, S. 163ff.; Steinberg, Nachbarrecht, V Rdnr. 28; Kühling, Fachplanungsrecht, Rdnrn. 163, 213f.; vgl. auch die Berichte von Michler, DVBl. 1988, 229 [231f.] und Stüer, DÖV 1988, 507 [510]; in der Tendenz anders Kodal / Krämer, Straßenrecht, Kap. 32, Rdnr. 20.4 (S. 818).

[120] BVerwG, U. v. 6. 12. 1985 – 4 C 59.82 – E 72, 282 [286f.]; VGH BW, U. v. 23. 6. 1988 – 5 S 1030/87 – NVwZ-RR 1989, 349 [350].

[121] So auch Steinberg, NVwZ 1986, 812f.; ders., Nachbarrecht, III Rdnrn. 134f.

a) Modelle der Abgrenzung von Planrechtfertigung und Abwägung in der Rechtsprechung

In ihrem Versuch, der Kontrolle der Planung Strukturen zu verleihen, haben die Gerichte im wesentlichen drei Modelle der Abgrenzung von Planrechtfertigung und Abwägung vorgeschlagen.

Nach dem ersten Modell[122] werden im Rahmen der Planrechtfertigung anhand eines Plausibilitätsmaßstabs nur die Ziel- und generelle Allgemeinwohlkonformität und die Zwecktauglichkeit des Vorhabens geprüft. Die gehaltvollere Abwägung umfaßt dagegen die Fragen sowohl der konkreten Erforderlichkeit als auch der Rechtmäßigkeit der die konkreten Eigenschaften des Vorhabens (Standort, Dimensionierung, sonstige Ausgestaltung im Detail) betreffenden Planfestsetzungen.

Ein zweites, den Äußerungen des BVerwG im Urteil vom 6. 12. 1985[123] zu entnehmendes Konzept, unterscheidet sich vom vorigen dadurch, daß hier die konkrete Erforderlichkeit des Vorhabens (im Sinne der Frage, ob das Vorhaben als Ganzes überhaupt verwirklicht werden soll) im Rahmen der Planrechtfertigung eingehend und abschließend geprüft werden soll[124].

Das dritte Modell entstammt der Rechtsprechung des BVerwG zum Erforderlichkeitsgebot bei Bebauungsplänen, wo die Planrechtfertigung als Bestandteil der umfassend zu verstehenden Abwägung konzipiert ist[125]; umgesetzt in die Fachplanung würde dieses Modell die Planrechtfertigung inhaltlich als die vom Abwägungsgebot umfaßte Beurteilung der Frage umschreiben, ob die zur Rechtfertigung herangezogenen legitimen Zwecke durch das Vorhaben überhaupt gefördert werden.

---

[122] Es wurde vom BVerwG im U. v. 22. 3. 1985 – 4 C 15.83 – E 71, 166, entwickelt; vgl. auch oben, 3. Kap. A I 2, bei Fn. 36.

[123] 4 C 59.82 – E 72, 282; vgl. auch oben, 3. Kap. A I 2, bei Fn. 37.

[124] Damit wird das Verhältnis von Planrechtfertigung und Abwägung als eines von „Ob“ und „Wie“ des Vorhabens aufgefaßt; vgl. dazu Ibler, NuR 1989, 247 [249]. Dieselbe Richtung hatte schon der BayVGH im Beschluß vom 16. 4. 1981 – 20 CS 80 D.61 – BayVBl. 1981, 401 [405f.], eingeschlagen.

[125] S. U. v. 5. 7. 1974 – 4 C 50.72 – E 45, 309 [312]; zum angeführten Verständnis des Urteils s. Winter, NuR 1985, 41 [46f.].
Dieses Modell besagt, daß ein Teil der Abwägungskontrolle die Überschrift „Planrechtfertigung“ trägt. Die Planrechtfertigung stellt somit keine eigenständige Kontrollstufe dar, mit der Folge, daß etwa Doppelprüfungen des Bedürfnisses ausgeschlossen sind.

b) Die beschränkte Tragweite der Planrechtfertigung und ihr Charakter als Vorabprüfung

(1) Zur überlagernden Kraft des Abwägungsgebots und ihrer Folgen

In seinem grundlegenden Aufsatz zur Planrechtfertigung hat Niehues auf die Schwierigkeiten der Abgrenzung von Rechtfertigungsgebot und Abwägung hingewiesen: „Die für die ‚Planrechtfertigung' maßgebende Frage, ob die Planung auf die Verwirklichung der mit dem Gesetz ... generell verfolgten öffentlichen Belange ausgerichtet ist und – bezogen auf das konkrete Planungsvorhaben – vernünftigerweise geboten ist, steht in einem inhaltlichen Zusammenhang mit der Frage, ob die Planung den Anforderungen des Abwägungsgebotes Stand hält. Denn die Gründe, die die Planung rechtfertigen sollen, werden in aller Regel gerade durch die öffentlichen Belange gestützt, derentwegen widerstreitende öffentliche und/oder private Belange zurückgestellt werden sollen"[126].

Trotz dieser Feststellung wird vielfach eine gewisse Selbständigkeit der Planrechtfertigung angenommen, insbesondere wenn der Standpunkt vertreten wird, daß auf dieser Stufe das „Ob" bzw. die konkrete Erforderlichkeit des Vorhabens (im Sinne der Frage, ob das Vorhaben als Ganzes überhaupt verwirklicht werden soll) anhand der generellen Ziele des Fachplanungsgesetzes zu entscheiden ist[127]. Es wird versucht, diese Selbständigkeit entweder mit dem Verhältnis des generellen Ziels des jeweiligen Fachplanungsgesetzes zu den (anderen) zu berücksichtigenden Belangen, oder mit der Einbeziehung enteignungsrechtlicher Gesichtspunkte in die planungsrechtliche Problematik – in Verbindung mit dem Erforderlichkeitsgedanken – zu begründen.

Einer Auffassung nach entspricht das Verhältnis von Planrechtfertigung und Abwägung dem Verhältnis zwischen dem vom einschlägigen Fachplanungsgesetz primär verfolgten einzelnen Ziel und der Rundumabsicherung gegenüber sonstigen Zielen[128]; eine Betrachtungsweise, die auch dazu verlei-

---

126 WiVerw. 1985, 250 [252]; vgl. auch Hoppe / Beckmann, Umweltrecht, § 8 Rdnr. 46.

127 Vgl. das zweite Modell der Rspr. zur hier interessierenden Abgrenzungsfrage und auch BayVGH, B. v. 16. 4. 1981 – 20 CS 80 D.61 – BayVBl. 1981, 401 [405], der aber auch der Frage des „Wie" (z.B. Dimensionierung) nochmals die „Ob"-Frage vorausschickt.

128 Vgl. den Hinweis von Winter, NuR 1985, 41 [46], auf die Rechtsprechung des VG Stade.

Auch bei der Rspr. des BVerwG zur Planrechtfertigung dürfte dieser Gedanke eine Rolle gespielt haben, wie seine älteren Äußerungen zu den Planungsleitsätzen zeigen (vgl. auch Badura, FG Gesellschaft für Rechtspolitik, S. 27 [30]; Schlarmann, in: Azizi / Griller (Hrsg.), Rechtsstaat und Planung, S. 1 [19], die diese Zusammenhänge erhellen). Danach gehen das fachliche Planungsziel und die anderen abwägungserheblitet, den generellen Zielen des Fachplanungsgesetzes – im Gegensatz zu anderen gesetzlichen Zielvorgaben – „Tatbestandsfunktionen" zuzuweisen[129]. Dem ist als erstes entgegenzuhalten, daß eine sich auf dieses Verständnis der generellen Ziele stützende Erfassung der Fachplanung als Instrument zur Durchsetzung eines infrastrukturellen Versorgungsprogramms den Umstand verkennt, daß dieser Aspekt in Wahrheit in die umfassendere gesetzliche Ausgestaltung der Planfeststellung als Instrument zur Sicherung einer allseits optimalen Erfüllung der Planungsaufgabe eingebettet ist[130]. Das verbietet eine Aufspaltung auf der Grundlage einer in ihrem Gegenstand, d.h. in den in Betracht kommenden Vorhaben der Infrastrukturversorgung liegenden Einseitigkeit der Planfeststellung; die zudem vollends dann aus dem Blickfeld verschwindet, wenn das Ergreifen von Planungsmaßnahmen auf breitere Raumnutzungskonflikte zurückzuführen ist, wie dies etwa bei Anlageverlegungen der Fall ist[131]. Demgegenüber kommt es für die Frage nach dem Bestand der

---

chen öffentlichen Belange nicht konkurrierend in eine „stufenlose" Abwägung ein. Der Immissionsschutz etwa macht einen abwägungserheblichen Belang aus; er bestimmt aber nicht als planerischer Leitsatz das eigentliche Ziel der Planung, die als Fachplanung auf die möglichst optimale Erfüllung der spezifischen Aufgaben gerade ihres Fachplanungsbereichs ausgerichtet ist. Vgl. BVerwG, U. v. 14. 2. 1975 – 4 C 21.74 – E 48, 56 [62f.]; aus der Literatur etwa Manner, Grundlagen, S. 102f., 119f. Zur Kritik Kügel, Der Planfeststellungsbeschluß, S. 140f.; Winter, NuR 1985, 41 [46]; Steinberg, NVwZ 1986, 812 [814]; ders., Nachbarrecht, III Rdnr. 144; aus allgemeinerer Sicht Gassner, DVBl. 1984, 703 [706f.] m.w.N.

Diese Linie ist inzwischen von der Rspr. verlassen worden: Nunmehr sind alle nicht strikt zu beachtenden gesetzlichen Zielvorgaben der Relativierung durch andere Belange zugänglich; in diesem Rahmen können auch am fachplanerischen Ziel gewisse Abstriche gemacht werden, vgl. BVerwG, U. v. 22. 3. 1985 – 4 C 73.82 – E 71, 163 [165f.]; BVerwG, U. v. 22. 3. 1985 – 4 C 15.83 – E 71, 166 [172]. S. zum Ganzen ausführlicher unten, 3. Kap. B I 2, II 2.

129 So Manner, Grundlagen, S. 121; vgl. auch Ibler, NuR 1989, 247 [249]; in der Charakterisierung vorsichtiger und in der Sache zutreffend Löwer, in: Azizi / Griller (Hrsg.), Rechtsstaat und Planung, S. 73 [93].

130 So auch Winter, NuR 1985, 41 [46]; Steinberg, NVwZ 1986, 812 [814 m.w.N.]; ders., Nachbarrecht, III Rdnr. 144.

131 Vgl. BVerwG, U. v. 5. 12. 1986 – 4 C 13.85 – E 75, 214 [232f.] und dazu oben, 3. Kap. A I 2, bei und in Fn. 26.

(Ergänzend sei zu diesem Urteil folgendes bemerkt: Die breitere Basis, auf die das Gericht die Problematik stellt, veranlaßt Blumenberg, DVBl. 1989, 86 [91f.] zu der Bemerkung, das Urteil werfe neue Probleme in bezug auf das Verhältnis der Planrechtfertigungs- zu der Abwägungsstufe auf: Anders als die generellen Ziele der Fachplanungsgesetze hätten die für das Vorhaben streitenden Immissionsschutzgründe keine Ausschlußwirkung, denn auch wenn diese fehlen, sei die Rechtswidrigkeit der Planung nicht ohne weiteres anzunehmen; außerdem werde den Belangen des Umweltschutzes eine Doppelfunktionalität zuerkannt, die entbehrlich sei, weil die erforderliche Abwägung mit widerstreitenden Belangen des Umweltschutzes ohnehin stattzufinden habe.

Hier wird das Urteil – vor dem Hintergrund des vom BVerwG entschiedenen Falles der Verlegung einer Anlage – anders verstanden: Wenn die Verlegung ausschließlich mit Gründen des Immissionsschutzes belegt wird (weil die vorhandene Anlage zur Befriedigung der fachgesetzlichen Bedürfnisse ausreicht), kommt diesen – bei gerichtlicher Feststellung ihres Nichtvorliegens – sehr wohl „Ausschlußwirkung" zu, weil dann

Planung überhaupt – entsprechend der gesetzlichen Konzeption der Planfeststellung – darauf an, ob die in die Abwägung eingestellten, für das Vorhaben sprechenden öffentlichen Belange gegenüber den widerstreitenden Belangen Bestand haben oder nicht[132].

Dieser letzte Einwand gegen die These von der Selbständigkeit des fachplanungsrechtlichen Rechtfertigungsgebots ist auch im Zusammenhang mit deren enteignungsrechtlich motivierter Begründung von Bedeutung.

Einer auf diesen Gesichtspunkt abstellenden Auffassung[133] nach ist die Planrechtfertigung zwar einerseits als Vorabprüfung dahin zu verstehen, „ob der Planfeststellungsbeschluß offensichtliche Mängel aufweist, weil – wie das BVerwG es bildhaft ausgedrückt hat – in der rechtfertigenden Waagschale von vornherein kein beachtlicher Belang liegt". Andererseits sei sie aber die einzige Stelle, wo geprüft werde, ob die für das Vorhaben streitenden öffentlichen Belange generell als Wohl der Allgemeinheit zu qualifizieren seien und ob die konkrete Maßnahme zur Durchsetzung dieses Belangs erforderlich sei.

Dabei soll es sich um das Herausschälen eines Teils aus der Gesamtwürdigung aller für und gegen das Vorhaben streitenden öffentlichen Belange handeln, die dem das Vorhaben stützenden (öffentlichen) Gesamtinteresse das ihm zukommende Gewicht verleiht.

Auch mit dieser Begründung erweist sich aber der anfangs angeführte Abgrenzungsversuch als undurchführbar. Die Annahme, es ließe sich *ein Teil* aus der Gesamtwürdigung der Belange herausschälen, ist unhaltbar. Steinberg[134] hat zu Recht darauf hingewiesen, daß mit der Festlegung des für die Frage der Erforderlichkeit des Vorhabens (auch im Sinne des enteignungsrechtlichen Gebots, das Vorhaben müsse eine dringende staatliche Aufgabe befriedigen und dazu erforderlich sein) maßgeblichen objektiven Gewichts der für das Vorhaben sprechenden öffentlichen Belange das Vorhaben bereits als konkret gerechtfertigt und erforderlich feststeht, so daß es schwer vorstellbar ist, auf der Stufe der Abwägung ein Überwiegen entgegenstehender öffentlicher und privater Belange festzustellen.

---

die auf die Verlegung ausgerichtete Planung von vornherein rechtswidrig ist. Auch die Abwägungsbezogenheit der evtl. geltend gemachten Immissionsschutzgründe ist nichts Neues: Denn auch den generellen Zielen der Fachplanungsgesetze kommt nach dem Konzept des BVerwG eine Doppelfunktion zu, nämlich die Planung grundlegend zu rechtfertigen und die für das Vorhaben streitenden abwägungserheblichen Belange zu präsentieren; daß bei Anlageverlegungen in verstärktem Maß In-sich-Konflikte auftreten, ändert auch nichts an dem Konzept des BVerwG, das die hier besprochenen Probleme aufwirft.).

132 Niehues, WiVerw. 1985, 250 [252f.], übersieht dieses Argument nicht, schätzt es aber zu gering ein.

133 Niehues, WiVerw. 1985, 250 [253f.].

134 NVwZ 1986, 812 [813]; ders., Nachbarrecht, III Rdnr. 135, mit der zutreffenden Bemerkung, daß dies eher zu einer Schwächung des Rechtsschutzes führt.

Die (damit zusammenhängende) weitere Vorstellung, die konkrete Rechtfertigung sei auf andere Weise als sonstige Fragen der Planung zu beurteilen, verkennt ihrerseits die spezifischen Bedingungen fachplanungsrechtlicher Konkretisierung. Denn auch die Entscheidung über das „Ob" des Vorhabens ist nichts anderes als eine Abwägungsentscheidung: Dabei geht es nicht darum, das Vorhaben als Ganzes (: das Bedürfnis als dafür streitenden Belang) als „Wohl der Allgemeinheit" oder als „mit den fachgesetzlichen Zielen im Einklang stehenden Belang" zu qualifizieren, sondern um die Frage, ob das zu befriedigende Bedürfnis in concreto als legitime Zielsetzung und seinem Gewicht nach die Zurückstellung der anderen Belange rechtfertigt[135].

Die Koppelung der offenen Zielsetzung der Fachplanungsgesetze mit dem Abwägungsgebot läßt jeden Versuch als unangemessen erscheinen, die aus anderen Ordnungsbereichen bekannte Vorstellung der Bestimmung des „Ob" durch Subsumtion (im Sinne einer sicheren Erkenntnis der Entsprechung von Lebens- und Normsachverhalt[136]) unter die Begriffe auf der Tatbestandsseite der Eingriffsnorm und der darauffolgenden Prüfung anhand des Grundsatzes der Verhältnismäßigkeit i.e.S. mit ihren eventuellen Rückkoppelungseffekten[137] den Gegebenheiten des Fachplanungsrechts anzupassen[138]. Im Fachplanungsrecht stellt – innerhalb des von den gesetzlichen Zielvorgaben gezogenen Rahmens – der schon früher erwähnte Proportionalitätsgedanke Leitmaß und Grenze des der Planfeststellungsbehörde erteilten Auftrags dar[139].

Die Aufgabe der Planfeststellungsbehörde besteht demgemäß darin, ein Sachproblem aufzugreifen und ein Bedürfnis insofern zu befriedigen, als dieses die entgegengesetzten Belange überwinden kann[140]. Die Konkretisie-

---

[135] Zur Abwägung auch bei Grundrechten mit qualifiziertem Vorbehalt vgl. Alexy, Grundrechte, S. 114.

[136] Ibler, Schranken, S. 133ff., trifft – auf der Grundlage des von ihm vertretenen methodischen Standpunkts – die hier aufgegriffene Problematik nicht, wenn er von Subsumtion im Rahmen der Planrechtfertigung spricht.

Kühling, DVBl. 1989, 221 [223], spricht auch von Subsumtion im Rahmen der Planrechtfertigung, nachdem er aber das Rechtfertigungsgebot jeglicher Substanz entblößt hat; insofern stehen seine Ausführungen der hier vertretenen Auffassung nicht entgegen. Vgl. auch Schmidbauer, Enteignung, S. 139.

[137] Zu dieser Vorgehensweise vgl. etwa Drews / Wacke, Gefahrenabwehr, S. 389ff. [392].

[138] In diese Richtung weisen aber die Ausführungen von Manner, Grundlagen, S. 269 hin, der von einer Vorentscheidung des „Ob" aufgrund der hinter dem Vorhaben stehenden öffentlichen Interessen und von eventuellen Rückkoppelungseffekten des durchführungsrelevanten „Wie" spricht und insofern die Leistungsfähigkeit der generellen Ziele der Fachplanungsgesetze überschätzt.

[139] Das bedeutet zugleich, daß der Grundsatz, nach dem der Handelnde in der Beeinträchtigung anderer nicht weiter gehen darf, als seine als berechtigt anzuerkennenden Interessen erfordern, im vorliegenden Bereich mit dem Inhalt gilt, daß die Interessen des Handelnden (die von der Plfbeh zur Durchsetzung verholfenen fachgesetzlichen öffentlichen Interessen) insoweit als berechtigt anzuerkennen sind, als sie die dadurch beeinträchtigten Interessen überwinden können.

rung der generellen Ziele der Fachplanungsgesetze erfolgt somit – in viel stärkerem Maß als vielfach angenommen wird – innerhalb eines umfassenden Abwägungsprozesses, wo das Interesse der Gemeinschaft an einer ausreichenden (ihre Bedürfnisse befriedigenden und ihr Wachstum berücksichtigenden aber auch ermöglichenden) Infrastrukturversorgung und die Interessen der von einer konkreten Planung jeweils Betroffenen einem Ausgleich zugeführt werden[141].

Eine isolierte gerichtliche Beurteilung des „Ob" anhand der fachgesetzlichen Zielsetzung würde diese Zusammenhänge sprengen[142]; und eine Vollkontrolle des „Ob" würde die bei der Abwägung bestehende planerische Gestaltungsfreiheit beseitigen. Denn auf der Grundlage der obigen Feststellungen dürfte kein Zweifel darüber bestehen, daß entgegen dahingehender Meinungen im Schrifttum[143] und Rechtsprechung[144] das „Ob" vom „Wie" nicht getrennt werden kann[145]: Die Frage, ob das Vorhaben als Ganzes verwirklicht werden soll, ist aufgrund derselben Vor- und Zurückstellung derselben Belange zu entscheiden, wie die Frage des Standortes, der Dimensionierung oder der sonstigen konkreten Ausgestaltung einer Anlage[146].

Jede Auffassung, die die hier dargestellte Überlagerung des Erforderlichkeitsgebots durch die Abwägung übersieht, sieht sich der Gefahr ausgesetzt,

---

[140] Zum Zusammenspiel der Belange für und wider bei der auf den Ruhepunkt der Ausgeglichenheit hinzielenden Planungsentscheidung vgl. die zwar aus anderem Zusammenhang (: Rügemöglichkeiten des betroffenen Eigentümers) stammende, aber nichtsdestoweniger auch für das hier besprochene Problem lichtvolle Formulierung des BVerwG im U. v. 14. 2. 1975 – 4 C 21.74 – E 48, 56 [67]: „Je schwerer die vom Kläger geltend gemachten Beeinträchtigungen seiner Belange wiegen, um so mehr muß die Planfeststellungsbehörde an solchen Belangen dartun können, die den Plan zu stützen und die Zurücksetzung der betroffenen privaten Belange zu rechtfertigen geeignet sind."

[141] So in der Sache etwa BVerwG, B. v. 7. 12. 1988 – 7 B 98.88 – NVwZ-RR 1989, 241 [242]; s. dazu – und generell zur kaum zu überschätzenden Bedeutung dieses Gesichtspunkts, insb. bei weit in die Zukunft reichenden Vorsorgeplanungen – unten, 3. Kap. A II 4.

[142] Vgl. BVerwG, U. v. 22. 3. 1985 – 4 C 15.83 – E 71, 166 [167], wo das Gericht der abschließenden Prüfung der „objektiven Erforderlichkeit" und der „konkreten Planrechtfertigung" durch den BayVGH vorab anhand der Zielsetzung des FStrG mit dem Argument entgegengetreten ist, dieser Ansatz verschiebe in Verkennung des § 17 Abs. 1 Satz 2 FStrG das Verhältnis von planerischer Gestaltungsfreiheit und gesetzlicher Bindung.

[143] Vgl. etwa Ibler, NuR 1989, 247 [249].

[144] Vgl. – auch wenn dieser die Grenzen nicht starr zieht – BayVGH, B. v. 16. 4. 1981, 20 CS 80 D.61 – BayVBl. 1981, 401 [405]; in der Sache ebenso BVerwG, U. v. 6. 12. 1985 – 4 C 59.82 – E 72, 282.

[145] Zweifelnd Winter, NuR 1985, 41 [46]; in der Tendenz wie hier Schmidbauer, Enteignung, S. 161; Friauf, in: Ingo von Münch (Hrsg.), Besonderes Verwaltungsrecht, S. 496.

[146] Wobei den Belangen die Überwindungskraft auch dann abgesprochen wird, wenn schonendere Ausgleichsmöglichkeiten in Betracht kommen.

entweder der Abwägung vorzugreifen, oder diese in die Planrechtfertigung hineinzuziehen[147]; was nur dadurch vermieden werden kann, daß die gerichtliche Kontrolle entsprechend der fachplanungsrechtlichen Ausgestaltung der Entscheidung über das „Ob" des Vorhabens als Ganzes im wesentlichen als Gestaltungsspielräume einschließende Abwägungsentscheidung strukturiert wird.

Eine solche Struktur weist die Kontrolle beim ersten oben angeführten Abgrenzungsmodell auf[148]. Denn dabei ist nicht zu verkennen, daß hier – trotz der Länge der theoretischen Ausführungen des Gerichts und der sich daran anschließenden Stimmen in der Literatur, die die Planrechtfertigung als ein bedeutsames Instrument des verfassungsrechtlichen Eigentumsschutzes ausweisen wollen[149] – die Planrechtfertigung keine Selbständigkeit besitzt. Das Gericht beschränkt sich bei seinem Versuch, die Frage der konkreten Erforderlichkeit angemessen zu behandeln, auf die Prüfung, ob die für das Vorhaben streitenden Belange „generell" als Wohl der Allgemeinheit zu qualifizieren sind. Die Planrechtfertigung wird dahin umschrieben, daß dort zwar eine Erforderlichkeitsprüfung über das „Ob" stattzufinden hat, diese aber auf einer Plausibilitätsebene verbleibt und nicht in dem Sinne abschließend ist, daß die für das Vorhaben sprechenden Belange als unkorrigierbare Größen in die Abwägung eingehen – zu welcher auch die Prüfung gehört, ob das Vorhaben überhaupt verwirklicht werden soll. Zudem werden die Rechtfertigungsvoraussetzungen – um das „Wie" und damit die „Details" der Ausgestaltung des Vorhabens zu vermeiden – so allgemein formuliert, daß eine substantielle Erörterung der Erforderlichkeit des Vorhabens aus der Planrechtfertigung ausgewiesen wird[150].

Die Quintessenz der sich so präsentierenden Prüfung ist mit Kühling darin zu sehen, daß „wo nicht plausibel zu machen ist, daß ein Vorhaben wenigstens einem der legitimerweise zu verfolgenden Ziele dient, ... die Bilanz der in der Abwägung zu berücksichtigenden Belange von vornherein – und übrigens

---

[147] Vgl. Niehues, WiVerw. 1985, 250 [252, Fn. 12], der über Fälle berichtet, wo die Gerichte die gesamte Abwägungskontrolle als Frage der Planrechtfertigung abhandeln und dazu eine besondere Vertretbarkeitslehre entwickeln, um der planerischen Gestaltungsfreiheit trotzdem Rechnung tragen zu können; s. über einen solchen Fall auch Ibler, NuR 1989, 247 [249].

[148] S. 3. Kap. A II 3 a.

[149] Niehues, WiVerw. 1985, 250 [253]; Schmidt-Aßmann, JuS 1986, 833 [839].

[150] Vgl. Wahl, NVwZ 1990, 426 [434]. Ibler, NuR 1989, 247 [249], stellt zwar zutreffend klar, daß „die Bedürfnisprüfung bei der Planrechtfertigung ... nicht auf jedes Detail der Ausgestaltung der Straße" abstellt. Dann ist aber die von ihm befürwortete „Vollkontrolle" des so allgemein gehaltenen „Ob" doch keine Vollkontrolle der Entscheidung über das „Ob" des Vorhabens, sondern im Gegenteil von beschränkter Wirksamkeit; es sei an die Bemerkung von Steinberg (Nachbarrecht, III Rdnr. 134) gegenüber dem in ähnlicher Weise verfahrenden BVerwG, U. v. 6. 12. 1985 – 4 C 59.82 – E 72, 282 erinnert: „Letztlich dient jede Straße der Verbesserung des Verkehrsflusses und der Verkehrssicherheit."

dann auch unverkennbar – disproportional“[151] ist. Die Planrechtfertigung erweist sich somit lediglich als eine Kontrollstation; und zwar eine solche, wo nur eine erste überschlägige Prüfung[152] durchgeführt und „ein erstes Plausibilitätsurteil über die allgemeine Zielkonformität des an sich zulässigen Vorhabens“ gefällt wird[153] mit der Folge, daß die Kontrolle nur „bei groben und einigermaßen offensichtlichen planerischen Mißgriffen“[154] durchgreifen kann.

Das steht im Einklang mit dem Ergebnis der hier angestellten Überlegungen. Die festgestellte Überlagerung des Erforderlichkeitsgebots durch das Abwägungsgebot besagt nichts anderes, als daß nur letzteres sachliche Bedeutung besitzt und deshalb auch die gerichtliche Kontrolle des Planfeststellungsbeschlusses keinen anderen Anknüpfungspunkt hat und haben darf[155]. Soweit also die Gerichte der Abwägungskontrolle eine weitere Prüfungsstation „Planrechtfertigung“ vorausschicken wollen[156], kann dieser in ihrem Kernstück[157] nur die prüfungsökonomische Bedeutung einer Vorabprüfung der Abwägung beigemessen und die Funktion zuerkannt werden, Übersichtlichkeit bei der Bewältigung der Kontrolle des Planfeststellungsbeschlusses zu verschaffen[158]

---

[151] Fachplanungsrecht, Rdnr. 166.

[152] Vgl. Schmidt-Aßmann, in: MDHS, GG, Art. 19 Abs. 4, Rdnr. 211.

[153] Kühling, Fachplanungsrecht, Rdnr. 157.

[154] Vgl. Lorenz, VBlBW 1984, 329 [340]; in diesem Sinne wohl auch Hoppe / Beckmann, Umweltrecht, § 8 Rdnr. 46.

[155] Vgl. BayVGH, B. v. 16. 4. 1981 – 20 CS 80 D.61 – BayVBl. 1981, 401 [405], wo das Gericht die These von der Selbständigkeit der Planrechtfertigung nicht durchhalten kann: Es wird eingeräumt, daß bei den planerischen Momenten der Bestimmung von „Notwendigkeit“ die Behörde zahlreichen anderen Belangen gegenübersteht, die sie gerecht gegeneinander abzuwägen hat; die Selbständigkeit der Planrechtfertigung wird u. a. damit begründet, daß sie „mehr als bei manchen anderen Teilen der Abwägung“(!) an tatsächliche Feststellungen gebunden ist; schließlich wird bei der rechtlichen Behandlung des Geländeverbrauchs erkannt, daß sich die Grundsätze der Planungsrechtfertigung und die für die Abwägung geltenden Grundsätze berühren, insbesondere die Forderung, daß der Ausgleich zwischen den beteiligten Belangen nicht in einer Weise vorgenommen werden darf, die zur objektiven Gewichtigkeit einzelner Belange außer Verhältnis steht.

Damit konnte aber die Entscheidung des Gerichts in Wahrheit nicht durch die von ihm in den Vordergrund geschobene Überlegung getragen werden, der geplante Flughafen sei in der vorgesehenen Größe nicht gerechtfertigt, so daß die Planung gegen das Erforderlichkeitsgebot verstoße, sondern durch das vom Senat dem Belang „Geländeverbrauch“ beigemessene Gewicht, das den zwischen diesem und dem prognostizierten Verkehrsaufkommen vorgenommenen Ausgleich als disproportional erscheinen ließ.

[156] Es wurde schon früher (3. Kap. A II 3 a, bei und in Fn. 125) bemerkt, daß eine selbständige Kontrollstufe „Planrechtfertigung“ dann nicht in Betracht kommt, wenn die Planrechtfertigung als Teil der Abwägung aufgefaßt wird.

[157] Was das Bedürfnis, seinen die Erforderlichkeit begründenden Umfang und den generellen Allgemeinwohlbezug des Vorhabens angeht. Dagegen wird vom Abwägungsgebot die Frage nicht aufgefangen, ob es für das enteignungsrechtliche Vorwirkungen entfaltende Vorhaben eine gesetzliche Grundlage gibt, vgl. Kühling, DVBl. 1989, 221 [223]; Wahl, NVwZ 1990, 426 [434]; insoweit bewahrt die unter dem Titel „Planrechtfertigung“ geführte Prüfung ihre Selbständigkeit, ist aber auch unproblematisch.

und/oder den Richtern bei groben planerischen Mißgriffen die weitere Kontrolle zu ersparen. Das bedeutet wiederum einerseits, daß, wo die Planrechtfertigung eingesetzt wird, eine Doppelprüfung des Bedürfnisses durchgeführt wird bzw. werden kann[159]; und andererseits, daß sie nicht einmal ausdrücklich geprüft zu werden braucht – denn das würde der Kontrolle keinen Abbruch tun[160].

Das hier aufgezeichnete Bild der Planrechtfertigung wird von der Praxis bestätigt. Auch die gerichtlichen Entscheidungen, die nicht ausdrücklich eine eingeschränkte Kontrolle anerkennen oder sogar eine isolierte und eingehende Kontrolle des „Ob" des Vorhabens befürworten, greifen der Abwägung nicht vor und enthalten sich eines Eindringens in die Konkretisierungsbefugnisse der Verwaltung. Das geschieht dadurch, daß – wie schon früher bemerkt wurde[161] – für die Begründung der Erforderlichkeit auf planerische Konzeptionen zurückgegriffen wird, oder daß die allgemein gehaltene Formulierung der Rechtfertigungsvoraussetzungen jegliche substantielle Erörterung aus der Planrechtfertigung ausweist; denn dann bleibt den Gerichten nichts anderes übrig, als das von der Verwaltung vorformulierte öffentliche Interesse zu akzeptieren[162].

Auch die Handhabung des Maßstabs des „vernünftigerweise Gebotenen" deutet auf die hier vertretene Auffassung hin. Es ist schon darauf hingewiesen

[158] Dazu könnte insbesondere das von Löwer, in: Azizi / Griller (Hrsg.), Rechtsstaat und Planung, S. 73 [95], nahegelegte Konzept dienen. Nach seinen Ausführungen dürfte die Kontrollstufe „Planrechtfertigung" die relativ autonomen Zielweisungen der Verwaltung betreffen, an die das Erforderlichkeitsgebot anzuknüpfen hat und die von der Plfbeh festgelegt werden müssen, weil sie die Systemgrundlagen für die Planungsentscheidung darstellen (ähnlich für die Planrechtfertigung bei der Bauleitplanung Schmidt-Aßmann, in: E/Z/B, BBauG, § 1, Rdnrn. 31ff. und Pfaff, Planungsrechtsprechung, S. 155). Die so umschriebene Planrechtfertigung könnte als „Begründung im Prinzip" (im Gegensatz zur „Abstimmung im einzelnen") charakterisiert werden. Ob das den technisch-prüfungsökonomischen Nutzen der Prüfungsstation „Planrechtfertigung" begründen kann, ist nur von der Praxis zu entscheiden; bei deren Vertretern allerdings Meinungsverschiedenheiten zu verzeichnen sind (s. Niehues, WiVerw. 1985, 250 [253f.] einerseits und Kühling, Fachplanungsrecht, Rdnrn. 166 und 406 andererseits).

[159] Auf der Grundlage der obigen Feststellungen zum Verhältnis von Planrechtfertigung und Abwägung verliert diese Frage an Bedeutung (vgl. aus der Diskussion Winter, NuR 1985, 41 [46f.] und Dolde, NJW 1986, 815 [816 mit Fn. 8 und 18]): die Durchführung von Doppelprüfungen oder nicht hängt davon ab, wie die Richter die ihnen zustehenden Kontrollbefugnisse auf die einzelnen Kontrollstufen verteilen wollen; dabei kommt es nur darauf an, daß die hier aufgezeigten sachlichen Zusammenhänge respektiert werden. Das BVerwG führt regelmäßig Doppelprüfungen durch, vgl. etwa BVerwG, U. v. 7. 7. 1978 – 4 C 79.76 u.a. – E 56, 110 [120, 124f.]; BVerwG, U. v. 5. 12. 1986 – 4 C 13.85 – E 75, 214 [233f., 242f.].

[160] Vgl. Kühling, Fachplanungsrecht, Rdnr. 406. Der 7. Senat des BVerwG hat im Urteil vom 9. 3. 1990 – 7 C 21.89 – NVwZ 1990, 969 [971] diese Frage angesprochen und ausdrücklich offengelassen.

[161] S. oben, 3. Kap. A II 2.

[162] S. oben, 3. Kap. A II 3 b (1) (Fn. 150).

worden, daß mit dem Abrücken von der „Unausweichlichkeit“ nicht nur der Bedeutung der Infrastruktur als Bestandteil der Daseinsvorsorge Rechnung getragen, sondern auch zwangsläufig ein Vernunfthorizont eröffnet wird, wo der gerichtlichen Verantwortung entzogene Zusammenhänge Eingang finden[163]. Insofern ist Löwer zuzustimmen, der die beschränkte Leistungsfähigkeit dieses Maßstabs mit den Worten umschrieben hat, hier bewege man sich „auf der Ebene der normativ geleiteten fachplanerischen Vernunft“[164]. Die Gerichte behandeln diesen Maßstab – allen Aussagen über eine gesteigerte Kontrolle zum Trotz – in ähnlicher Weise. Als Beispiel kann etwa das Urteil des BVerwG vom 30. 5. 1984[165] genannt werden, wo das Gericht zwar die isolierte Prüfung des Gewichts einzelner für das Vorhaben streitender Belange durch die Vorinstanz rügt und diese selbst im Rahmen der Abwägung prüft, dort aber wiederum den Maßstab des „vernünftigerweise Gebotenen“[166] heranzieht. Es mag sein, daß dieses Vorgehen des Gerichts auf die Inkommensurabilität der Belange zurückzuführen ist; was aber bleibt, ist die Feststellung der Kongruenz der durch das „vernünftigerweise Gebotene“ gezogenen mit der durch die Disproportionalität abgesteckten Grenze.

Schließlich läßt sich auch der Rechtsprechung entnehmen, daß die für die Erforderlichkeit des Vorhabens bedeutsamen Gesichtspunkte vom Abwägungsgebot aufgefangen werden, so daß bei Beschränkung der Kontrolle auf das letztere deren Wirksamkeit nicht beeinträchtigt wird. Davon ist etwa das OVG NW in seinem Urteil vom 4. 6. 1984[167] ausgegangen, wo die Erforderlichkeit einer Talsperre u. a. wegen Nichtberücksichtigung der Möglichkeit des Rückpumpens von Wasser aus dem Rhein verneint wurde: „Daran, daß der Bekl. die Grenzen des ihm eingeräumten Planungsermessens verkannt hat, ändert sich auch dann nichts, wenn man unterstellt, daß die erwähnten Versäumnisse einer Rechtfertigung des Planes nicht entgegenstehen; in diesem Falle liegt jedenfalls ein Verstoß gegen das Abwägungsgebot vor. ... (Der Bekl. hat) ... wesentliche Belange nicht in die Abwägung eingestellt. Darüber hinaus hat er beim Ausgleich der betroffenen Belange den öffentlichen Belangen ein Gewicht beigemessen, das ihnen nicht zukommt ...“[168].

Auf der Grundlage der bisherigen Analyse kann jetzt auch die Frage beantwortet werden, warum die Gerichte bei der Station der Planrechtfertigung (in den schon gezeigten Grenzen) nicht nur die Erforderlichkeit des Vorhabens, sondern auch – und im Gegensatz zur Erforderlichkeit des Vorhabens als Ganzes sogar abschließend – die Fragen prüfen, ob evtl. planfeststellungspflichtige

---

[163] S. oben, 3. Kap. A II 2.

[164] In: Azizi / Griller (Hrsg.), Rechtsstaat und Planung, S. 73 [94].

[165] 4 C 58.81 – E 69, 256.

[166] BVerwGE 69, 256 [272f.], dort gewendet als das „vernünftigerweise Unnötige“.

[167] 20 A 1283/83, ZfW 1985, 187.

[168] OVG NW, ZfW 1985, 187 [192f.].

bauliche[169] oder betriebliche[170] Maßnahmen zur Befriedigung des Bedürfnisses ausreichen oder ob der Ausbau der bestehenden Anlage oder der Bau einer Komplementäranlage der Errichtung einer Ersatzanlage vorzuziehen sind[171]. Diese Fragen werfen ebenfalls Abwägungsprobleme auf und werden im Wege der Vor- und Zurückstellung von Belangen entschieden; ihr Vorziehen und ihre abschließende Behandlung im Rahmen der Planrechtfertigung orientieren sich an der konkreten Fallgestaltung und geschehen deshalb, weil (und nur dann, wenn) der auf Evidenz gerichtete Blick schon zur Klärung der Lage ausreicht; und dies entweder, weil das Gewicht der von der Behörde geltend gemachten öffentlichen Interessen keinen Zweifel an der Überwindung dieser Stadien aufkommen läßt, oder weil durch die anderen Lösungen so gewaltige Betroffenheiten ausgelöst werden, daß ihr Nichtvorziehen ebenfalls unzweifelhaft ist[172].

Diese grundsätzlichen Ausführungen zur Überlagerung der Planrechtfertigung durch die Abwägung lassen sich mit der Feststellung abrunden, daß die vom BVerwG aus der vollen Nachprüfbarkeit gezogenen Konsequenzen keine praktische Bedeutung haben dürften.

Nach der Auffassung des 4. Senats liege es in der Konsequenz der vollen gerichtlichen Kontrollbefugnis, daß das Gericht eine im Planfeststellungsbeschluß angegebene Begründung für die Planrechtfertigung anders als die Plan-

---

[169] Vgl. BVerwG, U. v. 5. 12. 1986 – 4 C 13.85 – S. 47 des amtl. Umdrucks (insoweit in E 75, 214 nicht abgedruckt).

[170] Vgl. BVerwG, U. v. 7. 7. 1978 – 4 C 79.76 u. a. – E 56, 110 [120f.], wonach sich die Erforderlichkeit einer Flughafenerweiterung bezweifeln läßt, wenn durch eine geeignete und auch mit der Flugsicherheit zu vereinbarende Verteilung der Flugbewegungen auf alle Stunden des Tages eine so nachhaltige Abschwächung der Spitzenbelastung zu erreichen ist, daß die Flugbewegungen auf dem vorhandenen Start- und Landebahnsystem ordnungsgemäß und verkehrssicher abgewickelt werden können.

[171] Vgl. BVerwG, U. v. 5. 12. 1986 – 4 C 13.85 – E 75, 214 [232ff.], wo die ganze Frage der Ersetzungsbedürftigkeit des Münchner Flughafens im Rahmen der Planrechtfertigung geprüft wird.

[172] Eindeutig sind die Gewichte etwa in BVerwG, U. v. 5. 12. 1986 – 4 C 13.85 – E 75, 214 [235], verteilt, wo bei der Rechtfertigung des Baus eines Ersatzflughafens nicht einmal vergleichende Untersuchungen über das Maß der Lärmbelästigung und der Sicherheitsrisiken am alten und neuen Standort für erforderlich gehalten werden: „Das Berufungsgericht durfte ohne Verstoß gegen seine Ermittlungspflicht davon ausgehen, daß in der dicht besiedelten Umgebung des bisherigen Flughafens Wohnflächen in erheblich größerem Umfange gefährdet sind, als dies am neuen, weit weniger dicht besiedelten Standort gegeben sein wird."

Dagegen wird im ebenfalls den Bau einer Ersatzanlage betreffenden Urteil vom 22. 3. 1985 – 4 C 15.83 – E 71, 166 [172], wo sich die Lage nicht so eindeutig beurteilen läßt, die Frage des Ausbaus der alten Straße in die Abwägung verwiesen und dabei verlangt, daß das Maß der Beeinträchtigung öffentlicher Belange (insb. des Natur- und Landschaftsschutzes) untersucht wird, und daß die Vorprägung der Landschaft durch die alte Straße (und demzufolge ihre niedrigere Empfindlichkeit und u.U. Schutzbedürftigkeit), die bessere Anpassung der alten Trasse an das Landschaftsprofil und die evtl. geringeren Zerschneidungsschäden berücksichtigt werden.

feststellungsbehörde beurteilen und dennoch die Planrechtfertigung insgesamt für gegeben erachten könne. Maßgebend sei nicht, welche Gründe die Planfeststellungsbehörde angegeben habe und ob sie diese Gründe alternativ oder kumulativ verstanden wissen wolle, wie sie mithin die Frage der Erforderlichkeit bewertet habe, sondern nur, ob sich nach der objektiven Rechtslage für das geplante Vorhaben „vernünftige" Gründe ergäben. Dies zu beurteilen sei der gerichtlichen Entscheidung uneingeschränkt zugänglich[173]. Während also der „Heilung" von Abwägungsfehlern im gerichtlichen Verfahren das Verbot wesentlicher Ergänzungen der planerischen Erwägungen entgegenstehe, seien Mängel der gerichtlich im wesentlichen voll nachprüfbaren Planrechtfertigung als unbeachtlich zu betrachten[174].

Hinter der Gegebenheit, daß die Gerichte trotz anderer Beurteilung die Planrechtfertigung als gegeben ansehen dürfen, und hinter der „Heilbarkeit" von Rechtfertigungsmängeln kann aber nicht eine volle Nachprüfbarkeit der administrativen Entscheidung stehen (was für sich genommen nach den obigen Überlegungen gar nicht haltbar wäre), sondern im Gegenteil nur der Umstand, daß die Frage des „Ob" auf der Stufe der Planrechtfertigung *weniger* als auf der Abwägungsstufe kontrolliert wird. Soweit die substantielle Erörterung der von der Planrechtfertigung thematisierten Fragen aus dieser selbst herausfällt, können im Rahmen der Rechtfertigungsprüfung diese Fragen durchaus als eigener gerichtlicher Beurteilung zugänglich erachtet werden; und sofern Fehler vom grobmaschigen Netz der Planrechtfertigung nicht aufgefangen werden, sind sie auf dieser Ebene durchaus „heilbar" und stehen der Bejahung der Rechtmäßigkeit des Planfeststellungsbeschlusses unter diesem Aspekt nicht entgegen. Das alles darf aber nicht darüber hinwegtäuschen, daß diese Fragen im Rahmen der Abwägung keiner eigenen gerichtlichen Beurteilung zugänglich sind und daß diese Fehler dort zur Aufhebung des Planfeststellungsbeschlusses führen[175]. Dabei muß beachtet werden, daß die bei der Planrechtfertigung überschlägig geprüften Gesichtspunkte zentrale Aussagen der Planung betreffen. Soweit der Planung ein mit Fehlern behaftetes Ziel zugrundeliegt, drängen sowohl der Gedanke der Wahrung der planeri-

---

173 BVerwG, U. v. 24. 11. 1989 – 4 C 41.88 – E 84, 123 [131 u. 134].

174 BVerwG, U. v. 25. 2. 1988 – 4 C 32. und 33.86 – DVBl. 1988, 844 [845].

175 Vgl. BVerwG, U. v. 25. 2. 1988 – 4 C 32. und 33.86 – DVBl. 1988, 844f. Dort hindert das Fehlen einer genauen Verkehrsanalyse zur Begründung der Entlastungsfunktionen der zu bauenden Straße die Feststellung nicht, daß die Planung gerechtfertigt ist. Im Rahmen der Abwägung kommt aber dem Mangel ausschlaggebende Bedeutung zu (S. 845 a.E.): „Vielmehr darf nicht außer acht gelassen werden, daß es angesichts der zahlreichen widerstreitenden Belange maßgeblich auf den Grad der zu erwartenden Entlastung ankam. Die Frage, ob die widerstreitenden Belange schon bei einer geringeren oder erst bei einer bestimmten höheren Entlastung zurückzustellen sind, ist eine Kernfrage der planerischen Abwägung. Ist sie ohne hinreichend konkretes Abwägungsmaterial beantwortet worden, ist dieses fehlerhafte Vorgehen im gerichtlichen Verfahren nicht heilbar."

schen Gestaltungsfreiheit als auch erkennbare Rechtsschutzerfordernisse zur gerichtlichen Aufhebung des Planfeststellungsbeschlusses. Ein Austausch der planerischen Zielsetzung und eine entsprechende Planergänzung ist den Gerichten verwehrt[176]; diese dürfen nur einen – auch beim fachspezifischen planerischen Ziel nicht auszuschließenden[177] – etwaigen Mangel an Durchschlagskraft eines Fehlers feststellen[178].

(2) Insbesondere: Die Abwägungszugehörigkeit der Frage von Standort- und Dimensionierungsalternativen

Schon den obigen Ausführungen ist die Begründung der auch hier vertretenen Auffassung zu entnehmen, Standort- und Dimensionierungsalternativen sind im Rahmen der Abwägung zu entscheiden[179]. Wenn diese Frage trotzdem kurz in den Mittelpunkt des Interesses gestellt wird, so nur deshalb, weil sie zusätzlichen Anlaß zur Klarstellung mancher Zusammenhänge bietet.

Der BayVGH hat früher[180] für die Frage des Standortes[181] und der Dimensionierung[182] einer Anlage die Planrechtfertigung für einschlägig gehalten, denn nur so sah er die Möglichkeit eröffnet, eine wirksame Erforderlichkeitsprüfung durchzuführen. Es wäre nach Meinung des Gerichts nicht richtig, bei den Fragen „ob in dieser Lage erforderlich" und „ob in dieser Größe erforderlich" einen so großen Spielraum anzuerkennen, wie den von der Abwägung

---

176 Auch im Rahmen der Planrechtfertigung geht das BVerwG in praxi davon aus, daß an die Erwägungen der Behörde angeknüpft werden soll, vgl. etwa U. v. 22. 5. 1987 – 4 C 33-35.83 – NJW 1987, 2886 (insoweit in DVBl. 1987, 907 nicht abgedruckt); nicht anders vorgegangen ist das Gericht im U. v. 24. 11. 1989 – 4 C 41.88 – E 84, 123 [132 ff.].

177 Vgl. BVerwG, U. v. 22. 5. 1987 – 4 C 33 - 35.83 – NJW 1987, 2886 (insoweit in DVBl. 1987, 907 nicht abgedruckt).

178 S. dazu unten, 3. Kap. C II 2.

179 So die Literatur im Anschluß an das BVerwG, vgl. etwa Niehues, WiVerw. 1985, 250 [262]; Dolde, NJW 1986, 815 [816]; Bender / Sparwasser, Umweltrecht, Rdnr. 184; Steinberg, Nachbarrecht, III Rdnr. 169; Kühling, DVBl. 1989, 221 [223]; Ibler, NuR 1989, 247 [249]; ein Fragezeichen setzend Badura, FG Gesellschaft für Rechtspolitik, S. 27 [39].
Es geht hier um die Frage, welcher Stufe die *konkrete* Entscheidung und *substantielle* Prüfung von Planungsalternativen zuzuordnen ist. Deshalb verbirgt sich auch hinter der Aussage von Löwer, in: Azizi / Griller (Hrsg.), Rechtsstaat und Planung, S. 73 [95], die Erforderlichkeit sei auf die Linienführung der Straße und ihr Ausbauprofil zu beziehen, keine andere Auffassung; denn er will die Planrechtfertigung auf die planerische Konzeption als Systemgrundlage der Planungsentscheidung bezogen wissen, worin sich selbstverständlich auch die konkretere Ausgestaltung des Vorhabens einfügen muß.

180 S. nunmehr BayVGH, U. v. 10. 5. 1988 – 8 B 85 A.1455, 8 B 86.03383 – S. 11 des amtl. Umdrucks.

181 S. die Ausführungen des BVerwG im U. v. 22. 3. 1985 – 4 C 15.83 – E 71, 166 [171 f.], zum dadurch aufgehobenen Urteil des BayVGH vom 1. 3. 1983 – 8 B 80 A. 9 u.a.

182 BayVGH, B. v. 16. 4. 1981 – 20 CS 80 D.61 – BayVBl. 1981, 401 [405 f.].

eröffneten; zwar erlauben es die diesen Fragen innewohnenden wertenden Elemente der Behörde, über das absolute Minimum, das schlechthin „Unausweichliche" hinauszugehen und im Rahmen des „vernünftigerweise Gebotenen" ihre planerischen Vorstellungen zu verwirklichen; dabei sei aber im Vergleich zu Entscheidungen, die lediglich die innere Ausgestaltung oder einzelne Auswirkungen des Vorhabens betreffen, der Planungsspielraum geringer[183].

Die vom BayVGH befürwortete Kontrolle verläßt den Rahmen der „generellen Eignung" der Rechtfertigungsgründe und schlägt in eine konkrete und isolierte Erforderlichkeitsprüfung um. Diese kann sich entweder auf die zu verfolgenden Zwecke oder auf den Grundsatz der Erforderlichkeit beziehen; im ersteren Fall kann sie etwa bei der Dimensionierungsfrage zur Beschränkung auf das vom Bedarf her oder sicherheitstechnisch bedingte Mindestmaß zwingen[184]; im letzteren – und speziell auf den enteignungsrechtlichen Aspekt des mildesten Mittels bezogen – zur Wahl etwa desjenigen Standortes zwingen, der die Inanspruchnahme der wenigsten Grundstücke bedingt[185]. In beiden Fällen läßt sie jedoch die sich daraus ergebenden Auswirkungen auf andere ebenfalls berührte Belange unberücksichtigt.

Diese Schwäche erklärt und rechtfertigt ihre Verwerfung durch das BVerwG[186] und das BVerfG[187], die ihr das Erfordernis einer – wie Badura es formuliert hat[188] – „sachgerecht differenzierten Erforderlichkeitsprüfung und planerischen Abwägung nach dem gesetzlichen Leitmaß der Planungsaufgabe und ihrer ausgewogenen Verwirklichung" entgegengesetzt haben.

Nach dem BVerwG[189] können nämlich Drittbelange (z.B. fremdes Eigentum, Immissionsschutz, Naturschutz) die Wahl eines Standortes erforderlich machen, der sich nachteiliger als andere Alternativen auf das Eigentum auswirkt. Nach dem BVerfG[190] andererseits können Drittbelange eine vom Bedarf her oder sicherheitstechnisch nicht mehr gerechtfertigte Dimensionierung erforderlich machen, obwohl dadurch mehr Grundstücke enteignet werden.

---

[183] BayVGH, B. v. 16. 4. 1981 – 20 CS 80 D.61 – BayVBl. 1981, 401 [405f.].

[184] Vgl. BayVGH, B. v. 16. 4. 1981 – 20 CS 80 D.61 – BayVBl. 1981, 401 [405f.], der zwar die Verwaltung nicht in einer absoluten Weise auf das Mindestmaß festlegen will, unter diesem Gesichtspunkt jedoch die Überwindungskraft der von der Behörde geltend gemachten Belange in eine bestimmte Richtung schmälert.

[185] S. BVerwG, U. v. 22. 3. 1895 – 4 C 15.83 – E 71, 166 [172], wo auf BayVGH, U. v. 1. 3. 1983 – 8 B 80 A.9 u.a., Bezug genommen wird.

[186] U. v. 22. 3. 1985 – 4 C 15.83 – E 71, 166 [171f.]; U. v. 5. 12. 1986 – 4 C 13.85 – E 75, 214 [238].

[187] (3. Kammer), B. v. 9. 6. 1987 – 1 BvR 418/87 – NVwZ 1987, 967.

[188] FG Gesellschaft für Rechtspolitik, S. 27 [40, Fn. 41].

[189] U. v. 22. 3. 1985 – 4 C 15.83 – E 71, 166 [171f.]; zustimmend Niehues, WiVerw. 1985, 250 [262].

[190] (3. Kammer), B. v. 9. 6. 1987 – 1 BvR 418/87 – NVwZ 1987, 967, mit der zutreffenden Bemerkung, daß dies keinen besonderen Enteignungszweck ausmacht.

Grundlage der Ablehnung einer isolierten Erforderlichkeitsprüfung ist – wie es schon oben für das „Ob überhaupt“ der Planung gezeigt wurde – das Abwägungsgebot.

Die verschiedenen Belange können nur in ihrem Zusammenspiel über die Vorzugswürdigkeit einer Planungsalternative entscheiden, wobei die Würfel erst auf der Ebene des umfassenden proportionalen Ausgleichs fallen dürfen. Das würde in grundlegender Weise mißachtet, wenn der Abwägung isolierte zweckbezogene Erforderlichkeitsprüfungen vorausgeschickt würden; denn dies würde die mehrpolig verpflichtete Entscheidung unzulässigerweise von einem Pol aus steuern[191].

Damit eng verbunden ist ein anderer Aspekt, der auch hier unterstrichen werden soll: Die isolierte Erforderlichkeitsprüfung ist auch insoweit wertlos, als sie einen Zusammenhang mit dem Grundsatz der Erforderlichkeit implizieren sollte. Der Grundsatz der Erforderlichkeit kann nämlich in Planungszusammenhängen keine Entscheidungsregel darstellen; denn er ist – Lerche hat schon früh darauf aufmerksam gemacht[192] – auf überschaubare Konstellationen angewiesen[193]. In komplexen Sachverhalten, wo mehrere einander zuzuordnende Belange mit- oder gegeneinander streiten, handelt es sich beim Vergleich von die einzelnen Interessen in jeweils unterschiedlicher Weise fördernden oder einschneidenden Mitteln nicht mehr um einen instrumental zu verstehenden Mittel-Mittel-Vergleich, sondern um die Abwägung zwischen den Belangen selbst zwecks ihrer allseits proportionalen Zuordnung[194].

Das hat zwar nicht den Sinn, daß das Zweck-Mittel-Schema nicht verwendbar ist oder daß der Vergleich von Mitteln nicht stattfinden kann; es bedeutet aber, daß auch wenn von diesen Operationen im Sinne eines analytischen Instruments Gebrauch gemacht wird, keine Entscheidung über die „Erforderlichkeit“ möglich ist: Diese Erwägungen können nur als Teilgesichtspunkte im Rahmen einer umfassenden Abwägung angestellt und verstanden werden[195].

Diese Feststellungen finden in der Literatur Unterstützung, die den isolierten Einsatz des Grundsatzes der Erforderlichkeit auf der Planungsstufe – auch im Hinblick auf die enteignungsrechtlichen Vorwirkungen des Planfeststellungsbeschlusses – ablehnt[196]. Die Rechtsprechung geht ihrerseits einhellig

---

[191] Vgl. zum umfassenden Kontext planerischer Konkretisierung oben, 2. Kap. sowie 3. Kap. A II 3 b (1).

[192] Übermaß, S. 135.

[193] Vgl. Schmidt-Aßmann, VVDStRL 34 (1976), S. 221 [258 m.w.N. in Fn. 124]; Badura, FS BayVerfGH, S. 157 [181 f.], der aber dies bei der Plf nur eingeschränkt akzeptiert.

[194] Bestechend in ihrer Klarheit die Ausführungen von Alexy, Grundrechte, S. 101 m. Fn. 86.

[195] So Hirschberg, Der Grundsatz der Verhältnismäßigkeit, S. 171.

[196] Manner, Grundlagen, S. 140: „Die planungsadäquate Umsetzung des Satzes vom mildesten Mittel liegt deshalb in seiner Einstellung in das Gebot gerechter Abwägung.

von der grundlegenden Erkenntnis des BVerwG aus, durch das Abwägungsgebot werde auch dem Verhältnismäßigkeitsgrundsatz in planungsspezifischer Weise Rechnung getragen, so daß dessen Einhaltung keiner eigenen Prüfung bedürfe[197].

Das Ergebnis läßt sich nach alledem schwerlich in Zweifel ziehen: Wenn eine Verkürzung der Entscheidungsgrundlage vermieden[198] und die Planungsaufgabe ausgewogen bewältigt werden soll, muß die Frage der Planungsalternativen als Abwägungsfrage aufgefaßt und behandelt werden. Das BVerwG scheut keine Mühe, das immer wieder hervorzuheben[199].

4. Die gerichtliche Kontrolle aus dem Blickwinkel der Zielkonkretisierung

Die Konkretisierung der generellen Ziele der Fachplanungsgesetze ist nach den voranstehenden Ausführungen in den umfassenderen Zusammenhang der Gesamtabwägung und Planungsentscheidung zu stellen; sie unterliegt somit den allgemeinen Planungsbindungen, über deren Einhaltung die Verwaltungsgerichtsbarkeit wachen darf und muß. Eine gesonderte Betrachtung der gerichtlichen Kontrolle aus dem Blickwinkel der Zielkonkretisierung empfiehlt sich gleichwohl deshalb, weil dadurch der Konkretisierungsbefugnis der Verwaltung „im Zielbereich" der Fachplanungsgesetze nähere Konturen verliehen und zugleich das gewonnene Bild gerichtlicher Kontrolle verfeinert werden kann.

Eigenständige Bedeutung daneben kommmt ihm nicht zu."; Niehues, WiVerw. 1985, 250 [262]; Kodal / Krämer, Straßenrecht, Kap. 34, Rdnrn. 27ff. (S. 914f.); v. Brünneck, NVwZ 1986, 425 [429]; Schmidt-Aßmann, JuS 1986, 833 [838f.], der anerkennt, daß die angemessene Berücksichtigung der Sicherungen des Art. 14 Abs. 3 GG nicht darin liegen kann, daß die Planung zu einem „Schlangenpfad" wird, um nur eines, nämlich eine später notwendige Inanspruchnahme fremder Grundflächen zu vermeiden, und eine „gesteigerte Notwendigkeit" verlangt; Kühling, Fachplanungsrecht, Rdnrn. 234ff., dessen Ausführungen zum Allgemeinwohlvorbehalt bei der Plf derselbe Gedanke zugrunde liegen dürfte.

Frenzel, Das öffentliche Interesse, S. 229ff. [234], will den Grds. der Erforderlichkeit heranziehen, versucht aber andererseits der lauernden Gefahr der Verkürzung der Entscheidungsgrundlage dadurch zu entgehen, daß er ihn als Maßstab auf „grobe" Fehler beschränkt, so daß die anderen abwägungserheblichen Belange wenigstens durch die Hintertür Eingang in die Erwägungen finden können. Gegen die hier vertretene Auffassung – und damit die strukturellen Unterschiede zwischen komplexer Planung und ein zweiseitiges Subordinationsverhältnis betreffender Enteignung verkennend – Hoppe / Schlarmann, Rechtsschutz, Rdnrn. 190ff. [192].

197 S. oben, 3. Kap. A I 2, bei und in Fn. 39. Die Aussage des BVerwG bezieht sich auf den Grds. der Verhältnismäßigkeit i.w.S., umfaßt also auch den Grds. der Erforderlichkeit (auch in seiner enteignungsrechtlichen Ausprägung, vgl. BVerwG, U. v. 30. 4. 1969 – 4 C 6.68 – DÖV 1970, 64 [64f.], und Kodal / Krämer, Straßenrecht, Kap. 34, Rdnr. 27.8 (S. 915)).

198 Vgl. Hirschberg, Der Grundsatz der Verhältnismäßigkeit, S. 177.

199 S. oben, 3. Kap. A I 2, bei und in Fn. 31.

Als erster Ansatz gerichtlicher Kontrolle kommt die Frage in Betracht, ob das Vorhaben eines der im Gesetz umschriebenen Vorhaben ist und ob das der Planung zugrunde gelegte konkrete Ziel dem Zielbereich des jeweiligen Fachplanungsgesetzes zugeordnet werden kann. Letzteres ist nach der Rechtsprechung dann nicht der Fall, wenn die Planung nur der Arbeitsbeschaffung, der Aufwertung bestimmter Liegenschaften oder einem Prestigebedürfnis dient[200]. Dadurch zeigt sich, daß dieser Gesichtspunkt Fälle einer grundlegenden Zweckverfehlung betrifft, so daß seine praktische Bedeutung nicht allzu hoch einzuschätzen sein dürfte[201].

Dasselbe ist auch für die Zwecktauglichkeit des Vorhabens anzunehmen, nämlich für die Frage, ob das Vorhaben überhaupt geeignet ist, die ihm von der Behörde zugewiesene Funktion zu erfüllen[202]. Diese Frage ist nur in den praktisch eher seltenen Fällen negativ zu beantworten, wo das mit der Planung verfolgte Ziel durch ein Vorhaben wie das geplante überhaupt nicht gefördert werden kann, z. B. weil am Bedarf vorbei geplant wurde[203].

Damit nähert man sich dem Bereich, wo nur eine eingeschränkte Kontrolle anerkannt werden kann. Es wurde schon festgestellt, daß der Behörde die Befugnis zukommt, das konkrete Planungsziel auszuwählen und in sachlicher und zeitlicher Hinsicht zu konkretisieren, womit die dem Vorhaben zukommende Funktion bestimmt wird[204]. Das bedeutet, daß die Behörde mit dem Aufgreifen eines konkreten Sachproblems und der Setzung der intendierten Effekte den entscheidungserheblichen Sachverhalt in sachlicher und zeitlicher Hinsicht festlegt. Dabei darf der zeitliche Aspekt nicht schlicht als engere Prognoseproblematik behandelt werden[205]. Denn während die Prognose die Ermittlung des als entscheidungserheblich feststehenden Sachverhalts betrifft, legt die Verwaltung im Rahmen ihrer planerischen Gestaltungsfreiheit und durch die Entscheidung über den zu erreichenden Zustand das fest, was als entscheidungserheblich zu gelten hat. Erst wenn der maßgebliche Sachverhalt so bestimmt ist, kann sich die Frage seiner Ermittlung durch Prognose stellen, wobei er als Prognosehorizont zugrunde zu legen ist.

Angesichts der administrativen Konkretisierungsbefugnis ist die gerichtliche Kontrolle der Frage eingeschränkt, ob der Sachverhalt im Hinblick auf die das fachplanerische generelle Ziel umschreibende Vorschrift richtig, erheblich und vollständig ist; der von der Behörde im Rahmen ihrer planerischen Konzeption für maßgeblich erklärte Sachverhalt kann nur auf klar erkennbare

---

[200] BVerwG, U. v. 22. 3. 1985 – 4 C 15.83 – E 71, 166 [168].

[201] Vgl. Kühling, Fachplanungsrecht, Rdnr. 166.

[202] Vgl. Niehues, WiVerw. 1985, 250 [262f., 264].

[203] Über einen solchen Fall berichtet Winter, NuR 1985, 41.

[204] S. oben, 3. Kap. A II 2.

[205] S. Badura, FS Bachof, S. 169 [179f.]; ders., FG Gesellschaft für Rechtspolitik, S. 27 [34f.]; Kloepfer, VerwArch. 1985, 371 [394]; Dolde, NJW 1986, 815f.

Fehler hin nachgeprüft werden – unabhängig von den darüber hinaus bei Prognosen zu berücksichtigenden Spezifika[206].

In diesem Zusammenhang ist zu beachten, daß der Rechtsschutz- und der Funktionenzuordnungsgedanke in ihrem Zusammenspiel bei der Bewältigung einer öffentlichen Aufgabe je nach sachlicher Bezugsebene unterschiedlich und flexibel reagieren[207]. Die gezeigte Einschränkung der Kontrolle ist umso geringer, je stärker sich die Planung an konkreten Mißständen orientiert; und umso größer, je mehr die planerische Konzeption auf Dynamik und zukunftsorientierte Gestaltung ausgerichtet ist[208].

Die weitere Kontrolle des konkret verfolgten planerischen Ziels und des von der Behörde intendierten Maßes seiner Verwirklichung ist auch eingeschränkt. Die Gerichte dürfen nicht in die Konkretisierungsbefugnis der Verwaltung übermäßig eindringen, indem sie etwa die planerische Konzeption aufgrund entgegengesetzter Überlegungen verwerfen; insbesondere ist es im Rahmen gerichtlicher Verantwortung nur eingeschränkt Sache der Verwaltungsgerichtsbarkeit, einer ein zu befriedigendes Bedürfnis präsentierenden planungspolitischen Konzeption, etwa über die Stärkung eines Flughafens im nationalen und internationalen Luftverkehrsnetz[209] oder über die Verbesserung des Verkehrsflusses[210] oder über die Wirtschaftsförderung strukturschwacher Gebiete durch Verkehrsinfrastrukturinvestitionen[211] mit Erwägungen über eine Bedarfseinschränkung entgegenzutreten. Die rechtliche Grenze, über deren Einhaltung die Gerichte wachen dürfen und müssen, ist in allen Fällen (nach Bejahung der Frage, ob das Vorhaben die Ziele des einschlägigen Fachplanungsgesetzes fördert) erst, aber dann auch schon erreicht, wenn die durch die Planung angestrebten Vorteile in einem klar erkennbaren (groben) Mißverhältnis zu den dadurch verursachten Eingriffen stehen[212]. Das

---

[206] Dazu unten, 3. Kap. C I 1 b (3) (b).

[207] Vgl. oben, 1. Kap.

[208] So auch Kodal / Krämer, Straßenrecht, Kap. 34, Rdnr. 27.4 (S. 912f.).

[209] Vgl. den Fall des Flughafens München II und dazu die Darstellung der Problematik bei Winter, NuR 1985, 41 [45f.], dessen Ansatz allerdings nicht zugestimmt werden kann.

[210] Ibler, Schranken, S. 177f., schlägt in diesem Zusammenhang vor, die Gerichte sollten – weil die „hierzu berufenen" Gesetz- bzw. Verordnungsgeber keine hinreichenden Vorgaben liefern – durch Nennung von Belastungsgrenzen eine ständige Rechtsprechung schaffen und somit selbst die Maßstäbe setzen, an denen die Erforderlichkeit eines Straßenbaus zu messen ist. Diesem Vorschlag kann nicht zugestimmt werden; er unterschätzt den der Verwaltung durch die Fachplanungsgesetze erteilten Gestaltungsauftrag und wird auch der Verantwortungsverteilung im dreipoligen System Gesetzgeber-Verwaltung-Verwaltungsgerichtsbarkeit nicht gerecht.

[211] Vgl. BayVGH, U. v. 29. 3. 1988 – 8 B 85 A.1287, 8 B 85 A.1390 – S. 9f. des amtl. Umdrucks.

[212] In dieser umfassenderen Betrachtung findet auch der von Niehues, WiVerw. 1985, 250 [264] angeführte, enteignungsrechtlich motivierte Dringlichkeitsaspekt angemessene Berücksichtigung, hinter dem die isolierte Beurteilung des für das Vorhaben streitenden öffentlichen Interesses stehen dürfte.

ist etwa dann der Fall, wenn der Verzicht auf die Planung überhaupt oder auf die Realisierung des Vorhabens im beabsichtigten Zeitpunkt erkennbar wenige Nachteile bringen würde, so daß den öffentlichen Belangen offenkundig keine Überwindungskraft beigemessen werden kann[213]. Dabei sind allerdings die mit dem Bau einer Anlage verbundenen Probleme in die Gesamtrechnung einzustellen: Das Ergreifen von bautechnischen Maßnahmen schon vor der prognostizierten Überlastung einer vorhandenen Anlage liegt wegen der erheblichen Dauer der Bauarbeiten und des Verfahrens im Interesse der zeit- und problemgerechten Verwirklichung des Gemeinwohls[214].

Eine weitere spezifische Grenze der Festlegung des zu befriedigenden Bedürfnisses durch die Behörde ergibt sich bei Bedarfsermittlung durch Prognosen aus der Überlegung, daß die Unsicherheit der Prognosen, die der Feststellung des von der Behörde für maßgeblich erklärten Sachverhalts dienen, nicht schlechthin außer Verhältnis zu den Eingriffen stehen darf, die durch den verfolgten Zweck gerechtfertigt werden sollen[215].

Auch wenn die gerichtliche Kontrolle wegen der Gemeinwohlverantwortung der Verwaltung sowie ihrer Verantwortung für den Gesamtzusammenhang eingeschränkt ist, dürfen diese Kontrollansätze in ihrer Bedeutung nicht unterschätzt werden. Sie betreffen alle Entscheidungen über das Vorhaben, i.e. das planerische Ziel, das Maß seiner Verwirklichung sowie die Frage, ob den öffentlichen Belangen die Überwindungskraft deshalb abzusprechen ist, weil bauliche oder betriebliche Maßnahmen oder (andere) Planungsalternati-

---

[213] Nach BVerwG, U. v. 3. 5. 1988 – 4 C 26.84 – NVwZ 1989, 149, ist ein Vorhaben nicht vernünftigerweise geboten, „wenn es sinnvoll oder zweckmäßiger zu unterbleiben hat“. Entgegen dem Anschein kann aber auch diese Aussage keine weiterreichende gerichtliche Kontrolle im Auge haben als die hier befürwortete; denn sie bezieht sich in der Sache auf die allgemeine Formulierung der Rechtfertigungsvoraussetzungen, die einer weitergehenden Nachprüfung den Weg versperrt; vgl. dazu oben, 3. Kap. A II 3 b (1), bei Fn. 162.

[214] Vgl. BVerwG, U. v. 5. 12. 1986 – 4 C 13.85 – E 75, 214 [234]: „Ein Vorhaben der hier erörterten Art bedingt einen langen zeitlichen Vorlauf vor seiner Fertigstellung und Inbetriebnahme. Die Planung braucht aus diesem Grunde nicht den letztmöglichen Zeitpunkt abzuwarten, um einer bereits prognostizierten Überlastung begegnen zu können.“

[215] Vgl. BVerwG, U. v. 5. 12. 1986 – 4 C 13.85 – E 75, 214 [234]. Dieser Gesichtspunkt kann nicht die Anforderungen betreffen, denen eine Prognose genügen muß, sondern eher den zukunftsorientierten Gestaltungsauftrag der Behörde. Denn auch bei einem durch eine sachgerechte, in methodischer Hinsicht einwandfreie und einleuchtend begründete – und damit rechtmäßige – Prognose ermittelten Sachverhalt kann die Ungewißheit der Zukunft so groß sein, daß der verfolgte Zweck den durch die Planung hervorgerufenen Beeinträchtigungen schlechthin unangemessen ist.

Zur Bedeutung des Zeitfaktors s. ferner BVerwG, U. v. 24. 11. 1989 – 4 C 41.88 – E 84, 123 [127ff., 129]: Unsicherheiten – und zwar im Hinblick auf die Realisierungsfähigkeit des Projekts – ergeben sich auch im Fall eines gestuften Ausbaus aus der Zeitspanne zwischen erster und zweiter Ausbaustufe. „Um die planerischen Vorstellungen nicht unnötig einzuschränken, ist der Planfeststellungsbehörde hierbei eine optimistische Einschätzungsprärogative zuzubilligen.“

ven einen deutlich schonenderen Ausgleich der widerstreitenden Interessen ermöglichen[216].

Ihre Angemessenheit tritt aber besonders in Fällen weit in die Zukunft reichender Vorsorgeplanungen hervor. Dabei dürfen und müssen die Gerichte der Entfaltung der ganzen planerischen Konzeption entgegentreten, wenn die eben gezeigte Disproportionalitätsgrenze erreicht ist; sie dürfen aber dies nur insofern tun, als es die Dynamik und Zukunftsoffenheit der Planung und die primäre Verantwortung der Verwaltung erlauben. Das bedeutet, daß die Gerichte den Planfeststellungsbeschluß teilweise (soweit dieser teilbar ist)[217] aufheben dürfen und dadurch die Behörde zu einer abschnittweisen Verwirklichung ihrer planerischen Vorstellungen zwingen können[218]; sie dürfen aber der Planung das Einkalkulieren von Erweiterungsmöglichkeiten und die Schaffung von Kapazitätsreserven nicht verweigern, was sowohl bei der Frage der Standortwahl als auch bei der Ausgestaltung der Anlage im einzelnen Auswirkungen zeitigen kann; andernfalls bestünde die Gefahr, daß die Anlage eines Tages an ihre Kapazitätsgrenze stößt und die Behörde sich genötigt sieht, eine völlig neue Konzeption entwickeln zu müssen[219] (die nicht unbedingt mit einem geringeren Eingriffspotential verbunden wäre).

Die gerichtliche Kontrolle erstreckt sich schließlich auch auf die Frage, ob sich die Planung in die weiteren und übergeordneten planungspolitischen Konzepte einfügt, auf die sie sich beruft[220] und ob die zur Anerkennung des fachplanerischen Ziels notwendigen flankierenden Planungsabsichten wenigstens im Ansatz anzunehmen sind[221].

---

[216] Vgl. BVerwG, U. v. 23. 10. 1968 – 4 C 84.67 – BayVBl. 1969, 170, wo das Gericht im Rahmen der Abwägung entscheiden konnte, daß das Vorziehen der den Verkehrsbedürfnissen erschöpfend Rechnung tragenden straßenbautechnischen Lösung „den Grds. der Verhältnismäßigkeit" nicht verletzt hat.

[217] Vgl. dazu BVerwG, B. v. 7. 12. 1988 – 7 B 98.88 – NVwZ-RR 1989, 241f.

[218] Vgl. dazu BVerwG, B. v. 7. 12. 1988 – 7 B 98.88 – NVwZ-RR 1989, 241f., auch zur Bejahung der grds. Zulässigkeit einer langfristigen Vorsorgeplanung; BayVGH, B. v. 16. 4. 1981 – 20 CS 80 D.61 – BayVBl. 1981, 401 [405f.], wo das Gericht in der Planfeststellung einer dritten Start- und Landebahn für den Flughafen München II eine Überschreitung der Grenzen planerischer Gestaltungsfreiheit gesehen hat.

[219] So BVerwG, U. v. 5. 12. 1986 – 4 C 13.85 – E 75, 214 [241f.], in bezug auf die Erweiterungsfähigkeit eines Flughafens. Zur Frage der Kapazitätsreserven s. Steinberg, Nachbarrecht, III Rdnr. 130 m.w.N. in Fn. 307 a.

[220] Vgl. etwa BVerwG, U. v. 6. 12. 1985 – 4 C 59.82 – E 72, 282 [286f.], bezüglich landesplanerischer Vorgaben und der Bundesbedarfsplanung und VGH BW, U. v. 23. 6. 1988 – 5 S 1030/87 – NVwZ-RR 1989, 349 [350f.], bezüglich der Bundesbedarfsplanung sowie Landesentwicklungs- und Regionalpläne.

[221] Das betrifft z.B. Fälle des Ergreifens von straßenbautechnischen Maßnahmen zum Zweck der Verbesserung der Wirtschaftsstruktur in strukturschwachen Gebieten, soweit diese erst beim Hinzutreten weiterer Wirtschaftsförderungsmaßnahmen positive Ergebnisse zeitigen können (vgl. BayVGH, U. v. 29. 3. 1988 – 8 B 85 A.1287, 8 B 85 A.1390 – S. 9f. des amtl. Umdrucks); und gilt nur, sofern die Straße nicht als planerische Vorleistung in Betracht kommt.

5. Die abwägungsbezogene Zielkonkretisierung als zulässige Konkretisierung des Wohls der Allgemeinheit i.S.v. Art. 14 Abs. 3 GG

Der Anerkennung einer selbständigen Befugnis der Verwaltung zur Konkretisierung der fachgesetzlichen Ziele im Rahmen der umfassenden Abwägungs- und Planungsentscheidung liegt die Auffassung zugrunde, daß dies auch im Hinblick auf die grundgesetzlichen Sicherungen des Eigentums zulässig ist. Art. 14 Abs. 3 GG verlangt zwar eine qualifizierte Behandlung der Eigentümerbelange auf der Planungsstufe; ihm ist aber – wie schon angedeutet wurde[222] – weder eine Aufspaltung der als Einheit angelegten planerischen Abwägung noch eine Ablehnung jeglicher planerischen Gestaltungsfreiheit der Behörde zu entnehmen. Er steht vielmehr einer gerichtlich beschränkt nachprüfbaren Befugnis der Verwaltung zur Konkretisierung des Wohls der Allgemeinheit nicht entgegen.

Die überwiegende Meinung in der Literatur[223] geht dahin, daß das Wohl der Allgemeinheit in Art. 14 Abs. 3 Satz 1 GG durch eine Abwägung zwischen dem Interesse der Allgemeinheit an der Enteignung und dem Interesse des Eigentümers an der Erhaltung seines Eigentums zu konkretisieren ist[224]. Für die Zulässigkeit der Enteignung kommt es darauf an, ob die mit ihr verfolgten öffentlichen Interessen in einem angemessenen Verhältnis zu dem Eingriff in die Eigentumsrechte stehen; dabei muß berücksichtigt werden, daß nicht jedes öffentliche Interesse den Entzug der Eigentumssubstanz rechtfertigt, sondern nur dasjenige, das im Verhältnis zu dem rechtlich anerkannten Bestandsschutzinteresse des Eigentümers angemessen bedeutsam ist[225].

---

[222] S. oben, 3. Kap. A II 3 b (1).

[223] Weber, in: Neumann / Nipperdey / Scheuner (Hrsg.), Grundrechte, Bd. 2, S. 331 [383]; Frenzel, Das öffentliche Interesse, S. 68ff.; Breuer, DVBl. 1981, 971 [974]; Schmidt-Aßmann / Frenzel, in: E/Z/B, BBauG, § 87, Rdnrn. 12, 24ff.; Badura, in: Benda / Maihofer / Vogel (Hrsg.), Handbuch, S. 677; Papier, in: MDHS, GG, Art. 14, Rdnr. 505; Bryde, in: v. Münch (Hrsg.), GG-Kommentar, Art. 14, Rdnr. 79; Krohn / Löwisch, Eigentumsgarantie, Rdnr. 42; v. Brünneck, Eigentumsgarantie, S. 396ff.; ders., NVwZ 1986, 425 [426ff.]; Nüßgens / Boujong, Eigentum, Rdnr. 355; Schmidbauer, Enteignung, S. 134ff. Aus der Rspr. s. etwa BVerfG, U. v. 24. 3. 1987 – 1 BvR 1046/85 – E 74, 264 [293f.]; BVerwG, U. v. 3. 5. 1988 – 4 C 26.84 – NVwZ 1989, 149 [150]; BVerwG, B. v. 20. 12. 1988 – 4 B 211.88 – NVwZ-RR 1989, 458 [458f.].

[224] Das auch im Rahmen der vorliegenden Untersuchung zu bejahende Abwägungserfordernis (gedeutet im Sinne der im 2. Kap. angestellten allgemeinen Überlegungen) kann aber – entgegen der Auffassung etwa von v. Brünneck, NVwZ 1986, 425 – nicht im Sinne der allgemeinen, im Lüth-Urteil entwickelten Grundrechtsdogmatik des BVerfG praktiziert werden, mit der das BVerfG dem Gesetzgeber auf den Leib rückt. Demgegenüber wird hier die Notwendigkeit anerkannt, durch entsprechende Reduktion der (verfassungs)gerichtlichen Kontrollintensität beim Einsatz des Grds. der Verhältnismäßigkeit i.e.S. der in der „Fixierung" des Gemeinwohls zum Ausdruck kommenden Konkretisierungsfunktion des Gesetzgebers Raum zu belassen. S. zu den Kontrollansätzen des BVerfG unten, Fn. 238.

[225] S. statt aller v. Brünneck, NVwZ 1986, 425 [429].

Die Auswirkungen dieser Enteignungsproblematik auf der Planungsstufe nehmen auf der Grundlage der gesetzlichen Fixierung des Gemeinwohls im Fachplanungsrecht konkrete Gestalt an: In diesem Bereich kommt nämlich nicht der streng gebundene und gerichtlich vollständig nachprüfbare Vollzug gesetzlich klar umrissener Enteignungszwecke in Betracht[226], sondern die abwägende und gestaltende Konkretisierung offener gesetzlicher Vorgaben. Vor diesem Hintergrund begegnen sich bei der Entscheidung über die Verwirklichung der planerischen Ziele und über die die Enteignung rechtfertigenden Aufgaben im Einzelfall die enteignungsrechtlichen Vorgaben und die planerischen Strukturen mit der Folge, daß sich die ersteren in die durch die Planungsaufgabe umfaßten breiteren Zusammenhänge eingebunden sehen und die letzteren durch die Direktionskraft des abwägungserheblichen Belangs „Eigentum" eine zusätzliche Steuerung erfahren[227].

Im Rahmen der planerischen Abwägung muß die Planfeststellungsbehörde die Tatsache einer eventuell notwendigen Enteignung berücksichtigen[228]. Sie muß nach dem zuvor Gesagten[229] ein Bedürfnis befriedigen, das auch die entgegenstehenden Eigentumsrechte zu überwinden vermag, das also dem rechtlich anerkannten Bestandsschutzinteresse des Eigentümers angemessen bedeutsam ist[230]. Außerdem ist sie gehalten, bei Planungsalternativen die das

---

226 Das hebt zu Recht Schmidt-Aßmann, JuS 1986, 833 [837] hervor.

227 Das Problem wird dagegen unsachgemäß angegangen, wenn in der Beachtung des Eigentums – über die ihm hier zugesprochene Steuerungskraft hinaus – eine „erhebliche Einschränkung der planerischen Gestaltungsfreiheit" gesehen und als Folge eine „entsprechend stärkere Kontrolldichte" angenommen wird; so aber Hoppe / Schlarmann, Rechtsschutz, Rdnr. 192.

228 Das wird von der Literatur für alle Konstellationen der Enteignung in Planungszusammenhängen nachdrücklich gefordert; vgl. zum Fachplanungsrecht Hoppe / Schlarmann, Rechtsschutz, Rdnrn. 190ff.; Bender, DVBl. 1984, 301 [304ff.]; Schmidt-Aßmann, JuS 1986, 833 [838f.]; Kühling, Fachplanungsrecht, Rdnr. 237 m.w.N.; zur Bauleitplanung s. nur Frenzel, Das öffentliche Interesse, S. 196ff.; Schmidt-Aßmann / Frenzel, in: E/Z/B, BBauG, § 87, Rdnr. 66; Battis, in: B/K/L, BauGB, § 87 Rdnr. 3. Aus der Rspr. des BVerwG, die dieser Anforderung Rechnung trägt, vgl. nur BVerwG, U. v. 23. 1. 1981 – 4 C 4.78 – E 61, 295 [300ff.].

An dieser Stelle muß bemerkt werden, daß diese Anforderung nur insoweit zum Tragen kommen darf, als es der Planung möglich ist, die Entwicklung der notwendig werdenden Eingriffe vorauszusehen. Der Gedanke etwa, daß der Planungsalternative ein besonderes Gewicht beizumessen ist, durch die frei erwerbbare Grundstücke betroffen werden, kann nur eingeschränkt zur Geltung kommen; denn die Veräußerungsbereitschaft der in Betracht kommenden Eigentümer läßt sich zum Zeitpunkt der Planung regelmäßig noch nicht zuverlässig beurteilen, vgl. BVerfG (3. Kammer), B. v. 9. 6. 1987 – 1 BvR 418/87 – NVwZ 1987, 967. Je nach den Umständen sind aber dann gewisse Mindestanforderungen an die Begründung des PlfB zu stellen; vgl. dazu Schmidt-Aßmann / Frenzel, in: E/Z/B, BBauG, § 87, Rdnr. 66; in diesem Sinne schon Schmidt-Aßmann, Grundfragen, S. 109f.

229 S. oben, 3. Kap. A II 3 b (1), bei Fn. 140.

230 Andernfalls ginge der Bestandsschutz des Eigentums verloren. Es sei nur auf die von Forsthoff (FG Maunz, S. 89 [96]) 1971 mit Nachdruck erhobene Forderung hingewiesen, der Bestand des Eigentums sei auch und gerade gegenüber den modernen tech-

private Eigentum schonende Lösung in ihre Erwägungen einzubeziehen und entsprechend zu gewichten[231].

Das darf jedoch nicht dazu führen, daß dem Eigentum absoluter Vorrang gegenüber den anderen abwägungserheblichen Belangen eingeräumt wird. Auffassungen, die die Durchführung isolierter, ausschließlich am Eigentum ausgerichteter Erforderlichkeitsprüfungen[232] befürworten, führen zur Aufspaltung der Abwägung und letztlich zur Mißachtung der anderen abwägungserheblichen Belange, die an sich nicht ohne weiteres weniger gewichtig für das Gemeinwohl sind (z. B. Naturschutz) oder für die zum Teil ebenfalls Grundrechte einzelner ins Feld geführt werden können (z. B. Immissionsschutz)[233]. Des weiteren verbietet sich auch eine verengte Betrachtung des in den generellen Zielen des Fachplanungsgesetzes zum Ausdruck kommenden Enteignungszwecks. Dieser kann nicht dadurch in Frage gestellt werden, daß die gesetzlich bezweckte optimale Verwirklichung der Planungsaufgabe über die durch die technische Funktion eines Vorhabens unmittelbar bedingten Interessen hinaus auch „allgemeine Planungsbelange" in die Abwägung hineinzieht[234].

Die Direktionskraft des Eigentums verhindert also einerseits, daß dessen Bestandsschutz durch beliebige öffentliche Interessen leerläuft; andererseits aber entfaltet sie sich innerhalb des der Planung zugrunde liegenden Interessengeflechts und des Prozesses der Herstellung eines umfassenden Ausgleichs im Wege der planerischen Abwägung, die kein „freies Spiel" der öffentlichen und privaten Belange impliziert, sondern – gesteuert durch die nicht zu unterschätzende Direktionskraft vielfältiger Belange – auf die sachgerechte und ausgewogene Erfüllung der Aufgabe auf unverkürzter Entscheidungsgrundlage ausgerichtet ist[235].

---

nischen Großprojekten zu schützen, der die die bestandsschützende Funktion der grundgesetzlichen Eigentumsgarantie immer wieder hervorhebende verfassungsgerichtliche Judikatur zur Seite steht; vgl. dazu statt vieler nur Böhmer, NJW 1988, 2561 m.umfass.N. Auch die verwaltungsgerichtliche Rspr. liegt auf derselben Linie, vgl. BVerwG, U. v. 1. 11. 1974 – 4 C 38.71 – E 47, 144 [148]; BayVGH, U. v. 3. 8. 1982 – 8 B 81 A.524 – DÖV 1983, 123 [124].

231 BVerwG, U. v. 20. 8. 1982 – 4 C 81.79 – E 66, 133 [137]. Die Vorzugsentscheidung zugunsten dieser Planungsalternative ist allerdings davon abhängig, ob sich dadurch eine *insgesamt* schonendere Lösung erreichen läßt; s. dazu sogleich unten im Text.

232 Entweder als Zweckprüfungen oder als Prüfungen anhand des Grds. der Erforderlichkeit; vgl. oben, 3. Kap. A II 3 b (2).

233 BVerfG (3. Kammer), B. v. 9. 6. 1987 – 1 BvR 418/87 – NVwZ 1987, 967.

234 BVerfG (3. Kammer), B. v. 9. 6. 1987 – 1 BvR 418/87 – NVwZ 1987, 967.

235 Ausdrücke wie „freies Spiel" (vgl. Schmidt-Aßmann, JuS 1986, 833 [838]) können – auch wenn sie nicht so gemeint sind – dahin mißverstanden werden, daß sie der Position der Abwägungsskepsis Vorschub leisten wollen. Es muß wieder betont werden, daß der Dezisionismus- und Willkürvorwurf gegen die planerische Abwägung ungerechtfertigt ist; die Abwägung im hier spezifizierten Sinn (s. 2. Kap.) bedeutet und lei-

Die bei der umfassenden, die Zulässigkeitsvoraussetzungen enteignenden Einwirkens umspannenden und somit die Anforderungen des Art. 14 Abs. 3 Satz 1 GG einlösenden fachplanerischen Abwägung[236] bestehenden selbständigen Entscheidungsbefugnisse der Verwaltung stehen – entgegen sich in der Rechtsprechung des BVerfG abzeichnenden restriktiveren Tendenzen – im Einklang mit den verfassungsrechtlichen Anforderungen an die gesetzlichen Grundlagen der Enteignung und den Rechtsschutz.

Das BVerfG hat in seinem Urteil vom 10. 3. 1981[237] ausgeführt, daß Art. 14 Abs. 3 Satz 1 GG dem Gesetzgeber aufgebe, aus dem vielfältigen Bereich der Gemeinwohlaufgaben diejenigen Sachgebiete auszuwählen, für die er die zwangsweise Verwirklichung durch Enteignung zulassen oder anordnen wolle. Allein dem parlamentarisch-demokratischen Gesetzgeber sei es nach dem Sinn und Kompetenzgefüge des Grundgesetzes vorbehalten, die eine Enteignung legitimierenden Gemeinwohlaufgaben zu bestimmen und die hierbei erforderlichen Rechtsvorschriften zu erlassen[238]. Dem entspreche es, wenn in den Gesetzen bestimmt werde, für welche Vorhaben unter welchen Voraussetzun-

---

stet vor allem Sachgerechtigkeit. Auffassungen, die diesen Aspekt verkennen, laufen immer Gefahr, entweder die Entscheidungsgrundlage zu verkürzen oder als bloßer Etikettenwechsel entlarvt zu werden. Vgl. die Bemerkungen von Hirschberg, Der Grundsatz der Verhältnismäßigkeit, S. 172ff., zu der Position von Schlink, Abwägung.

[236] Vgl. Kühling, Fachplanungsrecht, Rdnr. 234.

[237] 1 BvR 92, 96/71 – E 56, 249 [261f.].

[238] Vgl. in diesem Zusammenhang die Ausführungen des BVerfG im Hamburger Deichordnungsurteil (U. v. 18. 12. 1968 – 1 BvR 638, 673/64 u. 200, 238, 249/65 – E 24, 367 [403, 406]): Das „Wohl der Allgemeinheit" sei ein abstrakter Rechtsbegriff, der eine Vielfalt von Sachverhalten und Zwecken decke. Es stehe im Ermessen des Gesetzgebers, aus dem vielfältigen Bereich der Gemeinwohlinteressen ein Sachgebiet auszuwählen und hierfür die Enteignung zuzulassen. Der Gesetzgeber „fixiere" den Gemeinwohlbegriff damit auf konkrete Sachbereiche. Seine Rechtsauffassung unterstehe aber der verfassungsrechtlichen Prüfung am Maßstab des Art. 14 Abs. 3 Satz 1 GG. Seine Beurteilung, ob ein Vorhaben dem Wohl der Allgemeinheit diene, und zu seiner Durchführung die Enteignung erforderlich sei, bleibe zunächst eine für die verfassungsgerichtliche Prüfung unverbindliche Qualifizierung, sonst würde letztlich der einfache Gesetzgeber den Inhalt des Grundrechts bestimmen. Die maßgeblichen Sachverhalte seien auch für das Gericht beurteilbar. Soweit dabei Wertungen und Erwägungen des Gesetzgebers von Bedeutung seien, könne sich das Gericht über sie allerdings nur hinwegsetzen, wenn sie eindeutig widerlegbar oder offensichtlich fehlsam seien oder der Wertordnung des GG widersprächen.

Mit diesen Ausführungen trägt das Gericht dem Umstand Rechnung, daß das Allgemeinwohl nicht abstrakt bestimmt werden kann, sondern unter der Herrschaft des GG durch demokratisch legitimierte Willensbildungsprozesse zu konkretisieren ist (ohne freilich dabei den Freiheitsschutz des Bürgers aus der Hand zu geben). Auch wenn angenommen wird, daß dem Gesetzgeber keine Konkretisierungs- oder Interpretationsprärogative in bezug auf das Allgemeinwohlerfordernis des Art. 14 Abs. 3 Satz 1 GG zukommt (so Papier in seiner Anmerkung zum Boxberg-Urteil, JZ 1987, 619f.), will sich der Umstand nicht beugen, daß die gesetzlichen Konkretisierungen des Gemeinwohls in einzelnen Enteignungsgesetzen „nach oben" ausstrahlen (vgl. dazu Kimminich, in: BK, Art. 14, Rdnr. 271 unter Hinweis auf die frühere Rspr. des BVerwG).

gen und für welche Zwecke eine Enteignung zulässig sein soll. Weder die staatliche noch die kommunale Verwaltung könne anstelle des Gesetzgebers die eine Enteignung rechtfertigenden Gemeinwohlaufgaben bestimmen. Planungsbefugnis und Selbstverwaltungsrecht gäben der Gemeinde kein Recht, Enteignungszwecke zu erfinden; sie könne lediglich gesetzlich vorgesehene Enteignungszwecke im Einzelfall verwirklichen.

Die Weiterführung dieser Gedanken findet sich im Urteil vom 24. 3. 1987[239]. Dort wird die Sicherheit verlangt, daß entweder unmittelbar der Gesetzgeber selbst oder eine fachlich qualifizierte Behörde in einem geeigneten Verfahren eine enteignungsrechtliche Gesamtabwägung aller Gemeinwohlgesichtspunkte und widerstreitender Interessen unter Prüfung auch der Erforderlichkeit des Vorhabens vornimmt. In diesem Zusammenhang und aus Anlaß des zur Entscheidung anstehenden Falles wird ausgeführt, daß es für die Umsetzung des verfolgten wirtschafts- und strukturpolitischen Ziels in ein konkretes Vorhaben, also für die Gemeinwohlaktualisierung zumindest gesetzlicher Vorschriften bedarf, die Anhaltspunkte für die Bewertung der einzelnen widerstreitenden Interessen bieten[240]. In den abschließenden Erwägungen des Gerichts wird verschärfend gefordert, daß der Gesetzgeber in einem Strukturverbesserungs- und Industrieansiedlungsgesetz abstrakt-generelle Regelungen schafft, unter die sich das umstrittene Vorhaben subsumieren läßt; und wenn das angesichts der Schwierigkeiten einer normativen Ausgestaltung nicht möglich erscheint, wird der Gesetzgeber vor die alleinige Alternative gestellt, ein auf dieses Projekt beschränktes Gesetz zu beschließen, was mit der Qualität des Gesetzgebungsverfahrens begründet wird[241].

Mit diesen Deutungen der verfassungsrechtlichen Vorgaben ist die Auffassung über einen Anspruch des Bürgers auf effektiven Rechtsschutz gekoppelt, der die umfassende gerichtliche Kontrolle der einzelfallbezogenen administrativen Umsetzung des gesetzlich festgelegten Enteignungszwecks in rechtlicher und tatsächlicher Hinsicht zum Inhalt haben soll[242].

Diese die grundgesetzlichen Anforderungen überspannenden Ansichten des BVerfG sowie entsprechende Stimmen in der Literatur müssen einer angemesseneren Betrachtung weichen, die die verfassungskonforme Rolle der Exekutive bei der Konkretisierung des Wohls der Allgemeinheit berücksichtigt.

Nach dem in Art. 14 Abs. 3 Satz 2 GG ausdrücklich enthaltenen Grundsatz des Gesetzesvorbehalts muß zwar der Gesetzgeber in Erfüllung seiner parla-

---

[239] 1 BvR 1046/85 – E 74, 264.

[240] BVerfG, U. v. 24. 3. 1987 – 1 BvR 1046/85 – E 74, 264 [293f.].

[241] BVerfG, U. v. 24. 3. 1987 – 1 BvR 1046/85 – E 74, 264 [296f.].

[242] BVerfG, B. v. 10. 5. 1977 – 1 BvR 514/68 u. 323/69 – E 45, 297 [322]; BVerfG, U. v. 15. 7. 1981 – 1 BvL 77/78 – E 58, 300 [322f.].

mentarischen Leitungs- und Lenkungsfunktion der Exekutive in abstrakt-generellen Grundsatznormen die Enteignungszwecke und -voraussetzungen vorgeben. Wie aber schon im allgemeineren Zusammenhang bemerkt werden konnte[243], darf er sich darauf beschränken, die wesentlichen Entscheidungen zu treffen, die die Exekutive im Rahmen des ihr durch Art. 20 Abs. 2 Satz 2 GG zugewiesenen Aufgabenbereichs im konkreten Einzelfall umzusetzen hat; und er sieht sich keinen starren, sondern nicht zuletzt je nach Sachbereich variierenden Bestimmtheitsanforderungen gegenüber[244]. Demgemäß kann der Gesetzgeber in Fällen einer – besonders bei der Planung anzutreffenden – sachbedingten Unmöglichkeit eingehender Normierung nicht verpflichtet sein, die Einzelfallentscheidung über die Enteignung – und sei es nur dem Grunde nach – völlig an sich zu ziehen[245].

Wenn der Gesetzgeber wegen besonderer Sachzwänge keine detaillierte Regelungen geschaffen hat, handelt es sich bei der administrativen Einzelfallentscheidung nicht um ein verfassungswidriges „Erfinden" der einschlägigen Enteignungszwecke. Das Verhältnis zwischen den Vorgaben des Enteignungsgesetzes und der administrativen Umsetzungstechnik ist ein solches der verfassungskonformen gestaltenden Konkretisierung[246].

Um ein solches Verhältnis handelt es sich im Fachplanungsrecht. Der Gesetzgeber hat mindestens durch die Angabe der zulässigen Infrastrukturvorhaben seinen – den Besonderheiten dieses Sachbereichs entsprechenden – verfassungsrechtlichen Regelungs- und Bestimmtheitspflichten Genüge getan[247]. Denn hier sind – wie schon früher bemerkt wurde[248] – die Enteignungszwecke mit den unmittelbaren technischen Funktionen der zugelassenen Vorhaben verbunden, die auch in ihrem räumlichen Bezug hinreichend vorhersehbar sind.

Die Planfeststellungsbehörde bewegt sich bei ihrer gerichtlich beschränkt nachprüfbaren Befugnis zur gestaltenden Konkretisierung der offenen gesetzlichen Vorgaben ebenfalls im Rahmen der Verfassung. Die Einbindung der Enteignung in den Planungszusammenhang bewirkt einerseits, daß die Verantwortung der Verwaltung auch für die Gemeinwohlaktualisierung engagiert wird und läßt es andererseits unangemessen erscheinen, zum Zweck der Vorwärtsverteidigung des Bürgers die Gemeinwohltätigkeit der Exekutive auf die Richter zu übertragen. Diese Erkenntnisse werden sowohl von einem Teil des älteren Schrifttums[249] und der Rechtsprechung[250] unterstützt, die den Behör-

---

[243] S. 2. Kap.

[244] S. dazu oben, 2. Kap., bei und in Fn. 58; Lerche / Ulmer, Kurzberichterstattung, S. 35.

[245] So auch Schmidbauer, Enteignung, S. 63.

[246] Vgl. Schmidt-Aßmann, NJW 1987, 1587 [1589].

[247] Im Ergebnis wie hier Kühling, Fachplanungsrecht, Rdnr. 167.

[248] S. 3. Kap. A II 2, bei und in Fn. 84.

den bei der Konkretisierung des enteignungsrechtlichen Allgemeinwohls einen Ermessens- bzw. Beurteilungsspielraum zubilligen, als auch durch die neuere Literatur, die die prinzipielle Notwendigkeit planungspolitischer Konkretisierung des Wohls der Allgemeinheit als durch Art. 14 Abs. 3 Satz 1 GG vorausgesetzt[251] ansieht.

Die Befürwortung einer vollen gerichtlichen Kontrolle wäre dem schon früher erwähnten Einwand ausgesetzt, daß dies zu sachlichen oder zeitlichen Defiziten auf der Seite des Gemeinwohls führt[252]; und der Gedanke des BVerfG, die systematische Teilung des Verfahrens in eine Planungs- und eine Enteignungsstufe beruhe auf der Einsicht, daß im Bereich der Fachplanung zunächst ein planerisches Konzept vorliegen müsse, ohne das die sachgerechte Ausführung eines Infrastrukturvorhabens nicht möglich wäre[253], hätte nur noch wenig Sinn ohne die Verpflichtung der Gerichte, das von der Planfeststellungsbehörde vorformulierte Wohl der Allgemeinheit in dem oben aufgezeigten Umfang – und gleich mit welcher Technik[254] – hinzunehmen.

---

[249] Kimminich, in: BK, Art. 14 GG, Rdnr. 267.

[250] BVerwG, U. v. 21. 6. 1956 – 1 C 193.54 – E 3, 332 [335]; BVerwG, U. v. 29. 11. 1956 – 1 C 40.56 – E 4, 185 [187]; w.N. bei v. Brünneck, NVwZ 1986, 425 [431, Fn. 72].

[251] So Breuer, DVBl. 1981, 971 [974]; Löwer, in: Azizi / Griller (Hrsg.), Rechtsstaat und Planung, S. 73 [93ff., insb. 95f.].

Die Konkretisierungsleistung der Verwaltung auf den dem Enteignungseingriff und seinem Verfahren vorgeschalteten Planungsstufen wird in der Literatur vielfach anerkannt, vgl. Frenzel, Das öffentliche Interesse, S. 226; Schmidt-Aßmann / Frenzel, in: E/Z/B, BBauG, § 87, Rdnr. 62; Schmidt-Aßmann, JuS 1986, 833 [838f.]; ders., NJW 1987, 1587 [1589]; Nüßgens / Boujong, Eigentum, Rdnr. 359. Auch dort, wo das Allgemeinwohlerfordernis im Prinzip als unbestimmter, aber justitiabler Rechtsbegriff angesehen wird, wird eingeräumt, daß „das Gemeinwohlerfordernis und seine Justitiabilität ... mit den planungsrechtlichen Gestaltungsspielräumen der öffentlichen Gewalt" in Einklang zu bringen sind (so Papier, in: MDHS, GG, Art. 14, Rdnrn. 496f.).

[252] S. oben, 2. Kap.

[253] BVerfG, B. v. 10. 5. 1977 – 1 BvR 514/68 u. 323/69 – E 45, 297 [319].

[254] Vgl. zu den verschiedenen Techniken der Rspr. Häberle, Öffentliches Interesse, S. 240ff., insb. S. 595ff.

Durch seinen Hinweis auf Häberle wird auch die Auffassung von v. Brünneck, NVwZ 1986, 425 [431], das „Wohl der Allgemeinheit" unterliege als unbestimmter Rechtsbegriff ohne Beurteilungsspielraum der vollen gerichtlichen Nachprüfung, auf das rechte Maß zurückgeführt. Denn wenn diese Aussage beim Wort zu nehmen gewesen wäre, dann würde die darin zum Ausdruck kommende Ansicht die planerische Gestaltungsfreiheit sehr wohl berühren; und als Lösung hätte der Gedanke nicht genügt, die Gerichte würden auch nicht selbst das Wohl der Allgemeinheit in Art. 14 Abs. 3 Satz 1 GG bestimmen, sondern könnten nur „unter negativen Aspekten" feststellen, daß im Einzelfall die Grenzen für die Konkretisierung des enteignungsrechtlichen Wohls der Allgemeinheit überschritten seien. Gerade bei Planentscheidungen größeren Umfangs ist nämlich das richterliche Nein oft Ende einer gesamten Konzeption, damit aber gleichzeitig von ungemein agierender Wirkung (Redeker, DÖV 1971, 757 [761]).

Demgegenüber meint Häberle mit der Negativtechnik der Gerichte eine Vorgehensweise, nach der das Bekenntnis zur „vollen" Nachprüfung den Gerichten als Tarnkappe

B. Der beschränkte Beitrag der Schranke der Planungsleitsätze zur Bindung und Kontrolle des Planfeststellungsbeschlusses

Der Terminus „Planungsleitsatz" wurde vom BVerwG zunächst in seiner Rechtsprechung zur Bauleitplanung für die die abwägungserheblichen Belange präsentierenden Vorschriften des BBauG verwendet. Die Bedeutung der Planungsleitsätze für die Problematik der planerischen Gestaltungsfreiheit hat das Gericht darin gesehen, daß die in ihnen vorkommenden Begriffe bei der Zusammenstellung des Abwägungsmaterials als unbestimmte Rechtsbegriffe ohne Beurteilungsspielraum sowohl in ihrer Auslegung als auch in ihrer Anwendung einer uneingeschränkten Kontrolle durch die Verwaltungsgerichte unterliegen[255].

Im Fachplanungsrecht wird dagegen der Terminus „Schranke der Planungsleitsätze" mit einer Bedeutung verwendet, die von der den Planungsleitsätzen bei der Bauleitplanung zukommenden Funktion abweicht; hier stellt die „Einhaltung der Planungsleitsätze" in der Schrankensystematik des BVerwG eine neben dem Abwägungsgebot stehende (relativ) selbständige materiell-rechtliche Planungsbindung und Schranke der planerischen Gestaltungsfreiheit dar[256].

Die Rechtsprechung des BVerwG hat hier auf dem Boden der Problematik der Bindungswirkung des bei der Planfeststellung einschlägigen materiellen Rechts und der mit dieser verbundenen Fragen nach der materiell-rechtlichen Konzentrationswirkung der Planfeststellung und dem Einsatzbereich des Abwägungsgebots zwei Stadien durchlaufen; dabei ist eine gewisse terminologische Verwirrung entstanden, auf die hier nur hingewiesen werden kann[257].

---

für eine Nachprüfung dient, die ihrer Kontrolle des Ermessensbereichs recht nahe kommt; und eine funktionell-rechtliche Begründung der Kontrolleinschränkung, neben der die Qualifizierung des Gemeinwohls als unbestimmter oder als bestimmter Rechtsbegriff oder als Ermessensbegriff verblaßt (s. Häberle, Öffentliches Interesse, S. 508f.).

255 BVerwG, U. v. 12. 12. 1969 – 4 C 105.66 – E 34,301 [307f.]; U. v. 5. 7. 1974 – 4 C 50.72 – E 45, 309 [322].

256 Vgl. BVerwG, U. v. 14. 2. 1975 – 4 C 21.74 – E 48, 56 [59].

257 Hier werden folgende Termini benutzt: „Planungsleitsatz" (im Sinne des in der Literatur verbreiteten Verständnisses) als die Planung leitende Direktive, die nur bei der Abwägung Beachtung findet; „interner" und „externer" Planungsleitsatz, deren Bedeutung sowie die Möglichkeit ihrer Zuordnung zu der „Schranke der Planungsleitsätze" sich aus dem Urteil des BVerwG vom 14. 2. 1975 ergeben; „zwingender Planungsleitsatz" im Sinne des Urteils vom 22. 3. 1985; „Schranke der Planungsleitsätze" als (relativ) eigenständige Schranke neben dem Abwägungsgebot.

I. Die Entwicklung der Rechtsprechung des BVerwG: Terminologie, sachliche Differenzierungen und Abgrenzungsprobleme

1. Die Unterscheidung zwischen generellen Planungszielen und konkreten Planungsleitlinien

Das BVerwG hat in seinem Urteil vom 14. 2. 1975 das der fernstraßenrechtlichen Planung gesetzgeberisch vorgestellte generelle Planungsziel von den der Zielverwirklichung dienenden konkreten Planungsleitlinien unterschieden[258]. Der Kontext, in dem diese Unterscheidung erfolgt, ist die Feststellung des Gerichts, daß die konkreten Planungsleitlinien sich aus den die fernstraßenrechtlichen Planungsziele zum Ausdruck bringenden Vorschriften sowie aus weiteren Vorschriften des FStrG ableiten lassen[259] und deshalb das Fehlen einer dem § 1 Abs. 4 Satz 1 und 3 sowie Abs. 5 BBauG[260] vergleichbaren Zusammenfassung der auf die fernstraßenrechtliche Zielsetzung ausgerichteten planerischen Leitsätze lediglich von gesetzestechnischer Bedeutung ist.

Die vom BVerwG vorgestellte Unterscheidung steht in einem gewissen Zusammenhang mit der in seiner Rechtsprechung gelegentlich anzutreffenden Bezeichnung „abstrakte Planungsleitsätze“[261] und der Differenzierung zwischen „Hauptleitsätzen“ und „weiteren Leitsätzen“[262]. Während die erstgenannte Bezeichnung auf die Abstraktheit und somit Konkretisierungsbedürftigkeit der so charakterisierten Vorschrift bezogen sein dürfte, ist die zuletzt angeführte Differenzierung auf die Systematik des BBauG zurückzuführen[263] und drückt das Verhältnis zwischen allgemein und abstrakt formulierten Zielen und konkreten, die allgemeinen gesetzlichen Ziele entweder ergänzenden oder aber erläuternden, also konkretisierenden – deren Gehalt jedoch nicht notwendigerweise erschöpfenden – Zielsetzungen aus.

Ihre Bedeutung für die Dogmatik des Planfeststellungsrechts erlangt jedoch die Unterscheidung zwischen generellen Planungszielen und konkreten Pla-

---

258 4 C 21.74 – E 48, 56 [62].

259 BVerwGE 48, 56 [61f.]. Das Gericht nennt hier die Vorschriften des § 1 Abs. 1, des § 3 Abs. 1 und des § 4 FStrG, die auch im Rahmen der Planrechtfertigung herangezogen wurden und weiter die Vorschriften der §§ 5 Abs. 4 Satz 1, 10, 11, 12 und 15 FStrG.

260 Nunmehr § 1 Abs. 5 Satz 1, 2, 3 und 4 BauGB.

261 Vgl. U. v. 30. 9. 1983 – 4 C 74.78 – E 68, 58, wo der § 50 BImSchG als „abstrakter Planungsleitsatz“ charakterisiert wird.

262 Vgl. U. v. 12. 12. 1969 – 4 C 105.66 – E 34, 301 [307] zur Bauleitplanung nach dem BBauG.

263 Normierung des übergeordneten allgemeinen Leitbegriffs der geordneten städtebaulichen Entwicklung, Aufstellung allgemeiner Planungsziele, beispielhafte Aufzählung der konkreten Planungsleitlinien, vgl. dazu – bezogen auf das BauGB – etwa Krautzberger, in: B/K/L, BauGB, § 1 Rdnrn. 55ff., 58ff.

nungsleitlinien aus der ihr zugrundeliegenden Unterscheidung zwischen grundlegender Rechtfertigung des Vorhabens und dessen weiterer Formung[264]. Sie ist insofern mit denselben Mängeln behaftet, mit denen das Konzept des BVerwG zur Planrechtfertigung belastet ist. Die Literatur bemerkt zutreffend, daß die Planungsleitsätze „zwar theoretisch vom Aspekt der Erforderlichkeit zu unterscheiden sind, praktisch aber die ... Gesichtspunkte zur Rechtfertigung des Planes liefern und deshalb von diesen nicht immer streng getrennt werden“[265]. Vor dem Hintergrund der schon gezeigten Überlagerung des Erforderlichkeitsgebots durch das Abwägungsgebot[266] sowie der unten noch im spezifischen Zusammenhang der Schrankensystematik des BVerwG ausführlicher darzustellenden Berücksichtigung der Planungsleitsätze erst im Rahmen der Abwägung[267] ist erklärlich, daß ein und dieselbe Vorschrift des Gesetzes sowohl zur Rechtfertigung herangezogen werden als auch als konkrete Planungsleitlinie in Betracht kommen kann, und insofern eine mehrfache Funktionalität besitzen kann, wenn das Gericht seine Kontrolle in gröberen und feineren Rastern aufteilen will. Daß dadurch der Umfang der dem Gericht zustehenden Kontrollbefugnisse weder erweitert noch geschmälert wird, liegt auf der Hand.

2. Die Differenzierung nach dem gesetzessystematischen Standort in interne und externe Planungsleitsätze als Verstärkung des Eigengewichts der auf die Funktion und technische Ausgestaltung des Vorhabens bezogenen Leitsätze

Die Differenzierung der konkreten Planungsleitsätze in interne und externe Planungsleitsätze wurde am Beispiel des nur ressortspezifische Belange regelnden FStrG[268] im Urteil des BVerwG vom 14. 2. 1975[269] entwickelt. Nach diesem Urteil stünden sich in der Ebene der Planungsleitsätze straßenrechtliche Ausbauziele und Immissionsschutz nicht konkurrierend gegenüber. Der Immissionsschutz mache zwar für die fernstraßenrechtliche Planung einen

---

264 Vgl. Kodal / Krämer, Straßenrecht, Kap. 34, Rdnr. 28.1 (S. 916); Steinberg, NVwZ 1986, 812; ders., Nachbarrecht, III Rdnrn. 137f.; Ibler, Schranken, S. 186.

265 So Lorenz, VBlBW 1984, 329 [340]; im Anschluß daran Steinberg, NVwZ 1986, 812; ders., Nachbarrecht, III Rdnr. 137; ähnlich Kodal / Krämer, Straßenrecht, Kap. 34, Rdnr. 28.2 (S. 916): „Die Ausrichtung einer Maßnahme an den ... in Betracht kommenden Leitsätzen ... bedeutet zugleich einen Beitrag zur Rechtfertigung dieser Maßnahme im Hinblick auf die mit ihr verbundenen Eingriffe in individuelle Rechte“; als Beispiele aus der Rspr. vgl. etwa BVerwG, U. v. 10. 2. 1978 – 4 C 25.75 – E 55, 220 [227]; VGH BW, U. v. 23. 4. 1981 – 5 S 2342/80 – ESVGH 31, 196 [197], wo die „allgemein anerkannten Regeln des Straßenbaus“ zur Rechtfertigung herangezogen werden.

266 S. oben, 3. Kap. A II 3 b (1).

267 S. unten, 3. Kap. B II 2.

268 Vgl. aber nunmehr § 3 Abs. 1 Satz 2 Halbs. 2 FStrG: „...; dabei sind die sonstigen öffentlichen Belange einschließlich des Umweltschutzes zu berücksichtigen.“

269 4 C 21.74 – E 48, 56 [62f.].

gewichtigen abwägungserheblichen Belang aus, er bestimme aber nicht als planerischer Leitsatz das eigentliche Ziel der fernstraßenrechtlichen Planung, die als Fachplanung ganz ebenso wie etwa diejenige des Luftverkehrsgesetzes oder des Wasserhaushaltsgesetzes auf die – möglichst optimale – Erfüllung der spezifischen Aufgaben gerade ihres Fachplanungsbereichs ausgerichtet sei.

Dieser Differenzierung liegen gesetzessystematische Gesichtspunkte zugrunde, die im Zusammenhang mit einem verengten Verständnis der Aufgabe der Planfeststellungsbehörde stehen dürften. Durch sie hat das BVerwG den fachspezifischen Interessen zwar keinen absoluten Vorrang einräumen wollen; es hat ihnen aber eine gewisse Prioritätsstellung gegenüber den nicht auf die Funktion und technische Ausgestaltung des Vorhabens bezogenen Belangen zuerkannt, die ihren Ausdruck in der Prüfung ihrer Einhaltung auf einer besonderen Stufe findet[270].

Einen Schritt weiter als das BVerwG in bezug auf die Rechtswirkungen der (internen) Planungsleitsätze ist der BayVGH in seinem Urteil vom 30. 3. 1982[271] gegangen. In dieser Entscheidung wird aus der Zweckbestim-

---

[270] Vgl. zum Verständnis des Urteils Papier, NJW 1977, 1714 [1717]; Breuer, NuR 1980, 89 [93]; Schlarmann, in: Azizi / Griller (Hrsg.), Rechtsstaat und Planung, S. 1 [19]; Hoppe / Schlarmann, Rechtsschutz, Rdnr. 178 b; Badura, FG Gesellschaft für Rechtspolitik, S. 27 [30]; Gassner, DVBl. 1984, 703 [706]; Kügel, Der Planfeststellungsbeschluß, S. 140f.; Steinberg, NVwZ 1986, 812 [814]; ders., Nachbarrecht, III Rdnr. 144.

Die Deutung im Sinne eines absoluten Vorrangs wurde auch vom BVerwG selbst im Urteil vom 22. 3. 1985 – 4 C 73.82 – E 71, 163 [165], in dem die Differenzierung in zwingende Planungsleitsätze und bei der Abwägung zu beachtende Optimierungsgebote eingeführt wurde, ausdrücklich abgelehnt: „Soweit ... [die bisherige Rspr. des Gerichts] dahin (miß-)verstanden worden ist, daß alle gesetzlichen Zielvorgaben als „Planungsleitsätze" gleichsam vorweg, also außerhalb des Abwägungsgebotes zu beachten und daher keiner Relativierung durch andere öffentliche Belange zugänglich sind, wird das hiermit richtiggestellt."

Die Unterscheidung zwischen internen und externen Planungsleitsätzen kann demnach nur im Sinne eines Verhältnisses zwischen Anwendung von primären Zielen außerhalb der Abwägung und Beachtung sonstiger Ziele (Rahmenbedingungen) im Rahmen der Abwägung verstanden werden, wobei die Abwägung im Einzelfall durchaus Rückkoppelungseffekte zeitigen und die Durchsetzung der primären Ziele relativieren kann.

(Die in der Literatur anzutreffende Annahme (vgl. dazu Ibler, Schranken, S. 182; wohl auch Peine, DÖV 1988, 937 [942]), das U. v. 14. 2. 1975 sei im Sinne einer erst auf der Stufe der Abwägung zu beachtenden relativen Vorrangrelation zwischen ressortspezifischen und anderen Belangen zu verstehen, sieht sich der Konstruktion der Schranke der Planungsleitsätze als (relativ) selbständige Stufe gegenüber; und die weitere Annahme (vgl. Ibler, Schranken, S. 182 und 185), die „Richtigstellung" im U. v. 22. 3. 1985 – 4 C 73.82 – E 71, 163 [165] besage gerade, daß nach dem Verständnis des BVerwG auch nach dem U. v. 14. 2. 1975 nur die „zwingenden" Planungsleitsätze außerhalb der Abwägung zu beachten seien, paßt nicht zu der vom BVerwG in diesem Urteil vorgenommenen Zuordnung zur Schranke der Planungsleitsätze von Vorschriften, die gerade nicht „zwingend" sind).

[271] 8 B 80 A.10 u.a. – BayVBl. 1982, 597; s. dazu die Bemerkungen von Broß, VerwArch. 1984, 425 [428f.].

mung des § 1 Abs. 1 Satz 1 FStrG der Planungsleitsatz abgeleitet, daß eine neu zu bauende Bundesfernstraße einen möglichst weitgehend störungsfreien Verkehr gewährleisten muß. Die Führung des zur Kontrolle anstehenden planfestgestellten Vorhabens durch den Sicherheitsbereich eines Steinbruchs verstoße nach Ansicht des Gerichts gegen diesen Planungsleitsatz; denn wegen der Sprengarbeiten würden regelmäßig Straßensperrungen erforderlich werden, während deren der Verkehr völlig zum Erliegen kommen würde.

Die Annahme der Rechtswidrigkeit des Planfeststellungsbeschlusses mit dieser Begründung wird im Urteil mit Ausführungen zur Zuordnung von Planungsleitsätzen und Abwägung untermauert[272]. Nach dem BayVGH sei die Frage der Sperrung der Straße bei Sprengarbeiten im Steinbruch im Rahmen der gesetzlichen (und sonstigen) Planungsleitsätze zu prüfen und nicht im Rahmen der Abwägung. Verstoße eine Trasse gegen solche Planungsleitsätze, führe das zu ihrem Scheitern; sie könne nicht durch eine Abwägung gleichsam „gerettet" werden. Dabei sei in Kauf zu nehmen, daß dies möglicherweise für den einen oder anderen Beteiligten zur Folge haben könne, daß die Planfeststellungsbehörde unter Wahrung der Planungsleitsätze stärker in seine individuellen Rechtspositionen eingreifen müsse als das bei einer Abwägung der Fall gewesen wäre. Mit diesen Ausführungen hat der BayVGH jegliche Möglichkeit einer Relativierung des herangezogenen Planungsleitsatzes strikt abgelehnt.

Die Revision gegen dieses Urteil gab dem BVerwG Gelegenheit, im Urteil vom 22. 3. 1985[273] nicht nur der Auffassung des BayVGH zum internen Planungsleitsatz „Gewährleistung eines möglichst weitgehend störungsfreien Verkehrs beim Neubau einer Bundesstraße" entgegenzutreten, sondern auch eine neue Differenzierung der Planungsleitsätze in zwingende Leitsätze und Optimierungsgebote vorzunehmen, die die Unterscheidung zwischen internen und externen Planungsleitsätzen umstößt.

3. Die Differenzierung nach den Rechtswirkungen: zwingende Planungsleitsätze und Optimierungsgebote

Während im Urteil vom 14. 2. 1975 sich die Problematik der Schranke der Planungsleitsätze auch im Bereich solcher Regelungen stellt, die von der Literatur als die Planung steuernde Direktiven verstanden werden, wird sie mit der Differenzierung zwischen zwingenden Planungsleitsätzen und Optimierungsgeboten auf die Normen beschränkt, die einer Relativierung durch die Abwägung schlechthin unzugänglich sind.

---

272 BayVGH, BayVBl. 1982, 597 [599].

273 4 C 73.82 – E 71, 163.

Ausgangspunkt der Überlegungen des BVerwG ist der Gedanke, daß der Planfeststellungsbeschluß nicht nur daran zu messen ist, ob die rechtlichen Schranken des Abwägungsgebotes beachtet worden sind, sondern auch daran, ob anderweitige rechtliche Bindungen bestehen. Das Gericht unterscheidet nunmehr nur zwischen Bindungen, die neben dem Abwägungsgebot selbständig zur Anwendung kommen und solchen, die bei der Abwägung des Für und Wider in der konkreten Problembewältigung zu beachten sind. Entscheidend für die Qualifikation ist nach dem Senat der „Geltungsanspruch" der jeweiligen Vorschrift selbst, der nicht nach den weitgehenden Theorien der materiellen Konzentrationswirkung der Planfeststellung bemessen werden darf; diese Theorien werden unter Berufung auf schon vorhandene Rechtsprechung[274] und in Bestätigung dieser zurückgewiesen.

Die erste der angeführten Kategorien materiell-rechtlicher Bindungen bilden zwingende Vorschriften, die ihrem Inhalt nach durch Abwägung nicht überwunden werden können und die dem Planer keinen Gestaltungsspielraum einräumen. Als Beispiele werden genannt der § 1 Abs. 3 Satz 1 FStrG, der zwingend vorschreibt, daß Bundesautobahnen keine höhengleichen Kreuzungen haben dürfen, sowie rechtliche Regelungen, die die Realisierung eines Vorhabens in einem bestimmten Gebiet schlechterdings verbieten[275].

Da nur solche Vorschriften vorweg, also außerhalb des Abwägungsgebots zu beachten sind, wird vom BVerwG vorgeschlagen, den Begriff „Planungsleitsatz" im Fachplanungsrecht ausschließlich für diese zu verwenden; was darauf hindeutet, daß das Gericht hier den Gehalt einer selbständigen Planungsschranke „Planungsleitsätze" sachlicher einschätzt, als dies seine allgemeinen Ausführungen zur Schrankensystematik früher getan haben.

Die zweite Kategorie materiell-rechtlicher Bindungen bilden nach dem Senat Regelungen, die ihrem Inhalt nach nicht mehr als eine Zielvorgabe für den Planer enthalten und erkennen lassen, daß diese Zielsetzungen bei öffentlichen Planungen im Konflikt mit anderen Zielen zumindest teilweise zurücktreten können. Typisch für solche Regelungen sind nach dem BVerwG die Optimierungsgebote, die zwar eine möglichst weitgehende Beachtung bestimmter Belange fordern, jedoch unter dem Vorbehalt der Abwägung mit anderen Belangen stehen. Zu den Optimierungsgeboten zählt das Gericht die Vorschriften des § 1 BNatSchG und des § 50 BImSchG sowie den vom BayVGH aus § 1 Abs. 1 Satz 1 FStrG abgeleiteten Leitsatz, daß „beim Neubau einer Bundesstraße ein möglichst weitgehend störungsfreier Verkehr zu gewährleisten ist". Mit dieser Aufzählung macht das Gericht vollends deut-

---

[274] Das BVerwG bezieht sich auf sein Urteil vom 9. 11. 1984 – 7 C 15.83 – E 70, 242.

[275] Wahrscheinlich schwebt hier dem Senat das Beispiel gebietsbezogener naturschutzrechtlicher Verbote vor. Das ist ein Zeichen, daß auch externe Planungsleitsätze der Stufe der Planungsleitsätze zugeordnet werden können, wenn sie die vom Gericht genannten Voraussetzungen erfüllen.

lich, daß es an der Unterscheidung zwischen internen und externen Planungsleitsätzen nicht mehr festhalten will[276].

Die Bedeutung der Optimierungsgebote im Rahmen der Abwägung wird vom Senat darin gesehen, daß sie den in ihnen enthaltenen Zielvorgaben ein besonderes Gewicht zumessen und insoweit die planerische Gestaltungsfreiheit einschränken; was nicht ausschließt, daß sie durch die Berücksichtigung anderer Belange in einem gewißen Maße relativiert werden können.

II. Die Bedeutung der Planungsleitsätze und der Schranke der Planungsleitsätze für die gerichtliche Kontrolle des Planfeststellungsbeschlusses

Die Eigenständigkeit einer Planungsschranke „Planungsleitsätze" ist davon abhängig, ob und inwieweit den materiell-rechtlichen Bindungen der Planfeststellung außerhalb der Abwägung (noch) eine selbständige Bedeutung zukommt. Das läßt sich – entgegen manchem Ansatz aus der ebenfalls den Einsatzbereich der planerischen Abwägung betreffenden Diskussion um die materiell-rechtliche Konzentrationswirkung der Planfeststellung – nur differenziert und anhand des dem bei der Planfeststellung einschlägigen materiellen Recht innewohnenden Gehalts beurteilen. Nach der hier vertretenen Auffassung entspricht dem Gehalt der materiell-rechtlichen Bindungen zum großen Teil allein ihre Einlösung durch die konkurrenzlösende und konkretisierende Abwägung.

Soweit also an dem Bestand einer Schranke „Planungsleitsätze" als selbständiger Stufe gerichtlicher Kontrolle des Planfeststellungsbeschlusses festgehalten werden soll, kann dieser Schranke nur eine eingeschränkte Tragweite zugesprochen werden. Die Planungsleitsätze können dort nicht untergebracht werden, sondern sind nur im Rahmen der Schranke „Abwägungsgebot" und nach den dafür geltenden Grundsätzen gerichtlicher Kontrolle nachprüfbar.

1. Zur Problematik des Gehalts und der Wirkung des bei der Planfeststellung zu beachtenden materiellen Rechts als Frage der materiell-rechtlichen Konzentrationswirkung der Planfeststellung

Als materiell-inhaltliche gesetzliche Vorgabe für den Planfeststellungsbeschluß sind nicht nur die Regelungen des jeweiligen Fachplanungsgesetzes in Erwägung zu ziehen, sondern auch das materielle Recht, das den durch die Planfeststellung verfahrensmäßig ersetzten Einzelgenehmigungen[277] zugrunde liegt. In bezug auf dieses sog. sekundäre Recht stellt sich die Frage nach Art und Umfang seiner Beachtung, mit der die Frage nach dem Einsatzbereich der

---

[276] Vgl. dazu nur Ibler, Schranken, S. 185; Kühling, Fachplanungsrecht, Rdnr. 233.

mit Gestaltungsfreiheit verbundenen planerischen Abwägung korrespondiert. Um die Lösung dieses Problems ringen auf dem Boden unterschiedlicher Grundauffassungen über die rechtliche Behandlung der Planfeststellung die formellen und die materiellen Planfeststellungstheorien.

Die materiellen Theorien argumentieren im wesentlichen dahingehend, daß die Planfeststellung dem Ausgleich der einander widerstreitenden Interessen dient, ein Interessenausgleich aber nur dann erreichbar ist, wenn die Planfeststellungsbehörde von den Fesseln der Fachgesetze befreit wird. Die Bindung der Planfeststellungsbehörde an das sekundäre materielle Recht wird als mit der jeder Planung immanenten planerischen Gestaltungsfreiheit unvereinbar angesehen.

Aus diesem Grund hält die Theorie der uneingeschränkten materiell-rechtlichen Konzentrationswirkung der Planfeststellung[278] auch einen reduzierten Geltungsanspruch des Rechts der Einzelgesetze für untragbar und will die Planfeststellungsbehörde von der Bindung an dieses Recht völlig freistellen. Demgegenüber bleiben nach der Theorie der eingeschränkten materiell-rechtlichen Konzentrationswirkung[279] die materiell-rechtlichen Normen des sekundären Rechts in ihrer rechtlichen Existenz und Wirksamkeit bestehen; sie sind aber lediglich bei der sachgerechten planerischen Abwägung zu berücksichtigen und fließen auf diese Weise in die planerische Gesamtentscheidung ein. Die modifizierte Theorie der eingeschränkten materiell-rechtlichen Konzentrationswirkung[280] hebt sich von den anderen materiellen Planfeststellungs-

---

277 Aufgrund der formellen Konzentrationswirkung der Plf, deren Reichweite nicht von der Theorie der Zuständigkeits-, sondern am zutreffendsten von der (herrschenden) Theorie der Verfahrenskonzentration erfaßt wird. Vgl. für die Theorie der Zuständigkeitskonzentration etwa Lang, BayVBl. 1981, 679 [681]; Sieder / Zeitler, BayStrWG, Komm., 2. Aufl., Art. 36, Rdnr. 12 (anders jedoch die 3. Aufl., Art. 38, Rdnr. 196); in modifizierter Form Kopp, VwVfG, § 74, Rdnr. 12; für die Theorie der Verfahrenskonzentration aus der jüngeren Literatur Jarass, Konkurrenz, S. 53, 56ff.; Kügel, Der Planfeststellungsbeschluß, S. 45ff.; Laubinger, VerwArch. 1986, 77ff. [88f.]; Kühling, Fachplanungsrecht, Rdnr. 331; Steinberg, Nachbarrecht, III Rdnr. 97; Ibler, Schranken, S. 57ff. [62f.], jeweils m.w.N. aus der Kommentar- und älteren Literatur.

Die Rspr. des BVerwG steht ihrerseits der Theorie der Verfahrenskonzentration nicht entgegen; insb. dürfen die früheren fernmelderechtlichen Urteile v. 29. 6. 1967 – 4 C 36.66 – E 27, 253 und v. 30. 6. 1967 – 4 C 37.66 – VerwRspr. 19, Nr. 36, 150, nicht als Unterstützung der Theorie der Zuständigkeitskonzentration gewertet werden, da sie sich nur mit dem Sonderfall eines PlfVf nach dem TWG beschäftigen, das keine eigenen Verfahrensvorschriften enthält; vgl. Kügel, Der Planfeststellungsbeschluß, S. 59; Ronellenfitsch, VerwArch. 1989, 92 [95, Fn. 13].

278 Vgl. Manner, Grundlagen, S. 47ff.; auf das Spezialitätsverhältnis der Vorschriften des Fachplanungsgesetzes zum materiellen Recht der eingeschmolzenen Genehmigungstatbestände abstellend Hiddemann, Die Planfeststellung, S. 60ff.

279 Vgl. – mit unterschiedlichen Nuancierungen im einzelnen – Fickert, in: Bartlsperger / Blümel / Schroeter (Hrsg.), Ein Vierteljahrhundert Straßenrechtsgesetzgebung, S. 385 [399]; Meyer / Borgs, VwVfG, § 74, Rdnr. 13, § 75, Rdnr. 2.

theorien dadurch ab, daß sie eine pauschale, auf das gesamte sekundäre Recht erstreckbare Lösung ablehnt. Sie unterscheidet zwischen einer Schicht, wo die materiell-rechtlichen Normen im Rahmen der Abwägung zu beachten sind und einer anderen, wo diese Normen zwingend zur Anwendung kommen und die planerische Gestaltungsfreiheit ausschließen. Im Ergebnis stellt sie eine vermittelnde Lösung zwischen den materiellen und den formellen Planfeststellungstheorien dar.

Letztere[281] halten den materiellen Theorien vor, ihre Begründungsversuche stellten die Dinge auf den Kopf[282]. Planerische Gestaltungsfreiheit besitze die Verwaltung nur, soweit der Gesetzgeber sie ihr eingeräumt habe. Dort wo der Gesetzgeber bereits entschieden habe – und das sei durch die Festlegung bestimmter materieller Anforderungen in den Fachgesetzen geschehen – bleibe für eine Freiheit der Verwaltung kein Raum. Die die Konzentrationswirkung anordnenden Vorschriften ermächtigten die Planfeststellungsbehörde nicht dazu, den Träger des Vorhabens von der Beachtung des sekundären materiellen Rechts zu dispensieren. Ihre Interpretation als Dispensationsermächtigung werde durch Sinn und Zweck der Planfeststellung nicht gefordert; denn eine sachgerechte Planung sei auch dann möglich, wenn die Planfeststellungsbehörde an das sekundäre materielle Recht gebunden sei. Gegen eine solche Interpretation sprächen nicht nur der Wortlaut und der Standort dieser Vorschriften, sondern auch das rechtsstaatliche Postulat, Regelungen seien so zu fassen, daß sie den Grundsätzen der Normklarheit und Justitiabilität entsprächen. Das materielle Recht der lediglich verfahrensmäßig ersetzten Einzelentscheidungen sei also kumulativ zum materiellen Recht des Fachplanungsgesetzes mit Bindungswirkung zu beachten. Das materielle Recht der Planfeststellung könne die entgegenstehenden sachlich-rechtlichen Vorschriften der Einzelgesetze nicht im Wege der Abwägung zwischen kollidierenden Sachregelungen überwinden. Die Entscheidung von Konflikten sei auf die herkömmlichen Kollisionsregeln und methodischen Instrumente angewiesen[283].

---

280 Vgl. Obermayer, VwVfG, § 75, Rdnrn. 22ff.; Kügel, Der Planfeststellungsbeschluß, S. 67ff.; Steinberg, Nachbarrecht, III Rdnrn. 189ff.

281 Vertreter einer nur formellen Theorie sind insbesondere Breuer, Die Planung, S. 93f.; Jarass, Konkurrenz, S. 54ff.; Laubinger, VerwArch. 1986, 77 [89ff.]; Kopp, VwVfG, § 74, Rdnrn. 7, 18ff.; Gaentzsch, NJW 1986, 2787 [2789]. Kodal / Krämer, Straßenrecht, Kap. 34, Rdnr. 19.4 (S. 892), sprechen von einer Bindung auch an das sekundäre materielle Recht, die durch das Abwägungsgebot eingelöst wird. Anders als Laubinger, VerwArch. 1986, 77 [81, Fn. 22] es sieht, sind sie nicht den formellen, sondern eher den materiellen Konzentrationstheorien zuzurechnen; denn die Einlösung der Bindung des sekundären materiellen Rechts durch das Abwägungsgebot ist kaum etwas anderes als die Berücksichtigung dessen als abwägungserheblicher Belang im Rahmen der planerischen Abwägung, wie sie von der Theorie der eingeschränkten materiellen Konzentration durchgehend und von ihrer modifizierten Form teilweise befürwortet wird.

282 So Laubinger, VerwArch. 1986, 77 [89].

Weder die formellen noch die materiellen Planfeststellungstheorien können jedoch zum größten Teil den Gehalt der Bindung des bei der Planfeststellung einschlägigen Rechts angemessen erfassen; und zwar schon deshalb, weil sie eine das ganze in Frage kommende materielle Recht einschließende pauschale Lösung anstreben. Dagegen liegt der modifizierten Theorie der eingeschränkten materiell-rechtlichen Konzentrationswirkung der zutreffende Ansatz insofern zugrunde, als sie – auf den jeweiligen sachlichen Gehalt abstellend – Differenzierungen der Konkurrenzverhältnisse vornimmt[284].

Die sich im Lichte einer den Strukturen fachplanerischer Rechtskonkretisierung angemessenen Betrachtungsweise[285] aufdrängenden Differenzierungen zeichnen folgendes Bild der Konzentrationswirkungsproblematik auf:

Soweit sich die einschlägigen Rechtsnormen auf die Materie der unmittelbaren sachlichen und räumlichen Realisierung von Infrastrukturinteressen beziehen, also die Fragen des Ob, des Standortes, der Dimensionierung und der sonstigen Ausgestaltung des Vorhabens (als Problem dessen Einfügung in die Umgebung) betreffen, wird die Frage ihrer Bindungswirkung durch die kon-

---

283 In Betracht kommen: die Regeln lex superior derogat legi inferiori, lex specialis derogat legi generali, lex posterior derogat legi priori (vgl. hierzu Laubinger, VerwArch. 1986, 77 [91]); die von Kopp (VwVfG, § 74, Rdnr. 20) und Ibler (Schranken, S. 61) angebotene Auslegung der einschlägigen materiell-rechtlichen Vorschriften, die wohl die Tatbestandsabgrenzung durch Einfügung in die eine Norm einer den Konflikt beseitigenden Ausnahmeklausel im Auge hat; die von Jarass (Konkurrenz, S. 56 u. 101) angeführte wechselseitige restriktive Interpretation, durch die verschiedene in einem echten Gegensatz stehende Vorschriften i.S. optimaler Konkordanz auszugleichen seien; ggf. die Lückenausfüllung.

284 Vgl. insb. Kügel, Der Planfeststellungsbeschluß, S. 67ff. [71f.], der zwischen planungstypischen und planungsneutralen „Normen“ unterscheidet; Steinberg, Nachbarrecht, III Rdnr. 193; Ronellenfitsch, VerwArch. 1989, 92 [95f. m. Fn. 13]. Differenzierungen dürfte auch die Rspr. des BVerwG anstreben, die regelmäßig von einer Bindung und von planerischer Abwägung ausgeht, dies aber wiederum nicht bei allen Normen akzeptiert, sondern vom Gehalt der jeweiligen Regelung abhängig macht; vgl. BVerwG, U. v. 29. 6. 1967 – 4 C 36.66 – E 27, 253 [256]; U. v. 28. 6. 1968 – 4 C 11.69 – DÖV 1969, 206 [207]; U. v. 14. 2. 1969 – 4 C 215.69 – E 31, 263 [271]; U. v. 10. 2. 1978 – 4 C 25.75 – E 55, 220 [230]; B. v. 23. 3. 1984 – 4 B 43.84 – NVwZ 1984, 723; U. v. 9. 11. 1984 – 7 C 15.83 – E 70, 242f.; U. v. 22. 3. 1985 – 4 C 73.82 – E 71, 163 [164]; U. v. 4. 5. 1988 – 4 C 22.87 – E 79, 318 [321] und dazu (dem Ansatz des BVerwG folgend) Busch, in: Knack, VwVfG, § 75, Rdnr. 3.1.2; Bonk, in: Stelkens / Bonk / Leonhardt, VwVfG, § 75, Rdnrn. 11f. Deshalb kann Battis, Die Verwaltung 1988, 23 [34] und Laubinger, VerwArch. 1986, 77 [82], die bei der Judikatur einen geradlinigen Verlauf vermissen, nicht zugestimmt werden (-dies freilich unabhängig davon, daß Kritik an einzelnen Entscheidungen und Begründungen angebracht sein mag). Laubinger, VerwArch. 1986, 77 [87], kann auch insoweit nicht beigepflichtet werden, als er aus den Urteilen des 7. Senats vom 9. 11. 1984 und des 4. Senats vom 22. 3. 1985 ein Bekenntnis zu den formellen Planfeststellungstheorien herauslesen will; denn diese Urteile lassen nicht den Schluß zu, das BVerwG wolle nunmehr auf Differenzierungen verzichten; wie hier schon Battis, Die Verwaltung 1988, 23 [34]; Ronellenfitsch, VerwArch. 1989, 92 [95f. m. Fn. 13].

285 S. oben, 2. Kap.

kurrenzlösende und konkretisierende planerische Abwägung entschieden und ihre Anforderungen dadurch eingelöst; hier handelt es sich also um die vom Gesetzgeber präsentierten Belange, die in die abwägende Gesamtentscheidung miteinfließen sollen und die der Konkretisierung durch die Verwaltung (: und im Rahmen der dieser zukommenden planerischen Gestaltungsfreiheit) bedürfen. Diese Erfassung des Gehalts der hier angesprochenen Rechtsschicht folgt aus der Gesamtbetrachtung der Wechselbeziehungen zwischen der ordnenden Norm, dem dieser zugrundeliegenden Sachsubstrat und dem im gewaltenteiligen sozialen Rechtsstaat wurzelnden umfassenden Verantwortungszusammenhang. Sie gilt ferner nicht nur soweit offene (fach)planungsrechtliche Normen die in Rede stehenden Sachfragen mitregieren[286], sondern auch wenn in anderen Zusammenhängen als geschlossen behandelte Vorschriften des sekundären Rechts in einer in der Materie der räumlichen Einfügung eines durch Infrastrukturinteressen getragenen Vorhabens angelegten Konfliktlage mit den offenen Zielbestimmungen des Fachplanungsgesetzes und anderen Belangen konkurrieren[287]. In bezug auf diesen letzteren Problemausschnitt besteht Anlaß zu betonen, daß die dargestellte Erfassung der Problematik nicht im Zeichen der üblicherweise gestellten Frage steht, ob die voll nachprüfbare Bindung an die geschlossene Vorschrift des sekundären Rechts oder die mit der planerischen Abwägung einhergehende planerische Gestaltungsfreiheit (als „Bindungslosigkeit") rechtlich geboten ist; sie nimmt ihre konkrete Gestalt vielmehr vor dem Hintergrund der Erkenntnis an, daß die Konstruktion solch einer „strikten Bindung" der Norm des sekundären Rechts nicht von der Pflicht befreien kann, *allen* auf dem Spiel stehenden (und von der Rechtsordnung ebenfalls geschützten) Belangen in concreto zu ihrem Recht zu verhelfen. Die Entscheidung nach dem jeweiligen Sinngehalt der Regelung des sekundären Rechts ist keine selbstgefällige, den Rechts- und Sachkontext ignorierende Vorgegebenheit, sondern in das Verfahren der

---

286 Was sie angeht, dürften wenig Zweifel daran bestehen, daß sie – um einen auf Prinzipien bezogenen Ausdruck von Canaris (Systemdenken und Systembegriff in der Jurisprudenz, S. 55) zu verwenden – „ihren eigentlichen Sinngehalt erst in einem Zusammenspiel wechselseitiger Ergänzung und Beschränkung" enthalten. Vgl. auch die ebenfalls Prinzipien betreffenden Gedanken von Alexy, Grundrechte, S. 75f.

287 Als Beispiel kann etwa der Fall angeführt werden, wo die Bestimmungen des BayDSchG der von verschiedenen privaten, fachspezifischen und Umweltschutzbelangen getragenen Realisierung einer Anlage an einem bestimmten Standort widersprechen. Nach konventionellem Verständnis des Art. 6 Abs. 2 DSchG kann die erforderliche Erlaubnis schon dann versagt werden, wenn nur gewichtige Gründe des Denkmalschutzes dafür sprechen, also auch wenn die entgegenstehenden Gründe erheblich überwiegen, vgl. Eberl / Martin / Petzet, BayDSChG, Kommentar, Art. 6, Rdnr. 50. Das würde mindestens in planerischen Konfliktlagen auf eine Mißachtung aller anderen rechtlich geschützten Belange hinauslaufen; durch die hier vertretene Auffassung wird dem gesteuert, nicht etwa der Denkmalschutz einem „planerischen Gutdünken" preisgegeben. Im Ergebnis wie hier BVerwG, B. v. 23. 3. 1984 – 4 B 43.84 – NVwZ 1984, 723.

angemessenen Berücksichtigung aller sich aufdrängenden, mit- oder widerstreitenden Interessen eingebettet[288].

Für die materiell-rechtliche Konzentrationswirkung in bezug auf die hier in Rede stehende Schicht folgt, daß sie keine die anderweitig zu bestimmende Bindungswirkung des materiellen Rechts modifizierende Wirkung der Planfeststellung ist, sondern die Umschreibung des dem einschlägigen materiellen Recht auf dem Boden der durch die Aufgabenstellung der Fachplanungsgesetze eingekreisten Materie innewohnenden Gehalts[289]; in diesem Sinne sind das „Einschmelzen" der einzelnen Genehmigungstatbestände, die gegenseitig bestehenden „Dispensationsermächtigungen" oder die wechselseitigen Relativierungen in dem materiellen Recht selbst angelegt[290, 291].

Dieses Verhältnis zwischen Belange präsentierendem Gesetzgeber und Belange konkretisierender Verwaltung, wozu auch eine eingeschränkte Kon-

---

288 Deshalb kann den Regelungen des sekundären Rechts – entgegen den nur formellen Theorien – keine „eindeutige" Entscheidung über die Behandlung eines Belangs entnommen werden.

289 Wird das Problem so betrachtet, kann man zugunsten der formellen Planfeststellungstheorien den (an sich durchaus anzuerkennenden!) Umstand nicht anführen, daß Sinn und Zweck der Plf nicht in der Verdrängung des sekundären materiellen Rechts (so etwa Laubinger, VerwArch. 1986, 77 [90]), ja nicht einmal in einer relativen sachlichen Privilegierung des Vorhabens zu sehen sind, und daß das Institut der Plf mit seiner Konzentrationsregel gerade darauf aufbaut, daß eine Vielzahl von Vorschriften zu beachten ist (so etwa Jarass, Konkurrenz, S. 55). Und nach der hier vertretenen Auffassung besteht die planerische Gestaltungsfreiheit im Rahmen der Gesetze und nicht die Gesetze nach Maßgabe der planerischen Gestaltungsfreiheit, was von Jarass (Konkurrenz, S. 55f.) und Laubinger (VerwArch. 1986, 77 [89]) den materiellen Planfeststellungstheorien vorgeworfen wird.

290 Das bedeutet, daß den Vorschriften des sekundären Rechts, die dessen Anwendung bei der Plf ausdrücklich ausschließen, in bezug auf die hier angesprochene Schicht nur deklaratorische, klarstellende Bedeutung zukommt; anders allerdings für den § 38 BauGB BVerwG, U. v. 9. 11. 1984 – 7 C 15.83 – E 70, 242 [243]; zur Problematik Uechtritz, NVwZ 1988, 316 [317]; Erbguth, NVwZ 1989, 608 [612], jeweils m.w.N.

291 Diese Überlegungen haben freilich Bestand unabhängig davon, ob das materielle Recht in einem mit formeller Konzentrationswirkung versehenen Verfahren angewandt wird oder nicht. Deshalb räumen sie auch den gegen die materiellen Planfeststellungstheorien erhobenen Einwand aus, daß sie in den Fällen, wo die Entscheidung über die Durchführung eines PlfVf oder eines Genehmigungsverfahrens im Ermessen der Behörde steht (vgl. etwa § 7 Abs. 2 AbfG), dazu führen, daß die Verwaltung nach Ermessen über ihre Bindung an das materielle Recht befindet (so etwa Laubinger, VerwArch. 1986, 77 [89f., Fn. 64]). Die Option für das Genehmigungs- oder PlfVf ändert an den materiell-rechtlichen Bindungen nichts, sondern wirft insofern Probleme auf, als der Genehmigung eventuell nicht eine mit der Plf vergleichbare formell-integrative Wirkung zukommt (so etwa für die Genehmigung nach dem AbfG Schäfer, NVwZ 1985, 383ff.; Hoppe / Beckmann, Umweltrecht, § 28 Rdnr. 71; zu den daraus entstehenden Koordinationsproblemen und den verschiedenen Lösungsmodellen de lege lata et ferenda vgl. Jarass, Konkurrenz; Beckmann, DÖV 1987, 944; Erbguth, DÖV 1988, 481ff.). Für die materiell-rechtliche Würdigung ist nicht die Option mitentscheidend, sondern die gesetzgeberische Ausgrenzung der Materie, für die die Option vorgesehen ist.

trollintensität gehört[292], ist jedoch nicht für das ganze die Planfeststellung determinierende Recht kennzeichnend.

Wo es nicht um die Materie der räumlichen Einfügung eines Vorhabens in seine Umgebung geht, sondern etwa um gesetzliche Anforderungen sicherheitsrechtlicher Art an die bauliche Gestaltung der Anlage, sind Abwägungserfordernis und selbständige Konkretisierungsbefugnisse der Verwaltung mit der gesetzlichen Durchdringung und der spezifischen Materie nicht mehr vereinbar. Hier verringert sich nicht nur die bei der Annäherung von Norm- und Lebenssachverhalt zu überbrückende Distanz, sondern auch das Maß an von der Verwaltung zu tragender Verantwortung, so daß die Unterwerfung dieser Fragen einer eingehenden Kontrolle der Sache keinen Abbruch tut; denn es ist auch kaum anzunehmen, daß Vorschriften des Bauordnungs- oder des allgemeinen Sicherheitsrechts für die unter die räumliche Einfügung des Vorhabens fallenden Fragen Bedeutung erlangen oder daß die diese Fragen dirigierenden Belange eine von den Regelungen des Sicherheitsrechts abweichende bauliche Gestaltung der Anlage verlangen[293]. Auf dieser zweiten Schicht kann also von „zwingender" Rechtsanwendung die Rede sein[294].

2. Die beschränkte Tragweite einer eigenständigen Planungsschranke „Planungsleitsätze"

Die Umsetzung der vorigen Überlegungen im Bereich der Schrankensystematik des BVerwG führt zu dem Ergebnis, daß den Planungsleitsätzen als vom Abwägungsgebot verselbständigte Planungsschranke nur geringe Bedeutung zukommen kann.

Im Rahmen der zuvor erstgenannten Schicht werden die Planungsleitsätze bei der Abwägung beachtet. Nur dort gelangen sie zur Anwendung und nur dadurch wird ihre Bindungswirkung eingelöst, sie also „eingehalten"; denn nur das entspricht ihrem – in dem Sprachgebrauch des BVerwG im Urteil vom 22. 3. 1985 – „eigenen Geltungsanspruch"[295]. Verstöße gegen diese Planungsleitsätze kommen nur als Abwägungsfehler in Frage und sind gerichtlich nur nach den Grundsätzen der Abwägungskontrolle nachprüfbar. Die Konstruktion einer eigenständigen – außerhalb des Abwägungsgebots und neben

---

292 Zur verfassungsrechtlichen Seite des Problems und in diesem Rahmen auch zur Widerlegung der Argumentation von Karwath, Die Konzentrationswirkung, S. 81ff. (die sich Laubinger, VerwArch. 1986, 77 [90 m. Fn. 67] zu eigen macht) in bezug auf das Erfordernis spezifizierter Eingriffsermächtigung vgl. Kügel, Der Planfeststellungsbeschluß, S. 68f. und oben, 2. Kap.

293 So schon Kügel, Der Planfeststellungsbeschluß, S. 70f.; a.A. für Bauten der Straßenbauverwaltung Kodal / Krämer, Straßenrecht, Kap. 34, Rdnr. 36 (S. 944f.).

294 Auf dieser Stufe gibt es also nichts, was als „Konzentrationswirkung" der Plf hätte aufgefaßt werden können.

295 4 C 73.82 – E 71, 163 [164].

diesem bestehenden – Planungsschranke kann sich auf diese Planungsleitsätze nicht berufen[296].

Als Beispiele für solche Planungsleitsätze können aus der aktuellen Diskussion die die Fragen des Ob, des Standortes, der Dimensionierung und der räumlichen Einfügung eines Infrastrukturvorhabens insgesamt dirigierenden Vorschriften des § 50 [297] und 41[298] BImSchG, der §§ 2 Abs. 1 i.V.m. 1 Abs. 2

---

[296] Vgl. dazu Kügel, Der Planfeststellungsbeschluß, S. 137; Steinberg, NVwZ 1986, 812 [814f.]; ders., Nachbarrecht, III Rdnr. 145; Kuschnerus, DÖV 1987, 409 [411]; Kühling, Fachplanungsrecht, Rdnr. 233; Wahl, NVwZ 1990, 426 [435f.].
Diese Einsicht steht mit dem Vorschlag des BVerwG im U. v. 22. 3. 1985 – 4 C 73.82 – E 71, 163 [165] im Einklang, den in der Schrankensystematik des Gerichts eine eigenständige Planungsschranke kennzeichnenden Terminus „Planungsleitsatz" nur für die zwingenden Planungsleitsätze zu verwenden.

[297] Vgl. BVerwG, U. v. 22. 3. 1985 – 4 C 73.82 – E 71, 163 [165]; Kügel, Der Planfeststellungsbeschluß, S. 138; Steinberg, NVwZ 1986, 812 [814]; ders., Nachbarrecht, III Rdnr. 143; Kühling, Fachplanungsrecht, Rdnr. 233; Ibler, Schranken, S. 184; Peine, DÖV 1988, 937 [942]; Kloepfer, Umweltrecht, § 7 Rdnr. 143.

[298] Vgl. Hoppe / Schlarmann, Rechtsschutz, Rdnr. 178 b; Kodal / Krämer, Straßenrecht, Kap. 34, Rdnr. 51. 3 (S. 975); Kügel, Der Planfeststellungsbeschluß, S. 138; Ronellenfitsch, VerwArch. 1986, 177 [187]; Steinberg, NVwZ 1986, 812 [814]; ders., Nachbarrecht, III Rdnr. 143; Ibler, Schranken, S. 188ff. [190]; Peine, DÖV 1988, 937 [942].
Das BVerwG hat sich mit dem § 41 BImSchG im U. v. 23. 1. 1981 – 4 C 4.78 – E 61, 295 [298ff.] beschäftigt und dargelegt, der Vorschrift fehle das für eine praktische Rechtsanwendung unerläßliche Mindestmaß an konkretem Regelungsgehalt. Vor allem wegen des Fehlens der zur Ausfüllung der Vorschrift dienenden und nach § 43 BImSchG vorgesehenen (Lärmschutz-)Rechtsverordnungen sei für den Rechtsanwender nicht zu erkennen, welche Maßstäbe für die Unvermeidbarkeit von schädlichen Umwelteinwirkungen gelten würden; außerdem stünde das Gebot aktiven Lärmschutzes des Abs. 1 unter dem Vorbehalt der Dispensationsvorschrift des Abs. 2. Aus diesen Gründen vermöge die Vorschrift die ihr vom Gesetzgeber offenbar zugedachte planzielbestimmende Funktion in Wahrheit nicht zu erfüllen.
Im U. v. 22. 3. 1985 – 4 C 63.80 – E 71, 150 [153ff.] (bestätigt durch das U. v. 22. 5. 1987 – 4 C 33-35.83 – DVBl. 1987, 907; s. dazu auch BayVGH, U. v. 3. 10. 1989 – 8 B 86.3162 u.a. – BayVBl. 1990, 148 [149]) hat das Gericht aber betont, es halte an seinen früheren Ausführungen nicht uneingeschränkt fest. § 41 BImSchG verwende mit dem Begriff „schädliche Umwelteinwirkungen durch Verkehrsgeräusche" einen unbestimmten Rechtsbegriff, der Behörden und Gerichte nicht vor wesentlich andere Probleme stelle als sonstige Regelungen, in denen der Gesetzgeber unbestimmte Rechtsbegriffe verwende. Solange die Zumutbarkeit von Verkehrsgeräuschen nicht durch Grenzwerte rechtssatzmäßig bestimmt sei, seien die vom Senat im U. v. 21. 5. 1976 – 4 C 80.74 – E 51, 15 [29ff.] entwickelten allgemeinen Maßstäbe heranzuziehen.
Obwohl das letztere Urteil an demselben Tag wie das die Differenzierung in zwingende Planungsleitsätze und Optimierungsgebote einführende Urteil ergangen ist, wird vom Gericht die Frage einer Qualifizierung des § 41 BImSchG (als Planungsleitsatz im Sinne des U. v. 14. 2. 1975 – 4 C 21.74 – E 48, 56 sogar ausdrücklich) offengelassen.
Die Betonung des Ansatzes des unbestimmten Rechtsbegriffs in der Rspr. darf aber nicht zu der Annahme verleiten, daß der § 41 BImSchG als „zwingende" Vorschrift in Betracht kommt. „Zwingend" ist diese Regelung (auch nach dem Erlaß der Sechzehnten Verordnung zur Durchführung des BImSchG (Verkehrslärmschutzverordnung – 16. BImSchV) vom 12. 6. 1990 – BGBl. I, 1036) nur, sofern sie als Grundlage von Ausgleichsansprüchen im Sinne einer „spezifischen Abwägungsgrenze" fungiert. Soweit ihr

und 8 BNatSchG[299], des § 2 AbfG[300] und des § 6 Abs. 2 Satz 1 LuftVG[301] angeführt werden[302].

Dazu muß des weiteren die nach dem Gesetz über die Umweltverträglichkeitsprüfung[303] auch bei planfeststellungsbedürftigen Vorhaben zu prüfende Umweltverträglichkeit gerechnet werden.

---

im Hinblick auf die mit der räumlichen Einfügung relevante Struktur des Vorhabens eine planzielbestimmende Funktion zukommt, dirigiert sie mit ihrem Belang die planerische Abwägung und ihre Einhaltung wird nach den Grds. der Abwägungskontrolle nachgeprüft. In diesem Sinne vermochte und vermag sie die ihr zugedachte planerische Aufgabe durchaus – und angemessen – zu erfüllen.

299 Vgl. BVerwG, U. v. 22. 3. 1985 – 4 C 73.82 – E 71, 163 [169]; U. v. 5. 12. 1986 – 4 C 13.85 – E 75, 214 [257]; Kügel, Der Planfeststellungsbeschluß, S. 138ff.; Kodal / Krämer, Straßenrecht, Kap. 34, Rdnrn. 47.3 und 47.4 (S. 961); Steinberg, NVwZ 1986, 812 [814]; ders., Nachbarrecht, III Rdnr. 143; Kühling, Fachplanungsrecht, Rdnr. 208f.; Schmidt, NVwZ 1988, 982; Ibler, Schranken, S. 184; ders., NuR 1989, 247 [250]; Hoppe / Beckmann, Umweltrecht, § 18 Rdnr. 61; Kloepfer, Umweltrecht, § 10 Rdnr. 8 (s. aber auch § 10 Rdnr. 31); Ronellenfitsch, VerwArch. 1989, 92 [121ff., im Zusammenhang mit der UVP].

300 Im B. v. 20. 7. 1979 – 7 CB 21.79 – NJW 1980, 953 [954] hat das BVerwG von den im § 2 AbfG zum Ausdruck kommenden Planungsleitsätzen (wohl im Sinne des Urteils vom 14. 2. 1975) gesprochen; nach dem Urteil des BVerwG vom 22. 3. 1985 geht der BayVGH im U. v. 17. 3. 1987 – 20 B 86.00843 u. a. – DVBl. 1988, 544 zutreffend davon aus, daß die Vorschriften des § 2 AbfG nicht als zwingende Leitsätze in Betracht kommen; so auch Ibler, Schranken, S. 190f.

Die etwas andere Auffassung des VGH BW im U. v. 24. 11. 1987 – 10 S 1044/84 – DVBl. 1988, 542 erhebt die Regelungen des § 2 AbfG nicht zu zwingenden Planungsleitsätzen, sondern ist auf das Beharren des Gerichts auf der Systematik des Urteils des BVerwG vom 14. 2. 1975 zurückzuführen.

301 Vgl. Kühling, Fachplanungsrecht, Rdnr. 208; a.A. Ibler, Schranken, S. 186f., dessen Qualifizierung der „Geeignetheit des in Aussicht genommenen Geländes" (§ 6 Abs. 2 Satz 2 LuftVG) als zwingender Planungsleitsatz vor dem Hintergrund des Umstandes zu sehen ist, daß in dem weitmaschigen Sieb der eigentlichen Geeignetheitsprüfung nur die Mittel hängenbleiben, die den gewünschten Erfolg überhaupt nicht fördern können; und daß die der endgültigen Auswahl näherkommende umfassende Geeignetheitsprüfung (dazu Hirschberg, Der Grundsatz der Verhältnismäßigkeit, S. 59ff.) im Rahmen und nach den Grds. der Abwägung vorzunehmen und zu kontrollieren ist.

302 Zu weiteren Beispielen vgl. die Zusammenstellungen bei Kodal / Krämer, Straßenrecht, Kap. 34, Rdnrn. 32ff. (S. 940ff.); Steinberg, Nachbarrecht, III Rdnrn. 140ff.

303 Das Gesetz über die UVP dient der Umsetzung der Richtlinie des Rates der EG vom 27. 6. 1985 (85/337/EG) in das deutsche Recht. Es führt die UVP als Verfahrensinstrument zur Entscheidungsvorbereitung im Dienst der Vorsorge ein und ist durch die Grundsätze der Frühzeitigkeit und der integrativen, medienübergreifenden Gesamtbewertung geprägt. Die UVP wird als unselbständiger Teil in die verwaltungsbehördlichen Verfahren eingefügt, die der Entscheidung über die Zulässigkeit von Vorhaben dienen.

Planfeststellungsbedürftige Projekte werden gemäß Nrn. 4 und 6 bis 13 der Anlage zu § 3 UVPG vom Anwendungsbereich des Gesetzes mit umfaßt: Voraussetzung ihrer Zulassung ist demnach die Feststellung ihrer Umweltverträglichkeit unter Beachtung der gesetzlich vorgeschriebenen Verfahrensschritte (: Scoping; Ermittlung und Beschreibung der Auswirkungen auf die Umwelt; Durchführung einer Behörden- und Öffentlichkeitsbeteiligung; zusammenfassende Darstellung der Umweltauswirkungen

Die Ergebnisse der Umweltverträglichkeitsprüfung sind nach § 12 des Gesetzes „bei der Entscheidung über die Zulässigkeit des Vorhabens im Hinblick auf eine wirksame Umweltvorsorge im Sinne der §§ 1, 2 Abs. 1 Satz 2 und 4 nach Maßgabe der geltenden Gesetze" zu berücksichtigen. Ihre Berücksichtigungsfähigkeit im Sinne einer gesamthaften und integrativen Betrachtung wird durch das umfassende Abwägungsgebot mit seiner strukturellen Offenheit garantiert[304]. Soweit sich auch die Art und Weise der Berücksichtigung nach den geltenden Gesetzen richtet, ist sie bei der hier in Rede stehenden Entscheidungsschicht auf die in den vorhandenen Regelungen bereitgehaltenen Planungsleitsätze angewiesen.

Danach entfaltet die Umweltverträglichkeit ihrerseits die Direktionskraft eines Planungsleitsatzes (bzw. eines Bündels von Planungsleitsätzen). Nichts anderes ergibt sich aus dem Umstand, daß die Berücksichtigung der Ergebnisse der Umweltverträglichkeitsprüfung eine Umsetzung der hinter der Richtlinie der Europäischen Gemeinschaft und dem Gesetz über die Umweltverträglichkeitsprüfung stehenden materiellen Intention darstellt, die nachteiligen Auswirkungen eines Vorhabens auf die Umwelt so gering wie möglich zu halten[305]. Denn die gesetzlich bereitgehaltenen Maßstäbe für die umweltgerechte Gestaltung der Entscheidung über die Projektzulassung erschöpfen sich in der Auflistung der Schutzgüter in § 2 UVPG[306]; und als solche verleihen sie den Ergebnissen der Umweltverträglichkeitsprüfung die Wirkungskraft eines gewichtigen (aber eben eines) Abwägungsfaktors[307].

---

des Vorhabens; Bewertung der Umweltauswirkungen auf der Grundlage der zusammenfassenden Darstellung und Berücksichtigung der Ergebnisse bei der Entscheidung).

S. zum UVPG Weber / Hellmann, NJW 1990, 1625; Soell / Dirnberger, NVwZ 1990, 705; Steinberg, DVBl. 1990, 1369; Becker, BayVBl. 1990, 353; Peters, NuR 1990, 103; Jarass, NuR 1991, 201; zum Entwurf des Gesetzes etwa Steinberg, DVBl. 1988, 995, jeweils m.w.N. aus der umfangreichen Literatur.

304 Vgl. Steinberg, DVBl. 1988, 995 [998]; Soell / Dirnberger, NVwZ 1990, 705 [708]; Weber / Hellmann, NJW 1990, 1625 [1630f.].

305 S. dazu nur Soell / Dirnberger, NVwZ 1990, 705 [710].

306 Vgl. Steinberg, DVBl. 1988, 995 [998]; zur Zurückhaltung der Richtlinie des Rates bei der Maßstabssetzung im allgemeinen s. die Stellungnahme des Rates von Sachverständigen für Umweltfragen zur Umsetzung der EG-Richtlinie über die UVP in das nationale Recht, DVBl. 1988, 21 [27]; zur entsprechenden Zurückhaltung des UVPG Jarass, NuR 1991, 201 [203].

Es sei klargestellt, daß hier nicht etwa Bewertungskriterien i.S. isoliert verstandener materieller Standards (Grenz- und Richtwerte) angesprochen sind, die als zwingende Regelungen den Bereich der „spezifischen Abwägungsgrenzen" anreichern und die Notwendigkeit von Schutzvorkehrungen begründen werden; es geht vielmehr um Maßstäbe für die umweltgerechte Gestaltung der Entscheidung über die Einfügung des Projekts in die Umgebung.

307 So zu Recht Soell / Dirnberger, NVwZ 1990, 705 [708]. Der nachdrücklichen Warnung von Ronellenfitsch, VerwArch. 1989, 92 [123]; ders., DÖV 1989, 737 [748] davor, die Umweltverträglichkeit zum zwingenden Planungsleitsatz hochzustilisieren, ist uneingeschränkt zuzustimmen.

Dasselbe gilt – entgegen dem durch die Unterscheidung zwischen internen und externen Planungsleitsätzen statuierten Verhältnis zwischen Anwendung von primären Zielen außerhalb der Abwägung und Beachtung sonstiger Ziele bei der Abwägung mit eventuellen Rückkoppelungseffekten – auch für die internen Planungsleitsätze. Auch diese können die Selbständigkeit einer Planungsschranke „Planungsleitsätze" gegenüber dem Abwägungsgebot nicht begründen. Die Kombination der Prüfung der Einhaltung der internen Planungsleitsätze vorab und isoliert auf einer besonderen Stufe mit eventuellen Rückkoppelungseffekten der Abwägung würde diesen Leitsätzen Qualitäten zusprechen, die diese wegen ihrer Offenheit nicht besitzen. Die durch die internen Planungsleitsätze an die Planfeststellung gestellten Anforderungen ergeben sich – wie es bei allen Regelungen auf der hier besprochenen Schicht der Fall ist – erst im Rahmen des Zusammenspiels wechselseitiger Ergänzung und Beschränkung verschiedener interner und externer Leitsätze; bei den fachspezifischen Leitsätzen geht es nicht darum, ob sie erfüllt sind, sondern darum, ob und inwieweit die aufgrund der Leitsätze in Betracht kommenden fachspezifischen Belange – eventuell durch mitstreitende Drittinteressen angereichert – die entgegenstehenden Belange überwinden[308].

Diese Gedanken gehen mit einer breiteren Erfassung der Fachplanungsaufgabe einher, die – entgegen dem die Privilegierung der internen Planungsleitsätze begleitenden verengten Verständnis des BVerwG – mit der gesetzlichen Ausgestaltung der Planfeststellung allein im Einklang steht. Daß die Fachplanung von ihrem Gegenstand her Objektplanung ist, bedeutet keine sachliche – und sei diese auch nur relativ – Privilegierung des Planfeststellungsvorhabens. Die Planfeststellung verdankt im vorliegenden Zusammenhang ihren Sinn und Zweck der Synergie der vom Gesetzgeber in Gestalt von Planungsleitsätzen präsentierten abwägungserheblichen Belange (planerischen Ziele); die der Verwaltung gesetzlich zugewiesene Planungsaufgabe ist also im Hinblick auf den Umweltschutz in der umweltgerechten Realisierung eines Vorhabens zu sehen[309], die aufgrund einer Abwägung beurteilt und entschieden wird[310].

---

[308] Aus diesen Gründen ginge – sofern das hier angenommene Modell der Abgrenzung der Schranken der Planungsleitsätze und der Abwägung gemeint sein könnte – auch der in der Literatur (vgl. etwa Schlarmann, in: Azizi / Griller (Hrsg.), Rechtsstaat und Planung, S. 1 [18f.]) anzutreffende Vorschlag fehl, der ungerechtfertigten Privilegierung der internen Planungsleitsätze durch das BVerwG sei dadurch entgegenzuwirken, daß auch der Umweltschutz auf der Stufe der Planungsleitsätze angesiedelt werde.

Gegen diesen Vorschlag spricht ferner, daß sich dadurch eine Konkurrenz verschiedener Leitsätze auf der Stufe der Planungsleitsätze bilden würde – und wie anders als durch Abwägung wäre diese Konkurrenz zu lösen gewesen?

Das alles zeigt, daß allein die Ablehnung der Konstruktion einer besonderen Stufe der Planungsleitsätze den richtigen Weg eingeschlagen hätte.

[309] Für eine breite Erfassung der Fachplanungsaufgabe schon Breuer, NuR 1980, 89 [93]; Schlarmann, in: Azizi / Griller (Hrsg.), Rechtsstaat und Planung, S. 1 [18f.]; Jarass, Konkurrenz, S. 55f.; Winter, NuR 1985, 41 [46]; Kügel, Der Planfeststellungs-

Auf der Grundlage der bisherigen Überlegungen erweist sich die Konstruktion einer Kontrollstufe „Planungsleitsätze“ als wenig sinnvoll; denn dabei müßten entweder die Einhaltung der Planungsleitsätze großzügig beurteilt werden, um noch Raum für die Abwägung belassen zu können, oder aber Abwägungsüberlegungen schon auf der Stufe der Planungsleitsätze angestellt werden[311]. Auch ein prozeßökonomisch-technischer Nutzen einer Aufspaltung der gerichtlichen Kontrolle ist hier – im Gegensatz zur Planrechtfertigung[312] – kaum denkbar.

Folge der bisherigen Ausführungen ist, daß eine eigenständige Planungsschranke „Planungsleitsätze“ nur die Regelungen betreffen kann, die einer planerischen Abwägung unzugänglich sind. Das trifft etwa für die vom BVerwG im Urteil vom 22. 3. 1985 als Beispiel angeführte Regelung des § 1 Abs. 3 FStrG zu; vergleichbare Vorschriften sind aber nur selten anzutreffen, und ihre praktische Bedeutung dürfte deshalb entsprechend gering einzuschätzen sein[313]. In Betracht kommt ferner die oben angeführte zweite Schicht des

---

beschluß, S. 71; Steinberg, NVwZ 1986, 812 [814]; ders., Nachbarrecht, III Rdnrn. 144 und 192; Peine, DÖV 1988, 937 [942].

310 Nicht zu überzeugen vermag die Ablehnung der alleinigen Maßgeblichkeit der Abwägung von Erbguth / Püchel, NuR 1984, 209. Ihrer Auffassung nach habe das Urteil des BVerwG vom 14. 2. 1975 im Ergebnis zwar keine Prioritätsstellung der fachspezifischen Interessen bewerkstelligt; die Differenzierung in interne und externe Planungsleitsätze entspreche aber der monofinalen Struktur der Fachplanung und sei deshalb sinnvoll. Würde man ein Konkurrenzverhältnis zwischen internen und externen Planungsleitsätzen auf der Ebene der Planungsleitsätze annehmen, dann würde man die herkömmliche Aufteilung in Fach- und querschnittartige Planungen zerstören; hinzu komme, daß es für die Lösung eines solchen Zielkonflikts kein rechtsstaatliches Instrumentarium gebe. Auf der Ebene der Planungsleitsätze komme zwar den ressortspezifischen Interessen ein Gemeinwohlbonus zu; dieser finde aber seinen hinreichenden und notwendigen Ausgleich in einer verstärkten Beachtlichkeit des Umweltschutzes im eigentlichen planerischen Abwägungsvorgang.

Dieser Auffassung ist entgegenzuhalten, daß die Abwägung aus der *auf die Realisierung eines Fachobjekts* ausgerichteten Fachplanung keine Doppel-Fachplanung i.S. ressortspezifischer Planung und Umweltschutzplanung macht. Für die Lösung der bei der Fachplanung bestehenden Spannung zwischen ressortspezifischen und Umweltschutzbelangen stellt gerade diese auf die proportionale Zuordnung der Belange zueinander hinzielende Abwägung das rechtsstaatlich angemessene und einwandfreie Instrumentarium dar. Die von Erbguth / Püchel vorgenommene Aufspaltung der einheitlichen Abwägung in zwei Teile (Planungsleitsätze – „eigentliche“ Abwägung), in denen jeweils die ressortspezifischen und die Umweltschutzbelange die Oberhand haben, so daß die in jeder einzelnen Stufe unterschiedlichen Rechtswirkungen sich im Gesamtergebnis doch gegenseitig aufheben, ist in der Sache kaum etwas anderes als die von ihnen abgelehnte Anerkennung der Spannung zwischen den entgegengesetzten planerischen Zielen auf der Ebene der Planungsleitsätze, die diese Stufe entbehrlich machen und die alleinige Maßgeblichkeit der Abwägung begründen würde.

311 Vgl. auch Ibler, Schranken, S. 191.

312 S. dazu oben, 3. Kap. A II 3 b (1), bei und in Fn. 158.

313 Vgl. Erbguth, DÖV 1988, 481 [487], nach dem der Vorbehalt sog. zwingender Planungsleitsätze zumindest de lege lata begrifflich-formaler Natur ist, weil (dem)entsprechende gesetzliche Anordnungen kaum feststellbar sind.

(sekundären) materiellen Rechts, gegen dessen Zuordnung zur Schranke der Planungsleitsätze es nur terminologische Einwände gibt[314].

C. Die gerichtliche Kontrolle im Rahmen der Schranke des Abwägungsgebots

Wie die zuvor erörterten Schranken hat das BVerwG auch das Gebot gerechter Abwägung als materiell-rechtliche Grenze der planerischen Gestaltungsfreiheit im Bauplanungsrecht entwickelt[315] und auf das Fachplanungsrecht übertragen[316]. Dieser Schranke wird besondere Bedeutung beigemessen: Nach ständiger Rechtsprechung steht sie in unmittelbarem Zusammenhang mit dem Rechtsstaatsprinzip, wurzelt also in ihrem Kern im Bundesverfassungsrecht[317] und gilt dementsprechend für jede Planung unabhängig von einer gesetzlichen Positivierung[318]. Die Abwägung wird als das einzig sachangemessene rechtliche Instrumentarium zur Bewältigung komplexer, gesetzlich nur sehr eingeschränkt steuerbarer planerischer Konfliktlagen angesehen: „Soweit konkretisierende gesetzliche Vorgaben eines Fachplanungsgesetzes nicht bestehen, wird die materielle Richtigkeit der behördlichen Entscheidung im wesentlichen von der Beachtung des Abwägungsgebotes und den hieraus für den Abwägungsvorgang und für das Abwägungsergebnis entwickelten Anforderungen bestimmt“[319].

Dieser Ansatz des 4. Senats des BVerwG erfreut sich inzwischen sowohl beim BGH[320] als auch in der Literatur[321] breitester Zustimmung. Die allge-

---

[314] Nachdrücklich dagegen Steinberg, NVwZ 1986, 812 [815]; ders., Nachbarrecht, III Rdnr. 147f.; Peine, DÖV 1988, 937 [942]; die Anwendung des Terminus „Planungsleitsätze“ beim zwingenden sekundären Recht durch das BVerwG hinnehmend Kühling, Fachplanungsrecht, Rdnr. 336.

[315] Vgl. U. v. 12. 12. 1969 – 4 C 105.66 – E 34, 301 [307ff.]; U. v. 30. 4. 1969 – 4 C 6.68 – DÖV 1970, 64 [65]; U. v. 5. 7. 1974 – 4 C 50.72 – E 45, 309 [312ff.].

[316] Vgl. U. v. 14. 2. 1975 – 4 C 21.74 – E 48, 56 [63f.].

[317] Vgl. U. v. 14. 2. 1975 – 4 C 21.74 – E 48, 56 [63]: „... das Gebot, die von einer Planung berührten öffentlichen und privaten Belange gegeneinander und untereinander gerecht abzuwägen ... [ergibt sich] ... aus dem Wesen einer rechtsstaatlichen Planung ...“; vgl. auch U. v. 21. 8. 1981 – 4 C 57.80 – E 64, 33 [36]; U. v. 11. 12. 1981 – 4 C 69.78 – E 64, 270 [273], wo unter Berufung auf U. v. 14. 12. 1979 – 4 C 10.77 – E 59, 253 [258] und U. v. 23. 1. 1981 – 4 C 4.78 – E 61, 295 [301] darauf hingewiesen wird, daß das rechtsstaatliche Abwägungsgebot „gegebenenfalls ergänzend neben das einfache Bundes- oder Landesrecht tritt“, soweit dessen (ausdrückliche) Regelungen die Reichweite dieses Gebotes nicht ausschöpfen; s. dazu auch BVerwG, U. v. 1. 7. 1988 – 4 C 15.85 – NVwZ 1989, 247 [248]; im Anschluß an das BVerwG Hess VGH, U. v. 7. 1. 1986 – 2 UE 2855/84 – NVwZ 1986, 680 [682].

[318] Vgl. etwa BVerwG, U. v. 14. 12. 1979 – 4 C 10.77 – E 59, 253 [258]; BVerwG, U. v. 23. 1. 1981 – 4 C 4.78 – E 61, 295 [301]; BVerwG, U. v. 11. 12. 1981 – 4 C 69.78 – E 64, 270 [273].

[319] BVerwG, U. v. 5. 12. 1986 – 4 C 13.85 – S. 38 des amtl. Umdrucks (insoweit in E 75, 214 nicht abgedruckt); vgl. auch Kühling, Fachplanungsrecht, Rdnr. 174.

meine Meinung geht dahin, daß die planerische Abwägung einerseits sachgerechte Entscheidungen garantieren, andererseits aber als Gebot auch den Ort darstellen soll, wo sich die planerische Gestaltungsfreiheit verwirklicht[322].

Nach den zur Struktur der selbständigen Konkretisierungsbefugnis der Verwaltung im Fachplanungsrecht angestellten Überlegungen kann die Abwägung nur als das Verfahren konkurrenzlösender und zugleich konkretisierender Entscheidungsfindung angesehen werden[323]. Soweit es um die Materie der räumlichen Einfügung eines Infrastrukturinteressen umsetzenden Vorhabens in seine Umgebung geht, ist dieser als Einheit begriffene[324] Konkretisierungsprozeß für alle planerischen Gesichtspunkte maßgeblich, wo es Rücksicht zu nehmen, Konflikte zu lösen und Probleme zu bewältigen gilt[325]. Insofern wird

---

320 S. U. v. 28. 5. 1976 - III ZR 137/74 - BGHZ 66, 322 [325ff.].

321 Abgesehen von Streitigkeiten im einzelnen; vgl. nur Schmidt-Aßmann, VVDStRL 34 (1976), S. 221 [251f.]; ders., in: E/Z/B, BBauG, § 1, Rdnrn. 302ff.; ders., DÖV 1990, 169 [177f.]; Koch, DVBl. 1983, 1125; Kügel, Der Planfeststellungsbeschluß, S. 141ff.; Ibler, Schranken, S. 212ff.; Kühling, Fachplanungsrecht, Rdnrn. 174ff.; Steinberg, Nachbarrecht, III Rdnrn. 150ff.; Blumenberg, DVBl. 1989, 86, jeweils m.w.N.

322 S. statt aller Battis, AllgVerwR, Rdnr. 302.

323 S. oben, 2. Kap.

324 S. dazu oben, 2. Kap. und des weiteren nur BVerfG (3. Kammer), B. v. 9. 6. 1987 - 1 BvR 418/87 - NVwZ 1987, 967.

325 Die vielfältigen Gebote, die von Rspr. und Literatur präsentiert werden (vgl. etwa die Auffächerung des Abwägungsgebots bei Schmidt-Aßmann, in: E/Z/B, BBauG, § 1, Rdnrn. 316ff. und den respektablen Katalog der Kontrollmaßstäbe und Planungsfehler bei Hoppe / Schlarmann, Rechtsschutz, Rdnrn. 173ff.), können nur dann als einwandfrei betrachtet werden, wenn sie als bloße Akzentuierung verschiedener Seiten der planungsrechtlichen Gesetzesanwendung (der Abwägung als sachgebundener Konkretisierung der gesetzlichen Vorgaben) verstanden werden (vgl. nur Steinberg, Nachbarrecht, III Rdnrn. 164ff., der zutreffend von „Dimensionen des Abwägungsgebots" spricht), nicht jedoch, wenn sie als zusätzliche, neben dem Abwägungsgebot (und isoliert nebeneinander) jeweils eigenständig zur Geltung kommende materiellrechtliche Anforderungen erfaßt werden; denn als solche könnten sie keine substantielle Bereicherung, sondern bloß eine nominelle Erweiterung der die Planungsaufgabe treffenden Bindungen bewirken, die nicht nur materiell-rechtliche Verwirrung säen, sondern auch - da wegen der Identität in der Sache die ihrerseits als weitgehend kontrollierbare „Schranken" in Erscheinung tretenden (oder jedenfalls exzessiv gehandhabten) Gebote die Einschränkung der Kontrolle des Abwägungsgebots in dem Maße zurücknehmen, in dem sie eingesetzt werden - das empfindliche Verantwortungsverhältnis von Verwaltung und Verwaltungsgerichtsbarkeit gefährden würde. (Dazu - am Beispiel des Grds. der Konfliktbewältigung im Bauplanungsrecht - Gaentzsch, DVBl. 1985, 29 [31]; Pfeifer, DVBl. 1989, 337f. m.w.N., auch aus der zurückhaltenderen neueren Rspr. des BVerwG).

Das gilt auch für etliche allgemeine oder spezifisch planerische Gebote bzw. Grundsätze von höherer Prominenz:

Es ist schon darauf hingewiesen worden, daß das BVerwG in st. Rspr. davon ausgeht, durch das Abwägungsgebot werde auch dem Verhältnismäßigkeitsgrundsatz Rechnung getragen, so daß dessen Einhaltung daneben keiner gesonderten Prüfung bedürfe (s. oben, 3. Kap. A I 2, bei und in Fn. 39). Aber auch das aus der Berücksichtigung von sachstrukturellen Zusammenhängen hervorgegangene (und das Zusammendie dieser Schranke im Hinblick auf ihre Funktionen allgemein zugesprochene überragende Bedeutung[326] nicht nur bestätigt, sondern sogar weiter bekräftigt. Dies aber in doppelter Hinsicht: Die Feststellung der Konkretisierungsbedürftigkeit der gesetzlichen Vorgaben im größeren Sachzusammenhang, die die Erkenntnis der weitgehenden Überlagerung der Schranken der Planrechtfertigung und der Planungsleitsätze durch die Abwägung unterstützt hat[327], geht mit der Einsicht einher, daß sich die eigenverantwortliche Konkretisierungsbefugnis der Behörde auf die ganze Konkretisierung und Entscheidung – und zwar in jeder Dimension – erstrecken muß.

I. Die Anforderungen des Gebots gerechter Abwägung als gerichtlicher Kontrollansatz

Nach ständiger Rechtsprechung des BVerwG verlangt das Abwägungsgebot, „daß – erstens – eine Abwägung überhaupt stattfindet, daß – zweitens – in die Abwägung an Belangen eingestellt wird, was nach Lage der Dinge in sie eingestellt werden muß, und daß – drittens – weder die Bedeutung der betroffenen öffentlichen und privaten Belange verkannt noch der Ausgleich zwischen ihnen in einer Weise vorgenommen wird, die zur objektiven Gewichtigkeit einzelner Belange außer Verhältnis steht. Innerhalb des so gezogenen Rahmens wird das Abwägungsgebot jedoch nicht verletzt, wenn sich die zur Planung ermächtigte Stelle in der Kollision zwischen verschiedenen Belangen

spiel von Norm und Sachverhalt verschiedentlich zum Ausdruck bringende (vgl. etwa Bauer, Geschichtliche Grundlagen, S. 177 m.Fn. 103)) Gebot der Rücksichtnahme (s. dazu nur Ibler, Schranken, S. 257ff. m.umfass.N. aus Literatur und Rspr.) dürfte keine eigenständige Bedeutung beanspruchen können (vgl. HessVGH, U. v. 7. 1. 1986 – 2 UE 2855/84 – NVwZ 1986, 680 [683]: „... für die Anwendung dieses Grundsatzes ... [ist] ... neben dem Abwägungsgebot kein Raum ..."). Dasselbe gilt schließlich für das Gebot der Konflikt- bzw. Problembewältigung (s. dazu Groh, Konfliktbewältigung, S. 5ff., 93ff. und passim; Pfeifer, DÖV 1989, 574), und zwar auch soweit es im Zusammenhang mit der materiell-rechtlichen Konzentrationswirkung der Plf steht (s. dazu Ibler, Schranken, S. 262f.; ders., NuR 1989, 247 [251] und zur Konzentrationswirkung als Problem des Gehalts des den Planungsfall regierenden materiellen Rechts oben, 3. Kap. B II 1). Sendler (WiVerw. 1985, 211 [212, 221]) hat zu Recht darauf hingewiesen, daß der Grds. der Konfliktbewältigung im Grunde genommen lediglich die richtige Anwendung des Abwägungsgebots gebietet und deshalb neben diesem keinen eigenständigen Gehalt hat. (Zustimmend Kühling, Fachplanungsrecht, Rdnr. 239; Steinberg, Nachbarrecht, III Rdnr. 166 m. Fn. 399; Wahl, NVwZ 1990, 426 [436]; a.A. Pfeifer, DVBl. 1989, 337f. m.w.N.). Diese Ansicht wird durch Stimmen, die die Funktion dieses Grds. darin sehen, daß so „ein- und dieselbe Abwägungsentscheidung von mehreren Blickwinkeln her beleuchtet wird" (so Ibler, Schranken, S. 262), eher bestätigt.

[326] S. nur Steinberg, Nachbarrecht, III Rdnr. 151.

[327] S. oben, 3. Kap. A II 3 b, B II 2; damit ist auch der Ansicht von Ibler, Schranken, S. 214, der nicht kontrollierbare „Teilbereich" der Planungsentscheidung scheine schon deshalb klein zu sein, weil die Abwägung „nur einen Ausschnitt" der Planung erfasse, eben das, was nach der subsumtionären (und auch faktisch voll kontrollierbaren) Rechtsanwendung auf der Ebene der Planrechtfertigung und der Planungsleitsätze übrigbleibe, der Boden entzogen.

für die Bevorzugung des einen und damit notwendig für die Zurückstellung eines anderen entscheidet. Die darin liegende Gewichtung der von der Planung berührten öffentlichen und privaten Belange ist vielmehr im Gegenteil ein wesentliches Element der planerischen Gestaltungsfreiheit und als solches der verwaltungsgerichtlichen Kontrolle entzogen. Diese beschränkt sich im Rahmen des Abwägungsgebots daher auf die Frage, ob die Planfeststellungsbehörde die abwägungserheblichen Gesichtspunkte rechtlich und tatsächlich zutreffend bestimmt hat und ob sie – auf der Grundlage des derart zutreffend ermittelten Abwägungsmaterials – die aufgezeigten Grenzen der ihr obliegenden Gewichtung eingehalten hat"[328].

Nach der von Hoppe[329] eingeführten und inzwischen eingebürgerten Terminologie entsprechen den Anforderungen des Abwägungsgebots die Fehler des Abwägungsausfalls, des Abwägungsdefizits, der Abwägungsfehleinschätzung und der Abwägungsdisproportionalität. Der diese Verstöße nachprüfenden Verwaltungsgerichtsbarkeit werden von der Rechtsprechung vielfach weitergehende Kontrollbefugnisse zugesprochen, als dies die allgemeinen Ausführungen des BVerwG und die ständige Betonung der planerischen Gestaltungsfreiheit erkennen lassen[330]. Nicht nur wird von den Gerichten eine eingehende Nachprüfung der Einhaltung einzelner Anforderungen des Abwägungsgebots verlangt, sondern diese Anforderungen werden auch als voneinander abgrenzbare Stufen und Denkschritte erfaßt, so daß der Zusammenhang der einheitlichen Entscheidung gesprengt wird und Aufweichungen der Kontrolle in Einzelpunkten das Gesamtergebnis einer eingeschränkten richterlichen Kontrollbefugnis schwerlich tragen. Das steht aber mit dem praktischen Rechtsziel sachgemäßer Verantwortungsverteilung und mit den Erkenntnissen zur Konkretisierungsstruktur nicht im Einklang.

---

[328] BVerwG, U. v. 14. 2. 1975 – 4 C 21.74 – E 48, 56 [63f.] unter Berufung auf BVerwG, U. v. 12. 12. 1969 – 4 C 105.66 – E 34, 301 [308f.]; BVerwG, U. v. 5. 7. 1974 – 4 C 50.72 – E 45, 309 [314]; BVerwG, U. v. 1. 11. 1974 – 4 C 38.71 – BauR 1975, 35 [36]; vgl. auch BVerwG, U. v. 7. 7. 1978 – 4 C 79.76 u.a. – E 56, 110 [121f.]; BVerwG, U. v. 16. 3. 1984 – 4 C 46.80 – NVwZ 1985, 108; BVerwG, B. v. 20. 12. 1988 – 4 B 211.88 – NVwZ-RR 1989, 458; VGH BW, U. v. 15. 11. 1988 – 10 S 2401/87 – NVwZ-RR 1990, 66 [67]; BayVGH, U. v. 3. 10. 1989 – 8 B 86.3162 u.a. – BayVBl. 1990, 148 [149].

[329] BauR 1970, 15 [17]; vgl. auch ders., DVBl. 1974, 641 [644].

[330] Und dies trotz zutreffender Betonung des Gedankens, daß (auch) die rechtliche Überprüfung von Planungsentscheidungen insoweit beschränkt ist, als die Entscheidung darüber, ob eine Maßnahme mehr schadet als nützt oder ob das Vorhaben in geeigneter Weise auch anders verwirklicht werden könnte, wertende Einschätzungen, Prognosen und Abwägungen voraussetzt, die vom Gericht *nicht durch eigene zu ersetzen*, sondern als rechtmäßig hinzunehmen sind, soweit sie methodisch einwandfrei zustande gekommen und in der Sache vernünftig sind, vgl. BVerwG, U. v. 17. 1. 1986 – 4 C 6. u. 7.84 – E 72, 365 [367]; im Anschluß daran Hess VGH, B. v. 23. 11. 1987 – 2 TG 3079/87 – NVwZ 1989, 171 [172]. (Hervorhebung hier hinzugefügt).

Zur im Text vorgenommenen Würdigung der Rspr. vgl. Steinberg, Nachbarrecht, III Rdnr. 153.

1. Die Intensität gerichtlicher Kontrolle im Hinblick auf die Anforderungen des Abwägungsgebots

a) Das Gebot der Durchführung einer (eigenen) Abwägung überhaupt

Das Gebot der Durchführung einer *eigenen* Abwägung, dem – in Anlehnung an die traditionelle Figur des Ermessensnichtgebrauchs bzw. der Ermessensunterschreitung[331] – der Fehler des Abwägungsausfalls korrespondiert, kann nach den zur selbständigen Konkretisierungsbefugnis der Verwaltung angestellten allgemeinen Überlegungen[332] nicht als das Gebot verstanden werden, von der mit der planerischen Gestaltungsfreiheit eingeräumten Möglichkeit (bzw. Freiheit) der Wahl zwischen verschiedenen rechtmäßigen Entscheidungen Gebrauch zu machen[333]. Sein Inhalt muß vielmehr darin gesehen werden, daß es von der Planfeststellungsbehörde eine eigenverantwortliche Konkretisierung[334] verlangt.

Es wird demnach dann verletzt, wenn die Planfeststellungsbehörde auf eine eigenverantwortliche Konkretisierung – ganz oder zum Teil – deshalb verzichtet, weil sie unzutreffenderweise eine – auch für das Gericht im Rahmen von dessen Kontrollbefugnissen als solche erkennbare – vorgegebene, jede Eigenverantwortung ausschließende Entscheidung des Gesetzgebers annimmt[335] oder weil sie zu Unrecht eine ihr zukommende Pflicht annimmt, sich an die vorgeschalteten konkretisierenden Überlegungen oder Entscheidungen eines anderen zu halten[336].

---

[331] S. dazu nur Maurer, AllgVerwR, S. 106.

[332] S. oben, 1. Kap.

[333] So aber (für alle Arten selbständiger Entscheidungsbefugnisse der Verwaltung) Alexy, JZ 1986, 701 [712].

[334] Vgl. BVerwG, U. v. 17. 1. 1986 – 4 C 6. und 7.84 – E 72, 365 [368]: „in eigener Verantwortung".

[335] Nach herkömmlichem Verständnis: weil sich die Behörde „für gebunden hält", vgl. etwa Alexy, JZ 1986, 701 [712]; Ibler, Schranken, S. 217, 221.

[336] Vgl. etwa die Parallelproblematik in BVerwG, U. v. 17. 1. 1986 – 4 C 6. und 7.84 – E 72, 365 (Verlegung einer Ferngasleitung auf der Grundlage von § 11 EnWG i.V.m. dem BayEnteignG), wo die (auch für die Entscheidung über den Plan der Ferngasleitung zuständige) Enteignungsbehörde angenommen hatte, das Energieunternehmen verfüge hinsichtlich der Trassenführung über ein eigenes – von der Behörde zu respektierendes – Planungsermessen; BVerwG, U. v. 21. 3. 1986 – 4 C 48.82 – E 74, 109 (Enteignung nach § 47 LBeschG), wo die Enteignungsbehörde eine Bindung an die „Bezeichnung" des Vorhabens durch den Bundesverteidigungsminister nach § 1 Abs. 3 LBeschG angenommen hatte; zu beiden Fällen schon Kühling, Fachplanungsrecht, Rdnrn. 184f.

Zur Problematik der Vorabentscheidungen, mit denen sich das BVerwG schon früh befaßt hat (vgl. U. v. 5. 7. 1974 – 4 C 50.72 – E 45, 309 [316ff.]) s. die ausführliche Darstellung bei Kühling, Fachplanungsrecht, Rdnrn. 210ff. und aus der neueren Rspr. der Instanzgerichte VGH BW, U. v. 23. 6. 1988 – 5 S 1030/87 – NVwZ-RR 1989, 349 [352f.].

Andererseits ist das Gebot der Durchführung einer Abwägung[337] dann verletzt, wenn die Planfeststellungsbehörde zwar ihre Eigenverantwortung erkennt, aber unter fehlerhaftem Hinweis auf eine - auch für das Gericht im Rahmen von dessen Kontrollbefugnissen als solche erkennbare - Eindeutigkeit oder weil sie zu Unrecht eine Frage nicht für erheblich hält, an sich erforderliche Konkretisierungsanstrengungen - ganz oder zum Teil - unterläßt[338].

Die selbständige Bedeutung des Gebots der Durchführung einer (eigenen) Abwägung überhaupt ist umstritten: während die Rechtsprechung es stets neben den anderen Anforderungen des Abwägungsgebots nennt[339], wird ihm in der Literatur die praktische Relevanz[340] bzw. die Eigenständigkeit überhaupt weitgehend abgesprochen[341], so daß vielfach Abwägungsausfall und Abwägungsdefizit zu einer Fehlergruppe zusammengefaßt werden[342]. Theoretischer und praktischer Wert der Meinungsverschiedenheiten dürften sowohl im allgemeinen als auch im Hinblick auf die Frage verwaltungsgerichtlicher Kontrollintensität im besonderen nicht hoch zu veranschlagen sein: auch wenn von einer Vollkontrolle im Rahmen dieser - als selbständig verstandenen - Anforderung gesprochen wird, bezieht sich das doch auf ihren gegenüber dem übrigen Abwägungsgebot höheren Allgemeinheitsgrad, so daß damit keine eingehende Kontrolle des Planfeststellungsbeschlusses konstatiert wird[343].

b) Die Zusammenstellung des Abwägungsmaterials

(1) Die Konzeption dieses Anknüpfungspunktes und der Umfang der Nachprüfung nach der Rechtsprechung des BVerwG

In der Rechtsprechung des BVerwG stellt sich die abwägende Entscheidungsfindung als ein mehrstufiges Phänomen dar[344], das die Ebenen der

---

337 Dazu Alexy, JZ 1986, 701 [712].

338 Vgl. etwa BayVGH, U. v. 3. 8. 1982 - 8 B 81 A.524 - DÖV 1983, 123f., wo die Abwägung über die Zulässigkeit eines Eingriffs in das Grundstückseigentum mit der Erwägung unterlassen wurde, daß jedenfalls eine Enteignungsentschädigung für den Rechtsverlust im Enteignungsverfahren zuerkannt werden würde; dazu schon Kügel, Der Planfeststellungsbeschluß, S. 143.

339 Vgl. etwa BVerwG, B. v. 20. 12. 1988 - 4 B 211.88 - NVwZ-RR 1989, 458.

340 S. Ibler, Schranken, S. 221.

341 Vgl. Koch, AllgVerwR, S. 231 („wohl überflüssig"); Koch / Hosch, Baurecht, S. 159; Pfaff, Planungsrechtsprechung, S. 130 („... selbstverständliche, pleonastische Umschreibung des Gebots ... [gerechter Abwägung] ... selbst").

342 So etwa Hoppe, in: Ernst / Hoppe, Baurecht, Rdnr. 290; Schwerdtfeger, JuS 1983, 270 [271]; vgl. auch Ibler, Schranken, S. 222 m.w.N.

343 Anders, wenn Abwägungsausfall und -defizit als Einheit behandelt werden und im Hinblick darauf keine Kontrolleinschränkung angenommen wird, vgl. etwa Ibler, DVBl. 1989, 639 [647]; zur Widerlegung dieser Ansicht s. die Ausführungen zur Zusammenstellung des Abwägungsmaterials unten, 3. Kap. C I 1 b (2).

Zusammenstellung des Abwägungsmaterials und der eigentlichen Abwägung (Gewichtung)[345] umfaßt.

Nach den einschlägigen – im Bereich der Bauleitplanung ergangenen – Entscheidungen ist „Allem Abwägen ... die Zusammenstellung des Abwägungsmaterials ... [vorausgesetzt]. Dies umfaßt erstens die abstrakt-begriffliche (tatbestandliche) Abgrenzung der Gesichtspunkte, die abwägungserheblich sind, und zweitens die Entscheidung darüber, welche konkret vorliegenden Umstände unter diese Begriffe subsumiert werden können. Bei beiden Vorgängen handelt es sich ... um Rechtsanwendung und um nichts anderes als das."[346] „... die Frage, ob es sich bei den ... [in den Leitsätzen] ... verwendeten Begriffen um sogenannte unbestimmte Rechtsbegriffe handelt, die sowohl in ihrer Auslegung als auch in ihrer Anwendung einer uneingeschränkten Kontrolle nicht nur der höheren Verwaltungsbehörde, sondern auch der Verwaltungsgerichte unterliegen ... [,] ... ist zu bejahen ..."[347]. „Was eine Gemeinde aufgrund ihrer Ausdeutung und Anwendung eines Begriffes für abwägungsbeachtlich hält bzw. bei ihrer Abwägung gehalten hat, begründet insoweit eine Bindung weder für die höhere Verwaltungsbehörde noch für das mit der Überprüfung ... befaßte Gericht."[348] „... Die Ansicht der planenden Gemeinde etwa darüber, was zu den Bedürfnissen der Wirtschaft ... gehört, und ebenso ihre Ansicht, daß eine bestimmte Planung diesen Bedürfnissen diene, genießt keinerlei Vorzug oder Schutz. Von irgendwelchen „Beurteilungsspielräumen" zugunsten der Gemeinde kann in diesem Zusammenhang keine Rede sein"[349].

Diese Ausführungen hält das BVerwG auch für die fachplanungsrechtliche Abwägung für gültig[350]. Sinngemäß dürften für sie auch die Relativierungen der obigen Grundsätze beachtlich sein: Nach dem Gericht hat nämlich die von ihm erörterte rechtliche Bindung und gerichtliche Kontrollierbarkeit der Bestimmung des Abwägungsmaterials „praktisch nicht die Bedeutung, die ihr in den einschlägigen Überlegungen gelegentlich zugemessen wird. Das hängt damit zusammen, daß die für eine theoretische Gliederung gebotene Trennung zwischen der Bestimmung und der Gewichtung des Abwägungsmateriales in der praktischen Handhabung meistens nicht streng vollzogen werden kann. Daraus folgt nicht selten, daß ein möglicher Mangel, der auf den ersten Blick den begrifflichen Ausgangspunkt zu betreffen scheint, bei näherer

---

344 Weyreuther, BauR 1977, 293 [299].

345 Zur Unterscheidung zwischen Gewichtung und Abwägung s. unten, 3. Kap. C I 1 c.

346 BVerwG, U. v. 5. 7. 1974 – 4 C 50.72 – E 45, 309 [322f.].

347 BVerwG, U. v. 12. 12. 1969 – 4 C 105.66 – E 34, 301 [308].

348 BVerwG, U. v. 5. 7. 1974 – 4 C 50.72 – E 45, 309 [323].

349 BVerwG, U. v. 12. 12. 1969 – 4 C 105.66 – E 34, 301 [308].

350 Vgl. BVerwG, U. v. 27. 3. 1980 – 4 C 34.79 – DVBl. 1980, 999.

Betrachtung auf die Gewichtung bezogen werden muß (und dort dann nur zu Buch schlägt, wenn dabei „verkannt" oder eine „außer Verhältnis" stehende Gewichtung vorgenommen wurde). Diese sich aus der Praxis ergebende Relativierung hebt jedoch nicht auf, was oben zur Kontrolldichte gesagt wurde"[351].

Das BVerwG hat diese Gedanken bisher nicht revidiert, obwohl sie in der Literatur überwiegend auf Kritik[352] gestoßen sind. Die in dieser Kritik geäußerten Bedenken gegen das bundesverwaltungsgerichtliche Modell zur Konkretisierungsstruktur und die darauf bezogene Differenzierung der Kontrollintensität verdienen aber – zumindest im Ergebnis – Zustimmung.

(2) Strukturbedingungen der Zusammenstellung des entscheidungserheblichen Materials und verwaltungsgerichtliche Kontrolldichte

In Anknüpfung an die allgemeineren Überlegungen zum Ermessen und zur planerischen Gestaltungsfreiheit muß der Ansicht des BVerwG entgegengetreten werden; und zwar sowohl im Hinblick auf die Auffassung, die Auslegung könne von der Subsumtion getrennt werden (mit der Folge, daß auch die Zusammenstellung des Abwägungsmaterials selbst als zweistufiges Gebilde erfaßt wird), wie auch hinsichtlich der Behandlung der planerische Belange präsentierenden Rechtssätze (der Planungsleitsätze) als unbestimmte Rechtsbegriffe ohne Beurteilungsspielraum. Damit wird zum einen die Struktur der Konkretisierung als einheitlicher Prozeß gegenseitiger Annäherung von Norm- und Lebenssachverhalt übersehen[353]; zum anderen wird mit den Figuren des unbestimmten Rechtsbegriffs und des Beurteilungsspielraums und mit der Bezugnahme auf den Gegensatz zwischen (subsumtionärer) Rechtsanwendung und Ermessensausübung die Struktur der Kontrolldichteproblematik als Frage der Aufgaben- und Veranwortungsverteilung im Rechtskonkretisierungssystem[354] ebenso verkannt, wie (im wesentlichen) das Durchgreifen

---

[351] BVerwG, U. v. 5. 7. 1974 – 4 C 50.72 – E 45, 309 [324].

[352] Vgl. Redeker, DÖV 1971, 757 [761f.]; Badura, FS BayVerfGH, S. 157 [172ff., 177ff.]; Hoppe, FS Scupin, S. 121 [129ff.]; ders., DVBl. 1974, 641 [642]; ders., DVBl. 1977, 136; ders., FG BVerwG, S. 295 [303ff.]; ders., VVDStRL 38 (1980), S. 211 [272ff.]; ders., FS Menger, S. 747 [776f.]; ders., in: Ernst / Hoppe, Baurecht, Rdnr. 312 a; Hoppe / Schlarmann, Rechtsschutz, Rdnrn. 180ff.; Ossenbühl, Gutachten, S. 187; Papier, DVBl. 1975, 461; ders., NJW 1977, 1714 [1716f.]; Pfaff, Planungsrechtsprechung, S. 130; Schmidt-Aßmann, VVDStRL 34 (1976), S. 221 [257 m. Fn. 120]; ders., in: MDHS, GG, Art. 19 Abs. 4, Rdnr. 212; Kügel, Der Planfeststellungsbeschluß, S. 143ff.; dem Streit z.T. die praktische Relevanz, insoweit aber auch dem Ansatz des BVerwG die Praktikabilität absprechend Breuer, NVwZ 1982, 273 [274f.]; dem BVerwG folgend Weyreuther, BauR 1977, 293; Stelkens / Pagenkopf, DVBl. 1977, 668 [670f.]; Tettinger, Rechtsanwendung, S. 137f.; Ibler, Schranken, S. 223ff., 248; ders., DVBl. 1989, 639 [647].

[353] S. dazu aus allgemeinerer Sicht oben, 1. Kap.; für den vorliegenden Zusammenhang etwa Kügel, Der Planfeststellungsbeschluß, S. 144.

administrativer Eigenverantwortung bei der fachplanungsrechtlichen Konkretisierung[355].

Die vom Gericht vorgenommene, auch die Differenzierung der Kontrollintensität tragende Aufspaltung der Entscheidung in Zusammenstellung und Gewichtung ist in dieser Absolutheit nicht haltbar.

Das gilt zunächst, soweit sie als Unterscheidung zwischen unbestimmtem Tatbestand und diskretionärer Rechtsfolge verstanden werden kann[356]; denn diese künstliche Aufspaltung des Sachzusammenhangs hätte zur Folge, daß die Aussagen zur eingeschränkten Kontrollintensität im Gesamtergebnis in sich widersprüchlich sind, weil man mit der einen Hand das mit der anderen Gewährte zurücknimmt. Das hat insbesondere Ossenbühl[357] mit seinen Ausführungen zu den alle Sacherwägungen absorbierenden „unbestimmten Rechtsbegriffen mit Totalanspruch" schon früh verdeutlicht. Die in der Literatur längst erhobene Forderung[358] nach einer Rückbesinnung auf die Erkenntnisse des Gemeinsamen Senats im Beschluß vom 19. 10. 1971[359] verdient in diesem Sinn uneingeschränkte Zustimmung; dies jedoch weder wegen der Anerkennung einer einheitlichen *Ermessens*vorschrift[360], noch einer auf der ganzen Linie Freiräume eröffnenden Finalnorm[361] oder Ermessensdirektive[362], sondern weil angesichts des sachlichen Zusammenhangs sinnvollerweise nur die (in sich und demnach auch für die Beurteilung anhand von Verantwortungsverteilungsgesichtspunkten) *einheitliche* Frage gestellt werden kann, welche Festsetzung welcher Zuordnung welcher Belange bei welcher Verwirklichungs- bzw. Beeinträchtigungsintensität entspricht[363].

---

354 S. oben, 1. Kap.; völlig entgegengesetzt Ibler, Schranken, S. 224f., der die Verantwortungsimpulse verwirft und eine Lösung anhand der „anerkannten juristischen Methodenlehren" anstrebt. Deren Vorzüge – die erhöhte Nachvollziehbarkeit und der dadurch zu erzielende Gewinn an Rechtssicherheit – stellen sich aber (wenn überhaupt) erst ein, nachdem im Hintergrund das eigentliche Problem schon hinwegfingiert worden ist; dementsprechend ist ihr Wert einzuschätzen.

355 S. oben, 2. Kap.

356 Vgl. zu diesem Verständnis der Rspr. Redeker, DÖV 1971, 757 [761]; Papier, NJW 1977, 1714; Breuer, NVwZ 1982, 273 [274]; Müller-Schwefe, Kontrolldichte, S. 22; gegen diese die Figur der Koppelungsvorschrift implizierende Deutung Weyreuther, BauR 1977, 293 [303].

357 Gutachten, S. 187f.

358 Vgl. Redeker, DÖV 1971, 757 [758]; Hoppe, FS Scupin, S. 121 und 132; Ossenbühl, Gutachten, S. 187; Schröder, DÖV 1975, 308 [309]. Das BVerwG hat dies im U. v. 5. 7. 1974 – 4 C 50.72 – E 45, 309 [323f.] abgelehnt, ohne jedoch auf die Problematik der Entscheidungsstruktur einzugehen; so auch Weyreuther, BauR 1977, 293 [304].

359 GmS-OGB 3/70 – BVerwGE 39, 355 [365ff.]; s. dazu oben, 1. Kap., bei und in Fn. 44.

360 Etwa im Sinne der herkömmlichen Ermessensdoktrin.

361 So etwa Kügel, Der Planfeststellungsbeschluß, S. 120f. und 144f.; zur Kritik an diesem Ansatz s. oben, 2. Kap.

362 So etwa Badura, FS BayVerfGH, S. 157 [174]; Ossenbühl, Gutachten, S. 187f.; zur Kritik s. oben, 2. Kap.

Aber auch als Unterscheidung zwischen (subsumtionärer) Zusammenstellung der als Entscheidungsvoraussetzungen anzusehenden Gesichtspunkte und (wertender) Festlegung des Entscheidungsinhalts[364] kann die Konstruktion des BVerwG nur eingeschränkt verteidigt werden. Den die Bedingungen praktischer Rechtskonkretisierungsarbeit ignorierenden theoretischen Ansatz stellt erwartungsgemäß die Praxis selbst in Zweifel. Die Frage nach dem abwägungserheblichen Material „kann nicht generell beantwortet werden"[365]. Bei der Zusammenstellung muß nicht alles überlegt werden, was mit den gesetzlichen Begriffen abstrakt in Verbindung gebracht werden kann, sondern nur das, was „nach Lage der Dinge"[366] als relevant angesehen wird: „Welche ... Belange bei fachplanerischen Entscheidungen, die ... den Anforderungen des Abwägungsgebots unterliegen, zu berücksichtigen sind, richtet sich nach dem Gegenstand, der Reichweite und den Auswirkungen der konkreten Planung"[367].

Des weiteren kann auf der Grundlage der schon früher dargestellten Erkenntnisse zur Struktur der Konkretisierung[368] den Ergebnissen der Realanalysen von Hoppe, die auf die Verschränkung von Zusammenstellung und Gewichtung hinweisen[369], zugestimmt werden: Soweit inventio und Wertung ineinander greifen, liegt eine gewichtende – und somit in den Bereich administrativer Eigenverantwortung fallende – Erfassung der entscheidungserheblichen Gesichtspunkte vor[370].

---

363 S. oben, 2. Kap.; in diesem Sinn kann der Ansicht von Hoppe (DVBl. 1977, 136 [138]) zugestimmt werden, daß das, was nach dem BVerwG der Zusammenstellung des Abwägungsmaterials folgt, einfach „nur der weitere planerische Ablauf" ist. Die gegen die Einheitlichkeit der Entscheidung gerichtete Ansicht von Rubel, Planungsermessen, S. 145f., beruht auf einem rechts(norm)theoretischen Ansatz, der schon in Gestalt der juristischen Begründungslehre von Koch / Rüßmann als unangemessen betrachtet werden mußte (s. oben, 1. Kap., bei und in Fn. 16), kann also nicht durchgreifen.

364 Diese Unterscheidung hält Weyreuther, BauR 1977, 293 [302ff.] dem Tatbestand-Rechtsfolge-Schema entgegen.

365 BVerwG, B. v. 14. 9. 1987 – 4 B 179, 180.87 – NVwZ 1988, 363.

366 So die allgemeine Formel des BVerwG, vgl. nur U. v. 12. 12. 1969 – 4 C 105.66 – E 34, 301 [309].

367 BVerwG, B. v. 7. 12. 1988 – 7 B 98.88 – NVwZ-RR 1989, 241; Breuer, NVwZ 1982, 273 [275] hat zu Recht bemerkt, daß das praktische Vorgehen der Rspr. sich mit der Quintessenz der überwiegenden Rechtslehre deckt.

368 S. oben, 1. Kap., bei Fn. 6.

369 Nach Hoppe ist die Abwägung ein Verfahren der Informationsgewinnung und Informationsverarbeitung, die miteinander verschränkt sind und zwischen denen die „Einstellung der Belange in die Abwägung" Gelenkfunktionen übernimmt; so stellt die Zusammenstellung des Abwägungsmaterials eine gewichtende Selektion und Reduktion der entscheidungserheblichen Gesichtspunkte dar, vgl. DVBl. 1974, 641 [643ff., 646f.]; ders., DVBl. 1977, 136ff.; ders., FG BVerwG, S. 295 [303ff.]; ders., VVDStRL 38 (1980), S. 211 [272ff.]; ders., FS Menger, S. 747 [776f.].

370 Zum Zusammenhang zwischen inventio und Wertung im allgemeinen s. etwa Böckenförde, NJW 1976, 2089 [2097, Fn. 97]; für die Zusammenstellung des Abwägungsmaterials wie hier schon Pfaff, Planungsrechtsprechung, S. 130. (Damit wird

Einbruchstellen dieser Gedanken in die Rechtsprechung dürften zum einen in dem Hinweis des BVerwG darauf zu erblicken sein, daß der Wert seines theoretischen Ansatzes in der Praxis schrumpft[371]; zum anderen in der Tatsache, daß die Gerichte sich mit der auf vernünftigen planerischen Erwägungen beruhenden Zusammenstellung – insbesondere im Umkreis des fachplanerischen Ziels und der dieses ausfüllenden öffentlichen Interessen – begnügen[372]; schließlich in dem Einsatz des Korrektivs, nach dem eine der Behörde unterlaufene Unterlassung erst dann schädlich wird, wenn „gewichtige Belange ... übersehen werden"[373], was im spezifischen Rahmen der Zusammenstellung des Abwägungsmaterials[374] als Unbeachtlichkeit von „geringfügigen" Belangen in Erscheinung tritt[375].

Im Hinblick auf den Umfang des zusammenzustellenden Materials geht die Rechtsprechung dessenungeachtet davon aus, daß in die Abwägung alle diejenigen Belange eingestellt werden müssen, die – in einem weit zu verstehenden Sinn – sachlich wie räumlich, negativ wie positiv von der Planung berührt wer-

---

nicht einer zur Intuition einladenden phänomenologischen Wesensschau – auf die etwa Fingerhut, Kontrolldichte, S. 29ff. aufbaut und Hoppe, DVBl. 1977, 136 [142] bezug nimmt – Vorschub geleistet; die wertende Aufnahme des Materials hat – hier wie anderweitig – damit nichts zu tun, vgl. aus allgemeiner Sicht Lerche, DVBl. 1961, 690 [697]).

Daß auch hier die selbständige Befugnis der Plfbeh durch funktional ausgerichtete Maßstäbe erfaßt werden muß, dürfte nach den allgemeineren Überlegungen zur Aufgabenverteilung zwischen Verwaltung und Verwaltungsgerichtsbarkeit (s. dazu 1. Kap.) sofort einleuchten; dies ist etwa auch der Ansicht von Hoppe, DVBl. 1977, 136 [143] entgegenzuhalten, der auf die Unterscheidung zwischen heteronomen und autonomen Determinanten zurückgreift.

371 S. oben, 3. Kap. C I 1 b (1); vgl. dazu Rubel, Planungsermessen, S. 157, der zu Recht diesen Aspekt aufgreift.

372 Vgl. nur BayVGH, U. v. 29. 3. 1988 – 8 B 85 A.1287, 8 B 85 A.1390 – S. 8ff. des amtl. Umdrucks: Das in bezug auf das Bedürfnis für eine Bundesstraße zusammengestellte Material besteht u.a. in der Feststellung der Strukturschwäche des zu erschließenden Raumes. Das herangezogene Gutachten kommt u.a. zu dem Ergebnis, daß auf der politischen und administrativen Ebene die Verbesserung der Verkehrserschließung als wesentliche Voraussetzung zur Verbesserung der Wirtschaftsstruktur in strukturschwachen Räumen angesehen wird, daß sich aber ein konkreter Nachweis, daß Verkehrsinfrastrukturinvestitionen eigenständige räumliche Entwicklung induzieren können, bisher kaum hat finden lassen. Das verhindert die gerichtliche Feststellung nicht, daß das Ziel der Strukturverbesserung von „vernünftigen Erwägungen" getragen wird, „die diesem Belang eine entsprechende Bedeutung im Rahmen der Abwägung verleihen können".

373 BVerwG, U. v. 5. 7. 1974 – 4 C 50.72 – E 45, 309 [315]. Weyreuther, BauR 1977, 293 [306] weist zu Recht darauf hin, daß darin eine Rückkoppelung zur planerischen Gestaltungsfreiheit liegt.

374 Unabhängig von der Bedeutung, die der „Gewichtigkeit" bei der Bemessung der Durchschlagskraft des Fehlers zukommt; s. dazu unten, 3. Kap. C II 2.

375 Vgl. BVerwG, B. v. 9. 11. 1979 – 4 N 1.78, 4 N 2 - 4.79 – E 59, 87 [103f.]; wie hier schon (ein Entgegenkommen der Rspr. feststellend) Hoppe / Schlarmann, Rechtsschutz, Rdnr. 180 g; zustimmend Kügel, Der Planfeststellungsbeschluß, S. 146 m. Fn. 390.

den[376]. Von dieser Forderung werden nicht nur diejenigen Belange umfaßt, in die zur möglichst optimalen Verwirklichung der gesetzlich vorgegebenen Planungsaufgabe unmittelbar eingegriffen werden muß, sondern auch solche, auf die sich das Vorhaben nur mittelbar auswirkt[377]; in diesem Rahmen auch Betroffenheiten, die unterhalb der fachplanungsspezifischen Zumutbarkeitsgrenze verbleiben und deshalb nicht notwendig Ausgleichsmaßnahmen erfordern[378,379]. Das führt in der Konsequenz – auch mit der Einschränkung der Abwägungsbeachtlichkeit in Fällen (objektiver) Geringwertigkeit und eines grundsätzlichen oder auf die besonderen Umstände des Einzelfalles gründenden Mangels an Schutzwürdigkeit[380] – zu einem nach Umfang und Vielfalt immensen Kreis abwägungserheblicher Umstände und Belange[381].

Die von den Gerichten insoweit verlangte, weitgehend kontrollierbare Sorgfalt bei der Berücksichtigung aller – auch der kleineren und entfernte-

---

[376] Vgl. BVerwG, U. v. 7. 7. 1978 – 4 C 79.76 u. a. – E 56, 110 [128].

[377] Vgl. BVerwG, U. v. 15. 4. 1977 – 4 C 100.74 – E 52, 237 [244f.]; BVerwG, U. v. 22. 6. 1979 – 4 C 8.76 – E 58, 154 [156].

[378] Vgl. BVerwG, B. v. 10. 2. 1989 – 7 B 171.88 – NuR 1989, 347 [348].

[379] Nach dieser Rspr. gehört aus dem Kreis privater Belange zum Abwägungsmaterial (nach Lage der Dinge) etwa die Inanspruchnahme von Eigentum, die Folgen des Landesverlusts (bei landwirtschaftlich genutzten Flächen etwa die Auswirkungen für den Hof als Wirtschaftseinheit einschließlich einer eventuellen Existenzgefährdung, vgl. BVerwG, U. v. 27. 3. 1980 – 4 C 34.79 – DVBl. 1980, 999), die mittelbaren Auswirkungen des Vorhabens auf die Nachbargrundstücke mit den sich im Umkreis der Zumutbarkeitsfrage stellenden Differenzierungsfragen und den gebotenen Ausgleichsmaßnahmen (vgl. BVerwG, U. v. 30. 5. 1984 – 4 C 58.81 – E 69, 256 [276]) sowie Erwägungen über eventuelle Übernahmeansprüche (vgl. BVerwG, U. v. 23. 1. 1981 – 4 C 4.78 – E 61, 295 [305f.]), der Anliegergebrauch (vgl. BVerwG, U. v. 11. 11. 1983 – 4 C 82.80 – DÖV 1984, 426f.), eine auf widerrufliche Erlaubnis beruhende Grundstückszufahrt (vgl. BVerwG, U. v. 22. 6. 1979 – 4 C 8.76 – E 58, 154 [159ff.]), das wirtschaftliche Interesse an der Aufrechterhaltung einer bestimmten vorteilhaften Verkehrslage (BVerwG, U. v. 11. 11. 1983 – 4 C 82.80 – DÖV 1984, 426 [427]), das Erweiterungsinteresse eines vorhandenen Gewerbebetriebs (vgl. BayVGH, U. v. 11. 8. 1987 – 20 B 86.02982 – BayVBl. 1988, 147 [149] unter Hinweis auf BVerwG, U. v. 16. 4. 1971 – 4 C 66.67 – BayVBl. 1972, 189), die Wegeverbindung zwischen einem bäuerlichen Anwesen und den dazugehörenden Betriebsflächen (BVerwG, U. v. 18. 12. 1987 – 4 C 49.83 – NVwZ 1989, 147 [148]), die nachteiligen Folgen einer Einbeziehung von Grundstükken in die Anbauverbotszone (vgl. BVerwG, U. v. 14. 4. 1978 – 4 C 68.76 – DVBl. 1978, 618 [622]) oder die Interessen von Mietern und Pächtern; vgl. zum Ganzen Ibler, Schranken, S. 229ff.; Kühling, Fachplanungsrecht, Rdnrn. 186ff.

[380] Die Schutzwürdigkeit fehlt den Belangen „grundsätzlich", wenn sie etwa nicht im Einklang mit der Rechtsordnung stehen und „aufgrund der besonderen Umstände des Einzelfalles", wenn etwa deren Träger sich darauf einstellen müssen, daß „so etwas geschieht", und wenn deshalb ihrem etwaigen Vertrauen in den Bestand oder Fortbestand etwa einer bestimmten Markt- oder Verkehrslage die Schutzwürdigkeit fehlt; vgl. BVerwG, B. v. 9. 11. 1979 – 4 N 1.78, 4 N 2 - 4.79 – E 59, 87 [102f.]; BVerwG, U. v. 11. 11. 1983 – 4 C 82.80 – DÖV 1984, 426 [427]; BVerwG, B. v. 14. 9. 1987 – 4 B 179, 180.87 – NVwZ 1988, 363; BVerwG, U. v. 18. 12. 1987 – 4 C 49.83 – NVwZ 1989, 147 [148]; BVerwG, U. v. 4. 5. 1988 – 4 C 2.85 – NVwZ 1989, 151.

[381] Darauf und auf die Konsequenzen für die Leistungsfähigkeit der Verwaltung hat Hoppe wiederholt hingewiesen, vgl. nur DVBl. 1977, 136 [139].

ren – Auswirkungen des Vorhabens erscheint allerdings in angemessenerem Licht, wenn gleichzeitig ihre Nebeneffekte mitbedacht werden. Mit einer Erweiterung der Anforderungen an die Zusammenstellung des Abwägungsmaterials wächst zwar die Gefahr, daß Abwägungsdefizite auftreten. Durch diese Erweiterung werden aber vornehmlich Gesichtspunkte geringeren Gewichts in den Kreis abwägungserheblicher Belange mit einbezogen. Die Nichtberücksichtigung solcher Gesichtspunkte entfaltet ihrerseits eine entsprechend geringe Durchschlagskraft, so daß sie letzten Endes nur beschränkt zur Aufhebung des Planfeststellungsbeschlusses führt[382]. Im Gesamtergebnis hat also die aus jeder Zunahme des zusammenzutragenden Materials resultierende Fehleranfälligkeit des Planfeststellungsbeschlusses nicht eine entsprechende Verringerung von dessen verwaltungsgerichtlicher Bestandskraft zur Folge.

Es ist jedoch nicht nur der Gesamtzusammenhang der Auswirkungen materiell-rechtlicher Fehlerhaftigkeit auf die verwaltungsgerichtliche Bestandskraft der Entscheidung, der auch bei Zugrundelegung der von der Rechtsprechung konstatierten höheren Anforderungen eine nüchterne Einschätzung der in Rede stehenden Abwägungsstufe ermöglicht; darüber hinaus erfahren die engeren materiell-rechtlichen Anforderungen selbst eine an der strukturellen Leistungsfähigkeit der Planfeststellungsbehörde und den spezifischen Bedingungen ihrer Informationsbeschaffung ausgerichtete sachgerechte Mäßigung.

Es entspricht ständiger Rechtsprechung des BVerwG, daß die Abwägungsbeachtlichkeit neben ihrer Ausrichtung nur auf Betroffenheiten, die „mehr als geringfügig" sind und deren Eintritt „zumindest wahrscheinlich ist" sich auf solche Betroffenheiten beschränkt, die für die Planfeststellungsbehörde als abwägungsbeachtlich erkennbar sind; diese Erkennbarkeit wird als nicht gegeben angesehen, wenn sich die Abwägungserheblichkeit nicht aufdrängt und wenn die Planbetroffenen nicht ohne weiteres als abwägungserheblich erkennbare Umstände im Zuge der Bürgerbeteiligung oder auf andere zulässige Weise rechtzeitig in das Planungsverfahren nicht einbringen[383].

---

[382] In diesem Zusammenhang und in diesem Sinn kommt die einschränkende Aussage des BVerwG, daß nur das Übersehen „gewichtiger" Belange zur Aufhebung führt, voll zur Geltung. Zum Aspekt der variablen Durchschlagskraft der Belange s. unten, 3. Kap. C II 2.

[383] Nach der Rspr. entspricht diese Einschränkung dem Zweck der Beteiligungsvorschriften des Fachplanungs- und des heranzuziehenden Verwaltungsverfahrensgesetzes, denen nicht zuletzt die Aufgabe zukomme, der planenden Stelle Interessen(betroffenheiten) sichtbar zu machen, vgl. B. v. 9. 11. 1979 – 4 N 1.78, 4 N 2 - 4.79 – E 59, 87 [103f.]; U. v. 13. 9. 1985 – 4 C 64.80 – BayVBl. 1986, 153f.; B. v. 7. 12. 1988 – 7 B 98.88 – NVwZ-RR 1989, 241; aus der Literatur vgl. zur praktischen Informationsbeschaffung der Plfbeh und zur durch diese Rspr. konstruierten materiellen Präklusion nicht offensichtlicher privater Belange Kühling, Fachplanungsrecht, Rdnrn. 186ff.; Ibler, Schranken, S. 225f., 239.

Die in dieser Rechtsprechung zum Ausdruck kommenden Praktikabilitäts- und Effizienzüberlegungen sind weiter Grundlage für die vom BVerwG ebenfalls akzeptierte Möglichkeit einer Wahrunterstellung[384] und die nach Lage der Dinge erfolgende Senkung der Anforderungen an die Individualisierung der Belange[385] und die Genauigkeit der Feststellung entscheidungserheb-

---

[384] Die Plfbeh darf das tatsächliche Vorbringen der Betroffenen (und wohl auch das Vorhandensein einer Betroffenheit im allgemeinen) als wahr unterstellen, darf sich aber andererseits nicht zu weit von der Realität entfernen. Die Grenzen einer zulässigen Wahrunterstellung sind nach dem Urteil des BVerwG vom 27. 3. 1980 (- 4 C 34.79 - DVBl. 1980, 999 [1000]) dann überschritten, „wenn der für die Abwägung maßgebliche Sachverhalt mit einer Wahrunterstellung in Wirklichkeit nicht in sachdienlicher Weise erfaßt werden kann, sei es etwa, daß der zu unterstellende Sachverhalt die Gesamtkonzeption der Planung in einem wesentlichen Punkt betrifft, oder sei es, daß die Feststellung des zur Rede stehenden Sachverhalts ohne eine gleichzeitige Wertung der festzustellenden tatsächlichen Umstände nicht möglich ist, insbesondere wenn die Bedeutung eines privaten Belanges im Verhältnis zu den ihm widerstreitenden öffentlichen Belangen nur bei näherer Kenntnis aller ihn betreffenden Einzelheiten hinreichend erfaßt werden kann“. Zum anderen verstehe sich von selbst, „daß eine Wahrunterstellung zugunsten eines Planbetroffenen dann ausgeschlossen ist, wenn sich die damit als nachgewiesen behandelte Beweistatsache in der Abwägung zum Nachteil eines anderen Planbetroffenen auswirken kann“. Vgl. dazu auch BVerwG, U. v. 23. 1. 1981 - 4 C 4.78 - E 61, 295 [304]; aus der Literatur Broß, VerwArch. 1984, 425 [434f.]; Kügel, Der Planfeststellungsbeschluß, S. 147f.; Kühling, Fachplanungsrecht, Rdnrn. 194ff.; Steinberg, Nachbarrecht, III Rdnrn. 173f.

[385] Vgl. BVerwG, U. v. 7. 7. 1978 - 4 C 79.76 u. a. - E 56, 110 [128]: „Die ... Forderung nach einer vollständigen Erfassung der abwägungserheblichen Belange besagt nicht, daß die zu erfassenden Belange im Abwägungsvorgang notwendig auch schon individualisiert sein müßten. Der Grad der im Abwägungsvorgang erforderlichen und angebrachten Individualisierung muß vielmehr der Größenordnung des jeweiligen Planvorhabens angemessen und kann bei raumgreifenden Großprojekten unter Umständen nur sehr gering sein. Das führt nicht zu einer Vernachlässigung der einzelnen betroffenen Belange, sondern wird ihnen in besonderer Weise gerecht. Sie gehen im Abwägungsvorgang in die von der Planungskonzeption her bestimmte planerische Gesamtschau ein und schlagen insoweit durch die Summierung mit den ihnen entsprechenden Belangen anderer Betroffener in dem insgesamt zu berücksichtigenden Abwägungsmaterial zu Buche. Andererseits gewährleisten die rechtlichen Anforderungen an das Abwägungsergebnis, daß die individuellen Belange der einzelnen Betroffenen je mit dem ihnen zukommenden Gewicht gewertet werden. Das setzt für diese - nicht mehr auf das Abwägen, sondern auf das Abgewogensein ausgerichtete - Stufe der Abwägung die individuelle Ermittlung und Berücksichtigung der betroffenen Einzelbelange voraus“.

Obwohl das BVerwG durch seine Ausführungen zum Abwägungsergebnis die Senkung der Anforderungen an die Individualisierung zurücknimmt (vgl. zum Zusammenhang zwischen Abwägungsvorgang und -ergebnis, der solche Differenzierungen nicht zuläßt, unten, 3. Kap. C II 2), muß seinen Gedanken zum Abwägungsvorgang voll zugestimmt und diese (bei angemessener Erfassung des Verhältnisses von Vorgang und Ergebnis) auf die Entscheidung bezogen werden. (A. A. Steinberg, Nachbarrecht, III Rdnr. 175, der den Äußerungen des BVerwG zum Abwägungsergebnis den Vorzug gibt, damit aber der strukturellen Leistungsfähigkeit der Plfbeh nicht Genüge tut).

Zu den milderen Anforderungen an die Individualisierung (in bezug auf die beim Lärmschutz zu beachtenden Differenzierungen nach Gebiets- und Lärmarten sowie Vorbelastung und damit Schutzwürdigkeit und -bedürftigkeit der Belange) vgl. auch BVerwG, U. v. 30. 5. 1984 - 4 C 58.81 - E 69, 256 [276]: „Vermag die Planfeststellicher Auswirkungen[386]. Die durch diese verantwortungsgerechte Interpretation gewonnenen Maßstäbe können nicht im Sinne einer bloßen Senkung der materiell-rechtlichen Anforderungen verstanden werden, die aber auch in dieser Gestalt mit einer vollen gerichtlichen Kontrolle des Verwaltungshandelns in jedem konkreten Einzelfall verbunden sind[387]. Ihre Bedeutung für die Verwaltungsverantwortung wird erst mit der Erkenntnis voll erfaßt, daß sie nur für eine eingeschränkte Nachprüfung Raum lassen. Soweit dies dem Verständnis des BVerwG entspricht, muß den Ansätzen seiner Rechtsprechung beigepflichtet werden; denn insofern liegt sie auf der Linie des schon früher[388] dargestellten Kompetenzverhältnisses.

(3) Die gerichtliche Kontrollintensität im Hinblick auf Planungsalternativen und auf die prognostischen Elemente der Entscheidung

Der allgemeinere Rahmen der Kontrollintensität bei der Zusammenstellung des Abwägungsmaterials beansprucht auch in bezug auf Planungsalternativen und die prognostischen Elemente der Entscheidung Geltung. Während bei der Frage der Planungsalternativen die Rücksicht auf die strukturelle Leistungsfähigkeit der verantwortlichen Verwaltung stärker in den Vordergrund tritt, wird bei Prognosen von der Verwaltungsverantwortung die Befugnis der Planfeststellungsbehörde getragen, sich relativ selbständig mit der Unsicherheit der Zukunft auseinanderzusetzen.

(a) Der Umfang gerichtlicher Kontrolle bei Planungsalternativen

Zusammenstellung des Abwägungsmaterials bedeutet auch die Zusammenstellung aller Gesichtspunkte, aus denen gefolgert wird, welcher Vorteil welchen Belangs welchen Nachteil welchen Belangs aufwiegt. Das setzt die

---

lungsbehörde solchen Unterschieden nicht in der an sich gebotenen Weise Rechnung zu tragen, weil zum Beispiel die Vielzahl der Einzelfälle dies sinnvoll nicht gestattet, so kann sie nach Lage der Dinge gleichartig betroffene Grundstücke zusammenfassen oder sie muß nach Art einer „Meistbegünstigung" allgemein den Lärmschutz gewähren, den die schutzwürdigsten und schutzbedürftigsten Grundstücke der durch Fluglärm beeinträchtigten Umgebung beanspruchen können".

[386] Wie genau die Feststellung entscheidungserheblicher Auswirkungen des Vorhabens sein muß, hängt von der praktischen Bedeutung der Einzelheiten für die Abwägung ab, vgl. Kühling, Fachplanungsrecht, Rdnr. 189. Hinsichtlich der Grundstücksinanspruchnahme kann ein Lageplan im Maßstab von 1:1500 durchaus genügen, die Betroffenheiten aufzuzeigen, vgl. BVerwG, B. v. 12. 8. 1983 – 4 B 16.83 – Buchholz 407.4 § 17 FStrG Nr. 53. Zur Verwertung dieses Gedankens bei Planungsalternativen s. unten, 3. Kap. C I 1 b (3) (a).

[387] Vgl. zu dieser Konstellation die Kritik von Püttner, in: Götz / Klein / Starck (Hrsg.), Die öffentliche Verwaltung, S. 134f.

[388] S. oben, 2. Kap.

Berücksichtigung und Einstellung in die Abwägung des Maßes wechselseitiger Berührung der Belange bei verschiedenen Standort (Trassen)-, Dimensionierungs- und Ausgestaltungsalternativen voraus. Wegen der Vielzahl der Interessen und der Dynamik der Materie (sachlich wie räumlich) gibt es unterhalb der offenen gesetzlichen Vorgaben unzählige denkbare Kombinationsmöglichkeiten der Belange[389], so daß die Frage der Planungsalternativen einen für die Aufgabe der Planfeststellungsbehörde und für die Aufgabenverteilung zwischen ihr und der Verwaltungsgerichtsbarkeit besonders empfindlichen Sektor darstellt.

Es ist kennzeichnend, daß die von der Rechtsprechung erarbeiteten, eher an den Auswirkungen des endgültig geplanten Vorhabens ausgerichteten allgemeinen Anforderungen an die Zusammenstellung des Abwägungsmaterials im hier interessierenden spezifischen Zusammenhang von vornherein gemildert werden: Von der Behörde wird nicht die erschöpfende Berücksichtigung aller möglichen Planungsalternativen verlangt (folgerichtig mit Ausnahme derjenigen, deren Auswirkungen nur geringfügig variieren), sondern nur die ernsthafte Prüfung derjenigen, die nach Lage der Dinge ernsthaft in Betracht kommen[390].

Dieser vom BVerwG erarbeitete Grundsatz weist in die angemessene Richtung hin. Maßstab und Leitmaß der gerichtlichen Kontrolle können insofern nicht die denkbaren Alternativmöglichkeiten sein[391], sondern nur das, was

---

[389] Welche Ausmaße sie erlangen können, zeigen die Ausführungen des BVerwG im Urteil vom 30. 5. 1984 - 4 C 58.81 - E 69, 256 [273f.] zur Frage der Bahnkonfigurationsalternativen bei der Planung des Flughafens München II: Es waren „unzählige Zwischenlösungen“ denkbar, da nicht nur das Maß der Verkürzung des Abstands der Start- und Landebahnen variiert, sondern auch von Norden, von Süden oder mehr oder weniger gleichmäßig verkürzt werden könnte und schließlich auch eine Kombination mit einer Drehung des Bahnsystems denkbar wäre, wobei wiederum mehrere Drehpunkte in Betracht kämen.

[390] St. Rspr., vgl. BVerwG, U. v. 30. 5. 1984 - 4 C 58.81 - E 69, 256 [273] unter Hinweis auf U. v. 11. 12. 1978 - 4 C 13.78 - Buchholz 442.40 § 6 LuftVG Nr. 8 (S. 11); BVerwG, B. v. 20. 12. 1988 - 7 NB 2.88 - JZ 1989, 538 [540]: „ernsthaft sich anbietende Alternativlösungen“; vgl. auch die - aus der Sicht der allgemeineren Rspr. des BVerwG zur Zusammenstellung des Abwägungsmaterials folgerichtige - Rückkoppelung zum PlfVf beim VGH BW, U. v. 21. 10. 1988 - 5 S 1088/88 - NVwZ-RR 1989, 354 [356]: „Es reicht ... aus, wenn neben der zur Planfeststellung gestellten Trasse noch diejenigen Trassen untersucht werden, die sich entweder aufgrund der örtlichen Verhältnisse von selbst anbieten oder aber im Planauslegungsverfahren vorgeschlagen worden sind und ernsthaft in Betracht kommen“; s. aus der Literatur Steinberg, Nachbarrecht, III Rdnrn. 169f.

[391] Zu weitgehend BayVGH, B. v. 16. 4. 1981 - 20 CS 80 D.61 - BayVBl. 1981, 401 [406]: „... [es] ist ... von entscheidender Bedeutung, ob eine Planungsvorstellung die einzig denkbare ist oder nicht“; Kügel, Der Planfeststellungsbeschluß, S. 147, Fn. 393, soweit er die Untersuchung von Alternativtrassen für erforderlich hält, deren Bau möglich erscheint. Zutreffend VGH BW, U. v. 21. 10. 1988 - 5 S 1088/88 - NVwZ-RR 1989, 354 [356]: „Die Planfeststellungsbehörde ist nicht verpflichtet, sämtlichen theoretisch möglichen Lösungen einer Ausgestaltung der Trasse zwischen Baubeginn und Bauende von sich aus nachzugehen.“

der konkreten Problemgestaltung, dem Ausmaß der Auswirkungen der von der Behörde präsentierten Lösung und der strukturellen Leistungsfähigkeit der Behörde angemessen ist. Das verschafft eine hier dringend notwendige Flexibilität: je mehr die Struktur des Vorhabens die Zahl denkbarer Planungsvarianten steigen läßt, desto mehr kann (gemessen an dem theoretisch Möglichen) der Kreis der „ernsthaft in Betracht kommenden“ in einen Kreis der „sich anbietenden“ oder sogar „aufdrängenden“ Alternativen übergehen. Dieses flexible Instrumentarium führt (bei entsprechend eingeschränkter Kontrolle[392]) dazu, daß sich die Gerichte nicht an die planerische Konzeption zu halten haben[393], ohne daß sie aber zu sehr in die Planung hineinregieren und der Planfeststellungsbehörde über deren Aufgabe des aktiven Suchens anderer Möglichkeiten[394] hinausgehende Pflichten auferlegen, die diese – auch computerunterstützt – kaum bewältigen kann.

Daran muß man sich auch im Hinblick auf die Frage orientieren, inwieweit die Planfeststellungsbehörde die Planungsalternativen vorantreiben muß. Deshalb kann keine Pflicht der Planfeststellungsbehörde angenommen werden, aus den Planungsalternativen Alternativplanungen mit Bauausführungsreife zu machen, diese also so genau zu erarbeiten, daß sie Grundlage einer Planfeststellung sein könnten[395]. Der VGH BW hält es für den im Rahmen der Abwägung gebotenen Trassenvergleich für ausreichend, wenn die Pläne der verschiedenen Trassen so ausgearbeitet sind, „daß der mit den örtlichen Verhältnissen und den Besonderheiten der jeweiligen Straße vertraute Betrachter die Vor- und Nachteile der verschiedenen Alternativen beurteilen kann.“[396] Entsprechend gesenkt (und mit einer Kontrolleinschränkung verbunden) sind auch die Anforderungen an die Individualisierung der Belange und die Genauigkeit der erforderlichen Feststellungen[397].

---

[392] S. dazu oben, 3. Kap. C I 1 b (2) a.E.

[393] Vgl. dazu BVerwG, B. v. 20. 7. 1979 – 7 CB 21.79 – NJW 1980, 953 [954]; BayVGH, B. v. 16. 4. 1981 – 20 CS 80 D.61 – BayVBl. 1981, 401 [406].

[394] Vgl. dazu BVerwG, B. v. 20. 7. 1979 – 7 CB 21.79 – NJW 1980, 953 [954]; Steinberg, Nachbarrecht, III Rdnr. 170, mit einer differenziert zu verstehenden Position; im Ansatz zu restriktiv, jedoch der Rspr. des BVerwG folgend Hoppe / Schlarmann, Rechtsschutz, Rdnr. 180 i.

[395] Vgl. VGH BW, U. v. 21. 10. 1988 – 5 S 1088/88 – NVwZ-RR 1989, 354 [356].

[396] U. v. 21. 10. 1988 – 5 S 1088/88 – NVwZ-RR 1989, 354 [356]; vgl. zum gebotenen Umfang auch VGH BW, U. v. 23. 6. 1988 – 5 S 1030/87 – NVwZ-RR 1989, 349 [352f.], wo das Gericht zutreffend einen Fehler beim Zusammentragen des Abwägungsmaterials annimmt, weil bei der Entscheidung zugunsten einer Trasse wegen der von der Alternativtrasse ausgehenden starken Lärmbeeinträchtigungen der Frage nicht im einzelnen nachgegangen wurde, in welchem Umfang sich die Beeinträchtigungen durch Lärmschutzmaßnahmen (Lärmschutzwälle und -wände) vermindern oder sogar beseitigen ließen.

[397] Dazu oben, 3. Kap. C I 1 b (2) a.E.

(b) Die gerichtliche Nachprüfung der exekutivischen Abschätzung künftiger Entwicklungen im Fachplanungszusammenhang[398]

Auch im Rahmen der Zusammenstellung des Abwägungsmaterials für die fachplanerische Entscheidung stößt man auf das breitere Problem der Gültigkeitsbedingungen und der gerichtlichen Überprüfung administrativer Prognosen[399]. Die durch die Prognoseabhängigkeit der fachplanerischen Entscheidung eröffnete Problematik kann vorab in zweifacher Weise präzisiert werden. Zum einen mit der Einsicht, daß der Akzent hier vorrangig auf dem Problem der Erarbeitung und der Gültigkeit einer den zukünftigen Eintritt von Zuständen und/oder Ereignissen angebenden Aussage liegt und nicht auf dem (damit allerdings verwandten) Aspekt der Zukunftsorientierung der der Verwaltung erteilten Gestaltungsermächtigung[400]. Zum anderen mit der Erkenntnis, daß eine Besonderheit dieser Frage gegenüber dem übrigen Problem der angemessenen Aufgabenverteilung zwischen Verwaltung und Verwaltungsgerichtsbarkeit nicht mit dem Argument begründet werden kann, daß hier die Grenzen gerichtlicher Kontrolle der Ungewißheit der Zukunft und nicht einer gesetzlichen Wahlfreiheit der Verwaltung entspringen[401]; denn vor dem spezifischen Hintergrund der (auf die subjektiven Grenzen menschlicher Erkenntnis und die objektiven Divergenzspannen der Zukunft gründenden[402]) Unsicherheit der Aussagen über künftige Entwicklungen stellt sich auch hier die allgemeinere Frage, nämlich welches Maß an Entscheidungsbefugnis einem jeden Funktionsträger zukommt.

Die fachplanungsspezifische Anwendung des überwiegend anerkannten materiellen Prüfungskatalogs bei Prognosen[403] wird davon auszugehen haben,

---

[398] Hier kann nur auf die allgemeinere Problematik eingegangen werden; zum Sonderproblem der vorausschauenden Abschätzung einer Vermeidung oder Milderung von Nachteilen für bestimmte Betroffene durch eine Unternehmensflurbereinigung s. BVerwG, U. v. 18. 12. 1987 – 4 C 32.84 – NVwZ 1989, 145 [146f.]; BVerwG, U. v. 18. 12. 1987 – 4 C 49.83 – NVwZ 1989, 147 [148]; BVerwG, U. v. 3. 5. 1988 – 4 C 26.84 – NVwZ 1989, 149 [150]; Kühling, Fachplanungsrecht, Rdnrn. 204ff.; ders., DVBl. 1989, 221 [222].

[399] S. aus der allgemeineren Literatur zum Prognoseproblem Ossenbühl, DVBl. 1974, 309 [313]; ders., FG BVerfG, S. 458 [496ff.] (zur bundesverfassungsgerichtlichen Überprüfung gesetzgeberischer Prognosen); ders., FS Menger, S. 731; Hoppe, FG BVerfG, S. 663 [688f.]; Nierhaus, DVBl. 1977, 19; Breuer, Der Staat 16 (1977), 21; Tettinger, Rechtsanwendung, S. 429ff.; ders., DVBl. 1982, 421; Pfaff, Planungsrechtsprechung, S. 134ff.; Koch, AllgVerwR, S. 144ff.; Badura, FS Bachof, S. 169 [178f.]; Schmidt-Aßmann, in: MDHS, GG, Art. 19 Abs. 4, Rdnr. 198; Paefgen, BayVBl. 1986, 513, 551, jeweils m.w.N.

[400] S. dazu oben, 3. Kap. A II 4 m.w.N. in Fn. 205.

[401] Das sieht Badura, FS Bachof, S. 169 [179]; ders., FG Gesellschaft für Rechtspolitik, S. 27 [35] als entscheidend an; ihm folgend Ibler, Schranken, S. 180f.

[402] Vgl. Tettinger, DVBl. 1982, 421 [423 m.Fn. 34].

[403] S. dazu Hoppe, FG BVerwG, S. 295 [310ff.]; Tettinger, DVBl. 1982, 421 [427]; Paefgen, BayVBl. 1986, 551 [554f.].

daß die Kontrolle der Prognosebasis (der zutreffenden Ermittlung des der Prognose zugrundegelegten Sachverhalts[404]) denselben Einschränkungen unterliegt wie die Zusammenstellung des Abwägungsmaterials im allgemeinen[405]. Denn auch hier wird die Problematik nicht nur von dem Grundsatz beherrscht, daß je größer die Opfer sind, die ein Vorhaben an öffentlichen Mitteln, Gütern der Allgemeinheit und privaten Belangen erfordert, desto sorgfältiger die Behörde sich Rechenschaft darüber ablegen muß, ob die von ihr gehegten positiven Erwarungen eintreten und ob sich die Nachteile in den erwarteten Grenzen halten werden[406], sondern auch von der strukturellen Leistungsfähigkeit der Verwaltung und deren Verantwortung mitgespeist.

In methodischer Hinsicht wird von den Gerichten „die Wahl einer geeigneten fachspezifischen Methode"[407] und insgesamt die Frage geprüft, ob die Prognose „in einer der jeweiligen Materie angemessenen und methodisch einwandfreien Weise erarbeitet worden ist"[408]. In diesem Zusammenhang werden in der Literatur die Bedeutung der Inanspruchnahme eines dem jeweiligen Gegenstand angemessenen Verfahrens[409] und die Pflicht der Behörden, sich an dem gegebenen Wissensstand zu orientieren und je nach Problem, Zeit und Aufwand gegebenenfalls mehrere Prognoseverfahren zu kombinieren[410], zutreffend betont. Diese Gründe vermögen jedoch nicht generell eine volle gerichtliche Nachprüfungsbefugnis zu begründen[411]; und in diesem Rahmen auch nicht generell eine unbeschränkte Befugnis der Gerichte, über Streitigkeiten zwischen Sachverständigen zu entscheiden. Soweit hier die Ungewißheit divergierender Expertenmeinungen (etwa über die Bestimmung des Kreises relevanter Indikatoren und Basisdaten, über die Struktur der einzubringenden Basisdaten, über Art und Dichtegrad der Zusammenhänge zwischen den verschiedenen Variablen[412] sowie über die Treffsicherheit der verschiedenen Prognoseverfahren bei verschiedenen Materien und Prognosezeiträumen[413] besteht und soweit diese Unsicherheit sich auf die Frage nach der

---

404 Vgl. BVerwG, U. v. 5. 12. 1986 - 4 C 13.85 - E 75, 214 [234].

405 S. dazu oben, 3. Kap. C I 1 b (2); wie hier schon Hoppe, FG BVerwG, S. 295 [311].

406 S. dazu Kühling, Fachplanungsrecht, Rdnr. 199.

407 BVerwG, U. v. 5. 12. 1986 - 4 C 13.85 - E 75, 214 [234].

408 BVerwG, U. v. 7. 7. 1978 - 4 C 79.76 u.a. - E 56, 110 [121]; BVerwG, U. v. 6. 12. 1985 - 4 C 59.82 - E 72, 282 [286].

409 Vgl. Tettinger, DVBl. 1982, 421 [427]; Paefgen, BayVBl. 1986, 513 [520].

410 Vgl. Tettinger, DVBl. 1982, 421 [427f.].

411 So aber Tettinger, DVBl. 1982, 421 [427f.]; für eine Vollkontrolle auch Paefgen, BayVBl. 1986, 513 [520]; dagegen etwa Schmidt-Aßmann, VVDStRL 34 (1976), S. 221 [256]; Nierhaus, DVBl. 1977, 19 [24]; Hoppe, FG BVerwG, S. 295 [311].

412 Vgl. zu diesen Problemen Philippi, Tatsachenfeststellungen, S. 124ff. [129ff., 143ff.].

413 S. dazu Philippi, Tatsachenfeststellungen, S. 139f., 144, 146ff.; für eine Einschätzung der Brauchbarkeit verschiedener Methoden für langfristige Prognosen vgl. Bekker, Öffentliche Verwaltung, S. 774ff.

„geeigneten" und „der jeweiligen Materie angemessenen" Prognosemethode auswirkt und sich dadurch auf das Ergebnis überträgt, ist die Methodenproblematik zu einem guten Teil mit der Frage der Verantwortung verflochten – und zwar mit der Verantwortung des jeweiligen Funktionsträgers für die Prognose*entscheidung*[414].

Sofern also – wie es im Fachplanungsrecht der Fall ist – die bereichsspezifische Eigenverantwortung der Verwaltung für die Prognoseentscheidung zum Zuge kommt, wird von ihr auch eine Einschränkung der Kontrolle der Prognosemethode getragen[415]. Das darf aber nicht im Sinne einer extremen Position mißverstanden werden, die der planenden Verwaltung erlauben würde, nach Belieben zu verfahren und auch etwa intuitive Methoden zu gebrauchen. Solches wird von der fachplanungsspezifischen Verteilung der Entscheidungsbefugnisse nicht gedeckt[416].

Mit der Kontrolle der Prognosemethode, der Konsistenz ihrer Anwendung und der einleuchtenden Begründung der Projektion der verfügbaren Daten in die Zukunft wird schließlich auch die Kontrolle des Prognoseergebnisses in angemessenem Umfang garantiert[417].

Ob die Prognose durch die spätere tatsächliche Entwicklung mehr oder weniger bestätigt oder widerlegt ist, kann nach der ausgewogenen Rechtsprechung des BVerwG nur eingeschränkt Gegenstand der gerichtlichen Kontrolle sein[418]. Das Gericht darf nur solche Umstände, Daten und Entwicklungstendenzen berücksichtigen, die auch schon im Zeitpunkt des Prognoseurteils nach den seinerzeit zur Verfügung stehenden Erkenntnismitteln vorhanden oder voraussehbar waren[419]. Diese der Kontrollfunktion der Verwaltungsge-

---

[414] Zum Prognoseproblem als Verantwortungsproblem s. nur Ossenbühl, DVBl. 1978, 1 [6]; zur Frage der Entscheidungsbefugnisse von Justiz und Verwaltung bei von Fachgutachtern nicht zuverlässig auszuräumender Ungewißheit als Frage funktionsadäquater Aufgabenverteilung vgl. Grimm, in: S.v. Buiren / E. Ballerstedt / D. Grimm, Richterliches Handeln und technisches Risiko, S. 25ff., 45ff. (mit einer bereichsspezifischen Argumentation par excellence in bezug auf die technische Sicherheit bei Kernkraftwerken).

[415] Zu Recht sprechen sich Hoppe / Schlarmann, Rechtsschutz, Rdnr. 180 p; Steinberg, Nachbarrecht, III Rdnr. 178 für eine eingeschränkte Kontrolle der Prognosemethode im Fachplanungsbereich aus.

[416] In der Ablehnung eines solchen administrativen „Prognosespielraums" ist Tettinger, DVBl. 1982, 421 [427] voll zuzustimmen.

[417] S. zum Zusammenhang zwischen Vorgang und Ergebnis unten, 3. Kap. C II 2; a.A. Hoppe / Schlarmann, Rechtsschutz, Rdnr. 180 q, die von einem Unterschied des Verhältnisses zwischen Vorgang und Ergebnis bei Prognosen und bei der Abwägung ausgehen; wie hier wohl schon Ibler, Schranken, S. 270f.

[418] Vgl. BVerwG, U. v. 7. 7. 1978 – 4 C 79.76 u.a. – E 56, 110 [121f.].

[419] S. BVerwG, U. v. 7. 7. 1978 – 4 C 79.76 u.a. – E 56, 110 [121]; BVerwG, U. v. 5. 12. 1986 – 4 C 13.85 – E 75, 214 [234]; BayVGH, B. v. 29. 1. 1985 – 8 CS 84 A. 3087 – BayVBl. 1985, 500. Zustimmend Badura, FG Gesellschaft für Rechtspolitik, S. 27 [35]; Paefgen, BayVBl. 1986, 513 [520f.] m.w.N. in Fn. 125. Zum Sonderfall des maß-

richtsbarkeit im gewaltenteiligen Rechtsstaat entsprechende Berücksichtigung des Zeitfaktors umschließt aber auch einen weiteren Aspekt: Im Einzelfall ist es nicht ausgeschlossen, das Auseinanderklaffen zwischen Prognose und nachträglicher tatsächlicher Entwicklung jedenfalls als Indiz für eine unsachgemäße Aufstellung der Prognose in Betracht zu ziehen. In Fällen, in denen infolge unvorhersehbarer Ereignisse die tatsächliche Entwicklung von einer zutreffend aufgestellten Prognose in extremer Weise abweicht, kann die Frage gestellt werden, ob der Planfeststellungsbeschluß dadurch funktionslos und deshalb rechtswidrig geworden ist[420].

c) Das Erkennen der Bedeutung der betroffenen Belange und der Ausgleich dieser Belange entsprechend ihrem objektiven Gewicht

(1) Die Konzeption dieses Anknüpfungspunktes und der Umfang gerichtlicher Nachprüfung nach der Rechtsprechung des BVerwG

Nach der Rechtsprechung des BVerwG bildet die umfassende Bewertung und Gewichtung aller von der Planung berührten Belange das Kernstück der planerischen Abwägung. Das Abwägungsgebot ist dabei dann verletzt, wenn die Bedeutung der betroffenen öffentlichen und privaten Belange verkannt wird (Abwägungsfehleinschätzung) oder der Ausgleich zwischen ihnen in einer Weise vorgenommen wird, die zur objektiven Gewichtigkeit einzelner Belange außer Verhältnis steht (Abwägungsdisproportionalität)[421].

Diese „Verletzungstatbestände" – und damit auch die ihnen entsprechenden Anforderungen des Abwägungsgebots – werden von der Rechtsprechung stets unterschieden, stellen aber im bundesverwaltungsgerichtlichen mehrbödigen Abwägungsgebot zusammen eine Stufe dar[422]; das BVerwG hat sie auch in der Forderung zusammengefaßt, daß „die Gewichtung verschiedener Belange in ihrem Verhältnis zueinander nicht in einer Weise erfolgt, durch die die objektive Gewichtigkeit eines dieser Belange völlig verfehlt wird"[423].

---

geblichen Zeitpunkts im Fall eines auf aktualisierte Prognosen beruhenden Änderungsplanfeststellungsbeschlusses s. BayVGH, U. v. 8. 3. 1985 – 20 B 81 D.I – BayVBl. 1985, 399 [403].

[420] S. BVerwG, U. v. 7. 7. 1978 – 4 C 79.76 u.a. – E 56, 110 [122]; BayVGH, B. v. 29. 1. 1985 – 8 CS 84 A.3087 – BayVBl. 1985, 500.

[421] S. U. v. 12. 12. 1969 – 4 C 105.66 – E 34, 301 [309]; U. v. 5. 7. 1974 – 4 C 50.72 – E 45, 309 [314f.]; U. v. 1. 11. 1974 – 4 C 38.71 – E 47, 144 [146]; U. v. 14. 2. 1975 – 4 C 21.74 – E 48, 56 [63f.]; U. v. 7. 7. 1978 – 4 C 79.76 u.a. – E 56, 110 [122f.]; U. v. 16. 3. 1984 – 4 C 46.80 – NVwZ 1985, 108; U. v. 22. 3. 1985 – 4 C 15.83 – E 71, 166 [170f.]; B. v. 20. 12. 1988 – 4 B 211.88 – NVwZ-RR 1989, 458; s. auch Hess VGH, U. v. 7. 1. 1986 – 2 UE 2855/84 – NVwZ 1986, 680 [682].

[422] S. dazu Alexy, JZ 1986, 701 [711, Fn. 116].

[423] U. v. 5. 7. 1974 – 4 C 50.72 – E 45, 309 [315].

Nach dem BVerwG können Vorwürfe, die sich gegen die „elementare planerische Entschließung"[424] der Behörde für die Bevorzugung der einen und damit notwendig für die Zurückstellung anderer Belange richten, „nur in engen Grenzen" zum Erfolg führen, d.h. die Rechtswidrigkeit der Abwägung belegen. Verwaltungsgerichtlich faßbare Rechtsverstöße sollen erst dann vorliegen, wenn die Planfeststellungsbehörde die Belange in einer Weise fehlgewichtet hat, die zu ihrer objektiven Gewichtigkeit „schlechthin außer Verhältnis" steht[425].

Diese Aussagen werden durch die Feststellungen ergänzt, daß – erstens – die planende Verwaltung die Grenzen der ihr zukommenden Gestaltungsfreiheit nicht bereits dann überschritten hat, wenn das Gericht die einander widerstreitenden Belange als gleichgewichtig ansieht[426] (m.a.W.: daß ein eindeutiges Übergewicht der für das Vorhaben sprechenden Gesichtspunkte nicht gegeben zu sein braucht, um von einer sachgerechten Abwägung der Belange ausgehen zu können[427]) und daß – zweitens – das Gericht deshalb einen Belang anders als die Planfeststellungsbehörde bewerten und dennoch das Abwägungsergebnis nicht als fehlgewichtet einstufen kann[428].

Dieser Kontrollansatz soll aber nach dem BVerwG sogar eine Vertretbarkeitskontrolle ausschließen; und dies, obwohl zugleich anerkannt wird, daß quantifizierbare und damit im engeren Sinne vergleichbare Größen nur selten vorhanden sind und obwohl das Gericht betont, daß die Richter auch in dieser Kontrollphase die verwaltungspolitischen, planerischen und gestaltenden Vorstellungen der Planfeststellungsbehörde und damit auch die dieser zukommende Befugnis angemessen zu beachten haben, die Vorzugswürdigkeit des einen gegenüber dem anderen öffentlichen oder privaten Belang zu bestimmen. Die richterliche Argumentation stellt darauf ab, daß die Schwierigkeiten der von der Rechtsordnung verlangten Berücksichtigung und Beachtung von teilweise stark gegenläufigen Belangen, die darin begründet sind, daß planerische Entscheidungen nicht im Sinne nur eines richtigen Ergebnisses abstrahierend bestimmt werden können, die Gerichte nicht veranlassen dürfen, insoweit auf die ihnen obliegende Rechtskontrolle zu verzichten. Das wäre mit Art. 19 Abs. 4 Satz 1 GG nicht zu vereinbaren. Die Ermächtigung zur planerischen Gestaltung sei nur rechtsgebunden gewährt und dürfe nicht als auf die Beachtung nur allgemeiner planerischer Vernünftigkeit gerichtet verstanden werden. Das gelte vor allem dann, wenn der Gesetzgeber einzelne öffentliche

---

[424] So das U. v. 12. 12. 1969 – 4 C 105.66 – E 34, 301 [309]; vgl. auch U. v. 14. 12. 1979 – 4 C 10.77 – E 59, 253 [258]; U. v. 16. 3. 1984 – 4 C 46.80 – NVwZ 1985, 108.

[425] U. v. 7. 7. 1978 – 4 C 79.76 u.a. – E 56, 110 [126].

[426] U. v. 22. 3. 1985 – 4 C 15.83 – E 71, 166 [171].

[427] U. v. 22. 3. 1985 – 4 C 15.83 – E 71, 166 [171]; U. v. 5. 12. 1986 – 4 C 13.85 – E 75, 214 [253].

[428] U. v. 5. 12. 1986 – 4 C 13.85 – E 75, 214 [254].

oder private Belange selbst als objektiv bedeutsam qualifiziert habe. Ob es im Einzelfall derartige gesetzgeberische Bewertungen gebe und ob die Planfeststellungsbehörde diese Bewertung in ihrer Zielsetzung beachtet habe, unterliege der uneingeschränkten gerichtlichen Kontrolle[429].

Konsequenterweise gelten diese Grundsätze nach dem BVerwG auch für Planungsalternativen[430]: „... es ... [ist] ... verfehlt oder zumindest mißverständlich, wenn das Berufungsgericht meint, die Planfeststellungsbehörde habe den beantragten Standort im Hinblick auf einen Alternativstandort nur dann zu verwerfen, wenn sich ihr dieser als „eindeutig besser geeignet" aufdrängen müsse. Für die von der Planfeststellungsbehörde vorzunehmende Abwägung der einzustellenden Belange kommt es stets darauf an, rechtsmindernde Eingriffe nach Möglichkeit zu vermeiden. Dabei kann es zu rechtlich erheblichen Fehlgewichtungen bereits dann kommen, wenn die Behörde die Bedeutung der (objektiv) betroffenen öffentlichen und privaten Belange in einer Weise vorgenommen hat, die zur objektiven Gewichtung einzelner Belange außer Verhältnis steht... Wenn die Planfeststellungsbehörde infolge einer derartigen Fehlgewichtung die Vorzugswürdigkeit eines anderen Standortes verkennt, handelt sie rechtswidrig. In der Rechtsprechung des erkennenden Senats wird hierzu nicht vorausgesetzt, daß sich der Behörde ein anderer Standort als „offensichtlich" besser geeignet aufdrängen mußte"[431].

(2) Die eingeschränkte Nachprüfungsbefugnis des Gerichts in bezug auf die administrative Erfassung des relativen Gewichts der Belange

Soweit das BVerwG davon ausgeht, daß das Erkennen der „Bedeutung" (: der objektiven Gewichtigkeit[432]) der Belange von deren Abwägung (: der Entscheidung über deren Vor- und Zurückstellung) mit der Konsequenz getrennt werden kann, daß „das Gewichten als etwas Gebundenes und das Abwägen als etwas Freies oder doch Freieres"[433] behandelt wird, kann ihm nicht beigepflichtet werden. Denn die Entscheidung darüber, wie welcher Belang welchem Belang zugeordnet werden kann, besteht in nichts anderem als in der

---

429 U. v. 5. 12. 1986 – 4 C 13.85 – E 75, 214 [254].

430 S. U. v. 5. 12. 1986 – 4 C 13.85 – E 75, 214 [253].

431 U. v. 5. 12. 1986 – 4 C 13.85 – E 75, 214 [237]. Siehe aber das Urteil des 7. Senats vom 20. 7. 1979 – 7 CB 21.79 – NJW 1980, 953 [954]: „... nur ... wenn ein anderer Standort eindeutig besser geeignet gewesen wäre, hätte die Planfeststellungsbehörde die Grenzen ihrer planerischen Gestaltungsfreiheit überschritten."

432 Darüber, daß das Erkennen der Bedeutung der Belange nichts anderes als das Erkennen ihres objektiven Gewichts ist, dürfte Einigkeit bestehen, vgl. nur Hoppe, BauR 1970, 15 [17]; Ibler, Schranken, S. 248f.; BayVGH, U. v. 3. 10. 1989 – 8 B 86.3162 u.a. – BayVBl. 1990, 148 [149].

433 Weyreuther, BauR 1977, 293 [300].

Erfassung der dafür maßgeblichen wechselseitigen Verwirklichungs- und Beeinträchtigungsintensitäten[434]; demnach wird das Abwägen vom Gewichten bzw. das Gewichten vom Abwägen aufgesogen[435].

Zutreffend ist im Hinblick darauf schon früh[436] und immer wieder[437] darauf hingewiesen worden, daß eine gerichtlich voll nachprüfbare „objektive Gewichtigkeit" der widerstreitenden Belange eine selbständige exekutivische planerische Entscheidung über die Zuordnung der Belange weitgehend ausschließt.

Diese kann nur bei gemäßigtem Verständnis der Rechtsprechung in angemessenem Umfang erhalten bleiben[438]. Eine Möglichkeit solchen Verständnisses besteht in der Annahme, daß die Vollkontrolle zwar die selbständige gerichtliche Ermittlung der objektiven Gewichtigkeit zur Folge hat, der administrative Entscheidungsspielraum aber gleichzeitig dadurch zum Zuge kommt, daß ein Rechtsverstoß erst bei (schlechthin) unverhältnismäßiger Abweichung der behördlichen von der gerichtlichen Gewichtung angenommen wird[439]. Eine andere Möglichkeit wäre in der Annahme zu sehen, daß das für die Gerichte konstatierte Gebot, sich über die Tragweite und das Gewicht der Belange zu vergewissern[440] und die Anwendung der „objektiven" Bewertungsmaßstäbe des Gesetzes nachzuprüfen als auf einer genügend hohen Allgemeinheitsebene verbleibend erfaßt wird, so daß die substantielle Gewichtung aus dieser Kontrollphase herausfällt[441]. In ähnlicher Weise wird in der Literatur davon ausgegangen, daß das Gericht mit dem „objektiven Gewicht" der Belange ein Evidenzkriterium einführt, das die Ebene unausweichlicher Erkenntnis bezeichnet, auf der das an sich Unmeßbare zu einer praktisch handhabbaren Größe wird[442] bzw. wobei ein Abwägungsfehler erst dann ange-

---

[434] So auch (vor dem Hintergrund eines anderen Ansatzes, aber in der Sache gleich) Alexy, JZ 1986, 701 [711, Fn. 116], der in bezug auf die auch hier bedeutsame Frage des Verhältnisses von Abwägungsvorgang und Abwägungsergebnis zutreffend bemerkt, daß die Gewichtung das Abwägungsergebnis impliziert; s. zu dieser Frage unten 3. Kap. C II 2. A. A. Erbguth, DVBl. 1986, 1230 [1234f.], der aber den Abwägungsvorgang unsachgemäß vom Abwägungsergebnis trennt; Hoppe, in: Ernst / Hoppe, Baurecht, Rdnr. 292.

[435] So Weyreuther, BauR 1977, 293 [300].

[436] Vgl. Papier, DVBl. 1975, 461 [464f.].

[437] S. zuletzt Steinberg, Nachbarrecht, III Rdnr. 155.

[438] Wenn dieses gemäßigte Verständis der Rspr. zugrundeliegt, wäre der Streit weitgehend den „Scheindivergenzen und Verbalstreitigkeiten" zuzurechnen, die nach Weyreuther (BauR 1977, 293 [298]) das Verhältnis von Rspr. und Schrifttum belasten; s. aber auch unten, 3. Kap. C I 1 c (2), Fn. 444.

[439] S. dazu Ibler, Schranken, S. 250f.

[440] Vgl. BVerwG, U. v. 5. 12. 1986 – 4 C 13.85 – S. 91 des amtl. Umdrucks (insoweit in E 75, 214 nicht abgedruckt).

[441] In diesem Fall bestünde hier dieselbe Konstellation, die bei der Planrechtfertigung aufgedeckt werden konnte, vgl. dazu oben, 3. Kap. A II 3 b (1).

[442] So Kühling, Fachplanungsrecht, Rdnr. 231.

nommen werden kann, wenn die Fehlgewichtung für den „objektiven Betrachter" offensichtlich ist[443].

Wird dagegen wirklich auf eine eingehende Kontrolle der Gewichtung abgestellt[444], so sind die Konsequenzen untragbar. Steinberg hat zutreffend betont, daß in einem solchen Fall der immer wieder beschworene „mehr oder weniger ausgedehnte Spielraum an Gestaltungsfreiheit", ohne den die Planung ein Widerspruch in sich sein soll, für die Planfeststellungsbehörde nur dann bestehen bliebe, wenn das kontrollierende Gericht die widerstreitenden Belange als gleichgewichtig ansehen würde; im übrigen könnten die Gerichte ihre planerischen Vorstellungen denjenigen der Verwaltung uneingeschränkt entgegenhalten[445]. Die planerische Abwägung ist jedoch nicht richterliche Aufgabe[446]. Von der Verantwortung des Richters wird im vorliegenden Zusammenhang nur seine Befugnis getragen, den Plan dann zu beanstanden, wenn die objektive Gewichtigkeit völlig verfehlt wurde[447].

Bei einer solchen Kontrolle der Gewichtung der Belange ist des weiteren auch der Gesamtzusammenhang der Entscheidung zu beachten; die Annahme einer Fehlgewichtung aufgrund dessen, was die Planfeststellungsbehörde zulässigerweise als Abwägungsmaterial nicht hat zusammentragen müssen[448], ist demnach ausgeschlossen[449].

Schließlich gelten diese allgemeineren Erkenntnisse auch für die Frage der Planungsalternativen; die Frage, ob die mit der Planung angestrebten Ziele unter geringeren Opfern an entgegenstehenden öffentlichen und privaten Belangen hätten verwirklicht werden können, also die Frage nach der schonenderen Planungsalternative ist gerichtlich nur beschränkt nachprüfbar[450].

---

443 So Niehues, WiVerw. 1985, 250 [252].

444 Für diese Annahme spricht die sich aufdrängende Frage, ob bei einem gemäßigten Selbstverständnis der Rspr. es für den 4. Senat des BVerwG sinnvoll war, im Urteil vom 5. 12. 1986 – 4 C 13.85 – E 75, 214 [253f.] den früher (U. v. 5. 7. 1974 – 4 C 50.72 – E 45, 309 [315]) aufgestellten Maßstab der „völligen Verfehlung des objektiven Gewichts" nicht einmal zu erwähnen und mit einem erheblichen Argumentationsaufwand den doch bescheideneren Vertretbarkeitsmaßstab des Berufungsgerichts zu verwerfen.

445 Nachbarrecht, III Rdnr. 155 m. Fn. 363.

446 Vgl. dazu ausführlicher oben, 2. Kap.; Sendler, WiVerw. 1985, 211 [229, Fn. 84], der dies zum wiederholten Mal betont und gleichzeitig beklagt, daß „ein gegenteiliger Eindruck entstanden ist und vielleicht auch entstehen mußte".

447 Vgl. BVerwG, U. v. 5. 7. 1974 – 4 C 50.72 – E 45, 309 [315].

448 S. dazu oben, 3. Kap. C I 1 b (2), (3) (a).

449 So zutreffend Koch, DVBl. 1989, 399 [403] gegenüber Gaentzsch, Berliner Kommentar zum BauGB, § 214 Rdnr. 32 (dort im Rahmen der Auseinandersetzung um die Unterscheidung zwischen Abwägungsvorgang und Abwägungsergebnis).

450 So zutreffend der 7. Senat des BVerwG im U. v. 20. 7. 1979 – 7 CB 21.79 – NJW 1980, 953 [954]; vgl. auch VGH BW, U. v. 21. 10. 1988 – 5 S 1088/88 – NVwZ-RR 1989, 354 [355f.]: „Die Kl. lassen dabei unberücksichtigt, daß es ausschließlich darauf ankommt, ob sich bei einer Abwägung aller betroffenen Belange die Entscheidung der

2. Die planerische Gestaltungsfreiheit im Felde der Problematik einer gesetzlich vorgegebenen Steuerungskraft der Belange

Dem Gedanken einer gesetzlich festgelegten relativen Priorität bestimmter Belange ist man schon bei der Unterscheidung zwischen internen und externen Planungsleitsätzen begegnet[451]. Die dort zur Ablehnung angeführten Gründe sind auch Auffassungen entgegenzuhalten, die eine gesetzlich vorgegebene Steuerungskraft der Belange nicht von einer besonderen Schranke der Planungsleitsätze her als gegeben annehmen, sondern sie von der Abwägung her als Einwirkung auf den Abwägungsvorgang und das Abwägungsergebnis betrachten[452]; auch diese Ansichten vermögen an dem aufgezeigten Bild der planerischen Gestaltungsfreiheit nichts zu ändern.

a) *Anhaltspunkte in der Rechtsprechung des BVerwG*

Das BVerwG scheint im Urteil vom 22. 3. 1985[453] der Vorstellung Vorschub zu leisten, es gebe gesetzlich festgelegte Vorrangrelationen zwischen verschiedenen Belangen. Dort hat es den zwingenden, außerhalb der Abwägung zu beachtenden Planungsleitsätzen die Regelungen entgegengesetzt, die nur bei der Abwägung des Für und Wider in der konkreten Problembewältigung beachtet werden können. Das Gericht hat als typisch für solche Regelungen die Optimierungsgebote angeführt, die eine möglichst weitgehende Beachtung bestimmter Belange fordern und die Bedeutung dieser darin gesehen, daß sie den in ihnen enthaltenen Zielvorgaben ein besonderes Gewicht zumessen und insoweit die planerische Gestaltungsfreiheit einschränken[454].

Planfeststellungsbehörde zugunsten bestimmter Interessen und die damit zwangsläufig verbundene Zurückstellung anderer Interessen als eine unvertretbare Fehlgewichtung erweist und damit dem Grundsatz der Verhältnismäßigkeit zuwiderläuft. Nur in diesem eingeschränkten Rahmen ist eine gerichtliche Überprüfung des Planfeststellungsbeschlusses möglich; das Gericht entscheidet also nicht darüber, welche der in Betracht kommenden Trassen seiner Einschätzung nach die beste ist, sondern nur darüber, ob die Entscheidung der Planfeststellungsbehörde zugunsten der planfestgestellten Trasse vertretbar ist."

451 S. dazu oben, 3. Kap. B I 2, II 2.

452 Bei der Erörterung der verschiedenen Ansätze kann bemerkt werden, daß häufig nicht mehr als eine Änderung in der Blickrichtung notwendig ist, um angenommene gesetzliche Vorgaben als Einwirkungen auf die Abwägung oder als rechtliche Anforderungen anzusehen, die relativ selbständig zum Einsatz kommen und die deshalb die Konstruktion einer besonderen Planungsschranke hätten rechtfertigen können. Die Sonderung der Problematik wurde im Rahmen der vorliegenden Untersuchung trotzdem deshalb vorgenommen, um der Schrankensystematik des BVerwG und der Entwicklung seiner Rspr. Folge leisten zu können.

453 4 C 73.82 – E 71, 163.

454 BVerwGE 71, 163 [165]; das Gericht stuft dort die Regelungen des § 50 BImSchG und des § 1 BNatSchG als Optimierungsgebote ein. Pfeifer, DVBl. 1989, 337 [343, Fn. 96] entnimmt den Ausführungen des BVerwG im Urteil vom 5. 12. 1986 – 4 C

Diese Ausführungen legen die Annahme nahe, daß es im Rahmen der Abwägung mindestens eine Vorrangrelation gibt, und zwar zwischen Optimierungsgeboten und bloß abwägungserheblichen Belangen. Die Bedeutung einer solchen Vorrangrelation wird in der daran anknüpfenden Literatur darin gesehen, daß die Optimierungsgebote die planerische Gestaltungsfreiheit stärker einschränken: sie würden eine eingehendere Sachaufklärung erfordern und bei der Gewichtung die Argumentationslast zugunsten des hervorgehobenen Belanges verschieben; bei ihnen sei der Punkt, an dem eine Planung nicht mehr als abgewogen erscheint, eher erreicht[455].

b) Die beschränkte Tragweite des Gedankens einer gesetzlichen Festlegung von Vorrangrelationen

In der Literatur ist die Annahme gesetzlich vorgegebener Vorrangrelationen häufig anzutreffen. Im Zusammenhang mit den Immissionsschutzvorschriften wird argumentiert, ihre Bedeutung würde verkannt, wenn ihre Aussagen zu einem in der Abwägung beliebig überwindbaren Interesse abqualifiziert würden; deshalb seien sie als Optimierungsgebote anzusehen[456]. Damit wird für diese Belange verlangt, was für die Belange des Umweltschutzes im allgemeinen gefordert wird, nämlich die Einräumung einer relativen Priorität[457] bzw. einer Gewichtungspräponderanz in concreto[458].

Darüber hinaus werden noch feinere Unterscheidungen gemacht und mehrere Stufen von die Abwägung steuernden Bestimmungen präsentiert[459]. Die wohl breiteste Palette von – seiner Ansicht nach teilweise gebrauchten und de lege lata nachweisbaren, teilweise de lege ferenda auszunutzenden – Einflußmöglichkeiten des Gesetzgebers auf planerische Entscheidungen hat Funke[460] erarbeitet.

Er unterscheidet zwischen Einwirkungen auf das Abwägungsergebnis und solchen auf den Abwägungsvorgang. In bezug auf die ersteren verwirft er die völlige gesetzliche Determinierung des Planungsträgers, die eine totale Beseitigung der planerischen Gestaltungsfreiheit zur Folge hätte. Er akzeptiert dagegen die punktuelle Beseitigung dieser, die von den zwingenden Planungs-

13.85 – E 75, 214 [257], die verpflichtende Regelung des § 8 Abs. 2 BNatSchG erfordere strenge Maßstäbe für die Gewichtung derjenigen Belange, denen freies Gelände des Naturhaushalts geopfert werden solle, daß nunmehr auch diese Norm als Optimierungsgebot anzusehen ist.

455 Kühling, Fachplanungsrecht, Rdnrn. 209, 232.

456 So Peine, DÖV 1988, 937 [942]; vgl. auch Funke, DVBl. 1987, 511 [516 m.Fn. 41]; Pfeifer, DVBl. 1989, 337 [343].

457 S. dazu Erbguth / Püchel, NVwZ 1982, 649 [651f.]; dies., NuR 1984, 209 [215] m.zahlr.N.

458 So Hoppe / Erbguth, DVBl. 1983, 1213 [1214].

459 Vgl. etwa Pfeifer, DVBl. 1989, 337 [342f.].

460 DVBl. 1987, 511 [514ff.].

leitsätzen bewirkt wird, sowie die sich aus der Abfassung von Planungsleitsätzen in der Form von Soll-Vorschriften ergebenden Einschränkungen. Die Bedeutung von Soll-Vorschriften sieht er darin, daß sie im Regelfall nicht den Abwägungsvorgang beeinflussen, sondern diesem die von ihnen angesprochenen Fragen entziehen und insoweit einen Teil der Abwägungsentscheidung vorwegnehmen; damit kann von ihnen ausnahmsweise nur dann abgewichen werden, wenn Umstände vorliegen, die den Fall als atypisch erscheinen lassen und überwiegende Gründe für ein Abgehen von der Norm sprechen[461]. Des weiteren verwirft er einen generellen absoluten Vorrang eines Belangs, der zur ausnahmslosen Durchsetzung dieses Belangs unabhängig von der Intensität des aktuellen Betroffenseins führen würde[462]; er akzeptiert aber einen situationsabhängigen absoluten Vorrang, der dem bevorzugten Belang in typisierten Konfliktsituationen oder bei einem intensiven Betroffensein zur Durchsetzung verhelfen würde.

In bezug auf die zulässigen Einwirkungen auf den Abwägungsvorgang unterscheidet Funke zwischen den (einfachen) Planungszielen, bei denen für die Lösung der in ihnen angelegten Konflikte keine Entscheidungsvorgaben bestehen[463], und den Optimierungsgeboten, die eine weitgehende Beachtung und Verwirklichung fordern, im Konfliktfall aber hinter anderen Zielen zurücktreten können. Als eng verwandt mit den Optimierungsgeboten führt er die Regelungen an, die einem Belang einen relativen Vorrang – entweder generell oder situationsabhängig, also für näher zu konkretisierende Planungssituationen – einräumen[464]. Bei diesen werde die Gewichtigkeit, die der bevor-

---

[461] Als Beispiel wird die Vorschrift des § 1 Abs. 5 Satz 3 BauGB angeführt, wonach mit Grund und Boden sparsam und schonend umgegangen werden soll; vgl. auch Pfeifer, DVBl. 1989, 337 [343] (dem hier insoweit zuzustimmen ist, als er die Zuordnung von Soll-Vorschriften zu den zwingenden Planungsleitsätzen verwirft).

[462] Ein genereller absoluter Vorrang wird – soweit ersichtlich – nirgends angenommen oder befürwortet; vgl. für die absolut h. M. nur Erbguth, NuR 1986, 137 [138].

[463] Diese Qualität wird den generellen Planungszielen des § 1 Abs. 5 Satz 1 BauGB und den konkreten Planungsleitlinien des § 1 Abs. 5 Satz 2 BauGB zugesprochen; vgl. auch Pfeifer, DVBl. 1989, 337 [343].

[464] Funke, DVBl. 1987, 511 [516], will – trotz Anerkennung fließender Grenzen – den Unterschied zwischen Optimierungsgeboten und einen relativen Vorrang einräumenden Vorschriften darin sehen, daß durch ein Optimierungsgebot direkt auf den Ausgleich der Belange eingewirkt wird und der Gewichtungsprozeß lediglich in Form einer Rückkoppelung mitbeeinflußt wird, während durch die Einräumung eines relativen Vorrangs unmittelbar nur das Gewicht eines Belangs erhöht wird, woraus sich als rein mittelbare Folge auch Auswirkungen für den Ausgleich der Belange ergeben (so auch Hoppe / Beckmann, Umweltrecht, § 7 Rdnrn. 59f.).

Dieser Unterschied dürfte aber kaum etwas mehr als eine Änderung der Blickrichtung sein; ob vom Ergebnis her die Relativierungsbedingungen oder vom Vorgang her die Durchsetzungskraft der Belange anvisiert werden, macht in der Sache keinen Unterschied. Der Literatur, die zwischen Optimierungsgeboten und relativen Vorrängen nicht unterscheidet (vgl. die Angaben bei Funke, DVBl. 1987, 511 [516, Fn. 42] und Blumenberg, DVBl. 1989, 86 [93]), kann insofern uneingeschränkt beigepflichtet werden.

zugte Belang aufgrund der konkreten Umstände besitze, gleichsam mit einem bestimmten Faktor multipliziert; deshalb müsse anderen Belangen im Einzelfall ein besonderes Gewicht zukommen, damit eine Hintanstellung des mit relativer Priorität und damit mit erhöhtem Gewicht versehenen Belangs nicht als Fehlgewichtung zu verwerfen sei.

Solche Ansichten, die die konkretisierende Kraft der planerischen Abwägung schmälern und die planerische Gestaltungsfreiheit einengen wollen, sind nicht nur de lege lata schwerlich haltbar; auch soweit sie als Vorschläge de lege ferenda in Betracht kommen, dürfte ihr Ertrag nicht besonders hoch zu veranschlagen sein[465].

Die Annahme, daß Regelungen wie etwa der § 50 BImSchG oder der § 8 Abs. 2 BNatSchG den in ihnen enthaltenen Belangen eine Prioritätsstellung einräumen, muß schon vor der Offenheit dieser die Materie der räumlichen Einfügung eines Infrastrukturvorhabens in seine Umgebung dirigierenden Vorschriften kapitulieren; denn diese vertrauen die Verwirklichung ihrer Belange bei planbedingten Kollisionen der konkurrenzlösenden und konkretisierenden planerischen Abwägung an[466]. Dasselbe gilt auch soweit im Rechtssatz das Wort „soll" auftaucht; denn dieses Wort ist allein nicht imstande, die ihm verschiedentlich aufgebürdete Last der Erhöhung der Aussage- und damit Steuerungskraft der Vorschrift[467] zu tragen. Die Übertragung der mit den Soll-Sätzen in anderen Ordnungsbereichen verbundenen Gedanken[468] auf die offenen Soll-Formulierungen des Planungsrechts ist angesichts der Unüberschaubarkeit der Kombinationsmöglichkeiten bei der Entscheidung darüber, welche planerische Festsetzungen bei welchen Konflikten unter welchen Belangen und bei welchen Verwirklichungs- und Beeinträchtigungsintensitäten angebracht sind, de lege lata verfehlt; auch de lege ferenda dürfte der Weg der Normierung der hier in Rede stehenden Materie in Form von Soll-Sätzen schwerlich gangbar sein.

---

[465] Vgl. auch Wahl, NVwZ 1990, 426 [438].

[466] Auch der Ausdruck „soweit wie möglich" im Wortlaut einer Vorschrift (vgl. etwa § 50 BImSchG) vermag keine Besonderheit dieser Norm gegenüber andere Belange präsentierenden Vorschriften zu begründen; denn eine solche Regelung ist – genauso wie alle abwägungserhebliche Belange präsentierenden Vorschriften – auf gegenseitige Ergänzung und Beschränkung angelegt, gebietet also die Verwirklichung „ihres" Belangs nicht „in möglichst hohem Maße", sondern eben soweit dies im Hinblick auf die entgegenstehenden Gebote anderer – ebenfalls Belange präsentierender – Regelungen möglich ist. Vgl. hierzu aus der allgemeineren Prinzipien- bzw. Grundsätzediskussion Alexy, ARSP 1985, 13 [19]; ders., Grundrechte, S. 75f.; Penski, JZ 1989, 105 [109f.].

[467] Vgl. etwa Funke, DVBl. 1987, 511 [515]; Pfeifer, DVBl. 1989, 337 [343]; Blumenberg, DVBl. 1989, 86 [93], alle zum § 1 Abs. 5 Satz 3 BauGB.

[468] Vgl. dazu etwa Maurer, AllgVerwR S. 102; Erichsen, in: Erichsen / Martens, AllgVerwR, S. 208.

Die weitere Annahme eines gesetzlich festgelegten relativen Vorrangs in dem von Funke[469] angesprochenen Sinne, nämlich daß das aktuelle Betroffensein des bevorzugten Belangs mit einem bestimmten Faktor multipliziert wird, weist in die Richtung der im Rahmen der allgemeineren Diskussion um die Werte- und Prinzipienabwägung anzutreffenden Versuche hin, den Abwägungsprozeß kalkulierbar zu machen. Das aus diesem Gedankengut für die vorliegende Fragestellung wohl allein in Betracht kommende Konzept der Herstellung einer kardinalen Ordnung der Belange, wobei nicht nur der abstrakte Rang, sondern auch der jeweilige konkrete Betroffenheitsgrad skaliert wird[470], kann aber die Unmöglichkeit der Metrisierung der abstrakten Gewichte und der konkreten Verwirklichungs- und Beeinträchtigungsintensitäten der Belange nicht überwinden[471]; mit ihm müssen auch die Versuche scheitern, einen relativen Vorrang auf dieser Grundlage aufzubauen.

Auch die zurückhaltenderen Auffassungen, die einen relativen Vorrang in dem Sinne annehmen, daß für die Überwindung von in Optimierungsgeboten zum Ausdruck kommenden Belangen ein „deutliches Übergewicht" der entgegenstehenden Belange notwendig ist und deshalb, wenn Optimierungsgebote im Spiel sind, der Punkt eher erreicht ist, an dem eine Planung nicht mehr als abgewogen erscheint, und insofern die planerische Gestaltungsfreiheit als eingeengt betrachten[472], können nicht akzeptiert werden; denn der Annahme einer Einschränkung der planerischen Gestaltungsfreiheit liegt die Vorstellung zugrunde, es gebe angebbare „Gewichtskategorien" von Belangen, so daß die Entscheidung über die Zuordnung der Belange zueinander entsprechend ihrem objektiven Gewicht die Frage zum Inhalt habe, ob das zur Kontrolle anstehende Interesse der jeweils in Betracht kommenden Kategorie zugeordnet werden könne. Da diese Prämisse schwerlich haltbar ist[473], muß anerkannt werden, daß die Entscheidung über die proportionale Zuordnung der Belange allein von dem beschränkt kontrollierbaren Vergleich von Vor- und Nachteilen bzw. von Verwirklichungs- und Beeinträchtigungsintensitäten im früher gezeigten Sinn[474] abhängig ist.

Soweit es dem Schrifttum entnommen werden kann, ist das Anliegen der hier diskutierten Auffassungen u.a. zu verhindern, daß der Umweltschutz z.B. bei der Gefahr von Gesundheitsschäden für die Bevölkerung oder von

---

469 S. oben, 3. Kap. C I 2 b.

470 Eine ordinale und eine auf die Angabe des abstrakten Ranges der Belange beschränkte kardinale Ordnung können der Vorstellung einer abstrakten, in concreto aber überwindbaren Priorität nicht dienen. Zu den Begriffen der ordinalen und kardinalen Ordnung vgl. etwa Alexy, Grundrechte, S. 138ff.

471 Vgl. Schlink, Abwägung, S. 128ff., 134ff.; Alexy, Grundrechte, S. 138ff. [142].

472 S. dazu oben, 3. Kap. C I 2 a.

473 Vgl. insofern Schlink, Abwägung, S. 58ff. zu den Abstufungen der Gemeinschaftsgüter in der Rspr. des BVerfG zu Art. 12 GG.

474 S. oben, 2. Kap., 3. Kap. C I 1 c (2).

funktionsgefährdenden Dauerschäden an den natürlichen Lebensgrundlagen hinter anderen Belangen zurückgesetzt werden kann[475]; und ferner einer Verwaltungspraxis entgegenzuwirken, die dem Umweltschutz zu wenig Gewicht beigemessen haben soll[476]. In diesem Zusammenhang kommt gelegentlich die Sorge zum Vorschein, daß einen Belang, dem nicht die Qualität eines Optimierungsgebotes zugesprochen wird, das unabwendbare Schicksal der beliebigen Überwindbarkeit des bloß abwägungserheblichen Belangs erwartet[477].

Diese und ähnliche Überlegungen sind jedoch insofern überzogen, als damit die Annahme irgendwie gearteter Vorränge oder Prioritäten gerechtfertigt werden soll. Auch im Rahmen der hier vertretenen Auffassung besteht die Gefahr einer grenzenlosen Hintanstellung der Umweltbelange nicht. Die Einhaltung des materiell-rechtlichen Gebots, daß sich die für ein Vorhaben sprechenden Belange um so mehr aufdrängen müssen, je schwerer die zu erwartenden Umweltbelastungen sind, unterliegt in den von der Verantwortungsverteilung im gewaltenteiligen Rechtsstaat gezogenen Grenzen der verwaltungsgerichtlichen Kontrolle. Des weiteren ist es zumindest mißverständlich, wenn den Optimierungsgeboten die beliebig überwindbaren („bloß abwägungserheblichen") Belange entgegengesetzt werden; denn diese existieren im Fachplanungsrecht genausowenig wie eine freie Vor- und Zurückstellung der Belange. Bei der planerischen Abwägung gibt es entweder eine belegte Annäherung von Lebens- und Normsachverhalt oder eine rechtswidrige Präferenzentscheidung; eine „freie" Handhabung der Belange ist der Verwaltung verwehrt und der planerischen Gestaltungsfreiheit fremd. Schließlich wäre die Annahme eines Vorrangs oder einer Priorität bestimmter Belange zum Zweck der Bekämpfung einer rechtswidrigen Verwaltungspraxis – auch unabhängig von ihrer rechtlichen Unhaltbarkeit – schon rechtspolitisch verfehlt[478].

II. Die gerichtliche Kontrolle im Hinblick auf die Differenzierung in Abwägungsvorgang und Abwägungsergebnis

1. Die Unterscheidung zwischen Abwägungsvorgang und Abwägungsergebnis in der Rechtsprechung des BVerwG

Nach der Rechtsprechung des BVerwG sowohl im Bauplanungs-[479] als auch im Fachplanungsrecht[480] sind bei der planerischen Abwägung der Abwägungs-

---

475 Vgl. dazu etwa Funke, DVBl. 1989, 511 [515].

476 Vgl. dazu Erbguth, NuR 1986, 137 [138].

477 So etwa Peine, DÖV 1988, 937 [942].

478 Erbguth, NuR 1986, 137 [138] bemerkt zu Recht, daß es auf eine Hinnahme – wenn nicht auf eine Honorierung – von Gesetzesverletzungen im Verwaltungsvollzug hinauslaufen würde, wenn diese Fehler dem Gesetz selbst angelastet würden.

479 Vgl. U. v. 20. 10. 1972 – 4 C 14.71 – E 41, 67 [71]; U. v. 5. 7. 1974 – 4 C 50.72 – E 45, 309 [315]; U. v. 1. 11. 1974 – 4 C 38.71 – E 47, 144 [146f.]; U. v. 21. 8. 1981 – 4 C 57.80 – E 64, 33 [35].

vorgang und das Abwägungsergebnis zu unterscheiden: Diese seien zwei verschiedene Seiten des Abwägungsgebots. Die eine von ihnen beziehe sich auf das Abwägen als Vorgang, insbesondere also darauf, daß – in einem bestimmten Zeitpunkt – überhaupt eine Abwägung stattfinde und daß bei dieser Abwägung bestimmte Interessen in Rechnung gestellt würden. Bei der anderen, davon zu trennenden Seite, gehe es dagegen um das Abwägungsergebnis, d.h. um das, was bei dem Abwägungsvorgang herauskomme. Daß sich beides nicht decke, liege auf der Hand: einerseits könne ein bestimmtes Interesse im Abwägungsergebnis gewahrt sein, auch wenn es beim Abwägungsvorgang übersehen wurde; andererseits ergäbe allein die Berücksichtigung eines bestimmten Interesses noch nicht, daß das Abwägungsergebnis diesem Interesse gerecht werde[481].

Im Hinblick auf diese Unterscheidung konstatiert das Gericht eine zweifache Zielrichtung der wesentlichen Anforderungen des Abwägungsgebots[482]: Während die Notwendigkeit einer Abwägung überhaupt – mit Rücksicht auf ihren Inhalt – allein im Hinblick auf den Abwägungsvorgang praktisch werden könne, verlange das Abwägungsgebot im übrigen sowohl vom Abwägungsvorgang als auch vom Abwägungsergebnis, daß gewichtige Belange nicht einfach übersehen würden und die Gewichtung verschiedener Belange in ihrem Verhältnis zueinander nicht in einer Weise erfolge, durch die die objektive Gewichtigkeit eines dieser Belange völlig verfehlt werde[483].

Für dieses Verständnis hat sich das BVerwG (beim Bauplanungsrecht) am Anfang auf den Wortlaut und den Sachzusammenhang der Abwägungsklausel des BBauG a.F.[484], später auf das Rechtsstaatsprinzip und das damit verbundene „Wesen rechtsstaatlicher Planung" berufen[485].

---

480 Vgl. U. v. 7. 7. 1978 – 4 C 79.76 u.a. – E 56, 110 [123]; U. v. 5. 12. 1986 – 4 C 13.85 – E 75, 214 [insb. 244ff.].

481 U. v. 20. 10. 1972 – 4 C 14.71 – E 41, 67 [71].

482 Vgl. U. v. 5. 7. 1974 – 4 C 50.72 – E 45, 309 [315]; U. v. 7. 7. 1978 – 4 C 79.76 u.a. – E 56, 110 [123].

483 U. v. 5. 7. 1974 – 4 C 50.72 – E 45, 309 [315]; vgl. aber auch U. v. 5. 12. 1986 – 4 C 13.85 – E 75, 214 [253], wo das Abwägungsergebnis nur mit dem Ausgleich der Belange in Beziehung gesetzt wird: „Ein rechtlich fehlerhaftes Abwägungsergebnis liegt vor, wenn der Ausgleich zwischen den von der Planung berührten Belangen in einer Weise vorgenommen wird, der zur objektiven Gewichtigkeit einzelner Belange außer Verhältnis steht."

484 U. v. 5. 7. 1974 – 4 C 50.72 – E 45, 309 [315] (bestätigt durch U. v. 1. 11. 1974 – 4 C 38.71 – E 47, 144 [146]). Das Gericht geht hier (S. 313) (noch) davon aus, daß der Gesetzgeber sich darauf beschränken kann, lediglich das Ergebnis eines Planvorganges einer bestimmten Bindung zu unterwerfen: „Dann kommt es, solange sich nur gegen das Ergebnis nichts sagen läßt, insoweit auf alle Erwägungen, Abwägungen, Motive usw. nicht an."

485 Vgl. (für das Bauplanungsrecht) U. v. 21. 8. 1981 – 4 C 57.80 – E 64, 33 [35]; (für das Fachplanungsrecht) U. v. 7. 7. 1978 – 4 C 79.76 u.a. – E 56, 110 [122f.].

Damit ist die Kontrolle sowohl auf Vorgang als auch auf Ergebnis der Abwägung zu erstrecken: Nach der Rechtsprechung wäre es auf der einen Seite „offensichtlich sachwidrig“, wenn es bei allen planerischen Belangen darauf ankommen sollte, daß sie von der planenden Behörde bedacht wurden, dagegen keinerlei Rolle spielte, was dabei im Ergebnis herausgekommen ist[486]; auf der anderen Seite stellt eine Beschränkung der gerichtlichen Überprüfung auf das Ergebnis eine Verkürzung der gebotenen Rechtskontrolle dar[487].

2. Sinn und Bedeutung der Unterscheidung für die Kontrolle und die verwaltungsgerichtliche Bestandskraft des Planfeststellungsbeschlusses bei Anerkennung einer (flexibel) eingeschränkten Durchschlagskraft von Fehlern

Das sich mit der Unterscheidung von Abwägungsvorgang und Abwägungsergebnis beschäftigende Schrifttum läßt an Vielfalt kaum zu wünschen übrig. Weitgehende Übereinstimmung ist lediglich bei der Feststellung zu verzeichnen, daß mit dem Abwägungsvorgang keine verfahrensrechtlichen, sondern materiell-inhaltliche Entscheidungsfragen angesprochen werden[488].

Auch die Frage, ob eine Vorgangskontrolle überhaupt geboten ist, wird überwiegend positiv beantwortet[489]; demgegenüber ist aber Heinze[490] für eine weitgehende Beschränkung der gerichtlichen Kontrolle auf das Abwägungsprodukt eingetreten. Seiner Ansicht nach beziehe sich das Abwägungsgebot nur auf das rechtsrichtige Ergebnis. Das Rechtsstaatsprinzip verlange weder ein bestimmtes Zustandekommen, noch eine bestimmte Begründung von Verwaltungsmaßnahmen; solche Anforderungen seien deshalb nur aufgrund besonderer gesetzlicher Normierung anzunehmen[491]. Die Annahme solcher Anforderungen bei der Fachplanung im Verhältnis Verwaltung-Bürger und die Erstreckung der gerichtlichen Kontrolle darauf würde – soweit diese überhaupt erfüllbar seien – zu bedenklicher Rechtsunsicherheit führen[492].

---

[486] Vgl. U. v. 5. 7. 1974 – 4 C 50.72 – E 45, 309 [315].

[487] Vgl. U. v. 5. 12. 1986 – 4 C 13.85 – E 75, 214 [246].

[488] Vgl. Weyreuther, BauR 1977, 293 [298, Fn. 35]; Bettermann, FS H. Huber, S. 25 [48f.]; Rubel, Planungsermessen, S. 158; Koch, DVBl. 1983, 1125 [1127]; ders., DVBl. 1989, 399 [400]; Koch / Hosch, Baurecht, S. 156; Schmidt-Aßmann, in: MDHS, GG, Art. 19 Abs. 4, Rdnr. 214; Alexy, JZ 1986, 701 [707f.]; Kühling, Fachplanungsrecht, Rdnrn. 179ff. [181]; Steinberg, Nachbarrecht, III Rdnr. 157; a.A. Schulze-Fielitz, Sozialplanung, S. 301 m. Fn. 84.

[489] Vgl. Bettermann, FS H. Huber, S. 25 [48f.]; Breuer, NVwZ 1982, 273 [279]; Koch, DVBl. 1983, 1125 [1132]; Funke, DVBl. 1987, 511 [512f.]; Kühling, Fachplanungsrecht, Rdnr. 182; Ibler, Schranken, S. 269f.; ders., DVBl. 1988, 469 [471].

[490] NVwZ 1986, 87.

[491] Heinze, NVwZ 1986, 87 [89ff.].

[492] Heinze, NVwZ 1986, 87 [87 und 91].

Gegen diese Auffassung ist einzuwenden, daß die inhaltliche Stichhaltigkeit und Folgerichtigkeit des Abwägungsvorgangs eine den Vorstellungen der verantwortlichen Verwaltung entsprechende (nach allen Seiten hin sachgerechte) Entscheidung garantiert. Aus diesem Grund und wegen der existenziellen Angewiesenheit der von der Planung berührten Rechtspositionen auf die sachgerechte Abwägung[493] dürfte auf den Abwägungsvorgang und seine gerichtliche Kontrolle schwerlich verzichtet werden können. Soweit die Planfeststellungsbehörde über eine selbständige Rechtskonkretisierungsbefugnis verfügt, erscheint die Möglichkeit einer Aufhebung des Planfeststellungsbeschlusses wegen fehlerhaften Abwägungsvorgangs als angemessener Ausdruck und Instrument des die Aufgabenverteilung zwischen Verwaltung und Verwaltungsgerichtsbarkeit beherrschenden funktionalen Ausgleichsgedankens: der Wahrung der Eigenverantwortung der Verwaltung (im Hinblick auf die Erfassung und Zusammenführung der entscheidungserheblichen Gesichtspunkte[494]) korrespondiert auf der anderen Seite die Chance der Planbetroffenen, daß bei zutreffenden Konkretisierungserwägungen dem Verständnis der kompetenten Stelle ein für sie günstigeres Ergebnis entspricht[495]. Schließlich dürfte kaum anzunehmen sein, daß eine solche Kontrolle im Hinblick auf die strukturelle Leistungsfähigkeit der Verwaltung durchgreifenden Bedenken unterliegt[496]. Zu Recht gehen insofern sowohl das herkömmliche Verständnis der Ermessenskontrolle[497] als auch die Rechtsprechung des BVerwG zur rechtsstaatlichen Absicherung der Kontrolle planerischer Abwägungen[498] von der Notwendigkeit gerichtlicher Nachprüfung des administrativen Konkretisierungsprozesses aus.

In dem diese Kontrolle begrüßenden Schrifttum besteht jedoch Uneinigkeit darüber, wie das Verhältnis von Abwägungsvorgang und Abwägungsergebnis und ihrer Überprüfung aufzufassen ist.

---

[493] Vgl. hierzu Breuer, NVwZ 1982, 273 [279].

[494] Die Eigenverantwortung der Verwaltung bezieht sich nicht nur auf das Ergebnis, sondern auf die Konkretisierung insgesamt; insofern schuldet die Verwaltung mehr als den Plan. Ihre Ergebnisverantwortung richtet sich nicht gegen die gerichtliche Vorgangskontrolle, sondern liefert den maßgeblichen Gesichtspunkt für die Anerkennung einer eingeschränkten Durchschlagskraft von Fehlern, s. dazu unten im Text.

[495] Zu den hier einschlägigen Gesichtspunkten s. insb. Koch, DVBl. 1983, 1125 [1130 und 1132], der zu Recht davon ausgeht, daß rechtsstaatliches Gedankengut und exekutivische Eigenverantwortung insoweit in dieselbe Richtung weisen; zur Argumentation aus dem Umkreis des Rechtsstaatsprinzips s. auch Funke, DVBl. 1987, 511 [512]; Ibler, DVBl. 1988, 469 [471].

[496] S. zur Berücksichtigung der strukturellen Leistungsfähigkeit der Verwaltung im Rahmen der Abwägung oben, 2. Kap. und 3. Kap. C I 1 b (2), (3); vgl. auch – im Rahmen der Diskussion des entsprechenden Problems bei der Kontrolle von Gesetzen durch das BVerfG – Gusy, Gesetzgeber, S. 169.

[497] S. statt aller Wolff-Bachof, Verwaltungsrecht I, § 31 II d 2 (S. 202); Kühling, Fachplanungsrecht, Rdnr. 182.

[498] Vgl. BVerwG, U. v. 21. 8. 1981 – 4 C 57.80 – E 64, 33 [35]; s. dazu Funke, DVBl. 1987, 511 [512].

So wird zum Teil im Anschluß an die Rechtsprechung und ohne weitere Präzisierung von einer maßstabsidentischen kumulativen Überprüfung von Abwägungsvorgang und Abwägungsergebnis ausgegangen[499]. Dieses Ergebnis wird von einer anderen Ansicht[500] mit dem Argument unterstützt, daß sich die Ergebniskontrolle einerseits und die Vorgangskontrolle andererseits auf unterschiedliche Kontrollgegenstände bezögen[501]. Während bei der letzteren der Planfeststellungsbeschluß anhand der Planbegründung und der Planakten, insb. der Protokolle, Stellungnahmen des Anhörungsverfahrens, der Entwurfsbegründung, der Lärmgutachten und sonstigen Unterlagen geprüft werde[502], seien die für die erstere maßgeblichen Kontrollgegenstände die im Planfeststellungsbeschluß getroffenen Festsetzungen, wie sie sich aus den Zeichnungen und schriftlichen Festlegungen ergäben[503]. Eine dritte Auffassung[504] akzeptiert die kumulative Überprüfung von Abwägungsvorgang und Abwägungsergebnis, verwirft aber den Gedanken einer Maßstabsidentität. In Anknüpfung an die geläufige Erfassung des Abwägungsvorgangs als der dynamischen, des Abwägungsergebnisses als der statischen Komponente der Abwägung[505], bezieht sie die insofern problematischen Anforderungen der umfassenden Einstellung der Belange und der Gewichtung (falls diese vom Ausgleich verselbständigt werden kann[506]) als solche prozeßhaften Charakters nur auf den Vorgang, die Anforderung eines gerechten Ausgleichs als solche statischen Charakters nur auf das Ergebnis[507].

Einem anderen Ansatz nach[508] könne ein juristisches Ergebnis nicht für sich rechtlich gewürdigt werden; seine Würdigung bestehe in der Prüfung, ob die Entscheidung rechtlich zutreffend begründet oder zutreffend begründbar sei[509]. Demnach beziehe sich die Vorgangskontrolle auf die Begründetheit, die Ergebniskontrolle auf die Begründbarkeit des Plans[510]. Das habe zur Folge, daß – erstens – sich Vorgangs- und Ergebniskontrolle hinsichtlich der Maßstäbe nicht unterscheiden könnten[511], – zweitens – eine positiv verlaufene Vor-

---

499 Vgl. Weyreuther, BauR 1977, 293 [300f.]; Hoppe, in: Ernst / Hoppe, Baurecht, Rdnr. 293; Hoppe / Schlarmann, Rechtsschutz, Rdnr. 179 af.; Kügel, Der Planfeststellungsbeschluß, S. 142.

500 S. Ibler, DVBl. 1988, 469.

501 Ibler, DVBl. 1988, 469 [472].

502 Ibler, DVBl. 1988, 469 [472f.].

503 Ibler, DVBl. 1988, 469 [472].

504 Erbguth, DVBl. 1986, 1230; Zustimmend Blumenberg, DVBl. 1989, 86 [90].

505 S. dazu etwa Hoppe, in: Ernst / Hoppe, Baurecht, Rdnr. 293; Schmidt-Aßmann, in: E/Z/B, BBauG, § 1 Rdnr. 309.

506 Erbguth, DVBl. 1986, 1230 [1235].

507 Erbguth, DVBl. 1986, 1230 [1233f.].

508 Koch, DVBl. 1983, 1125; ders., DVBl. 1989, 399.

509 Koch, DVBl. 1989, 399 [400f.].

510 Koch, DVBl. 1983, 1125 [1126f.]; ders., DVBl. 1989, 399 [399, 401ff.].

511 Koch, DVBl. 1983, 1125 [1128f.]; ders., DVBl. 1989, 399 [402f.].

gangskontrolle eine Ergebniskontrolle überflüssig mache[512] und – drittens – einer zusätzlichen Ergebniskontrolle nur entscheidungskonservierende Funktion zukommen könne, nämlich einen fehlerhaft begründeten Plan zu retten; was aber bei beschränkt kontrollierbaren Planungsentscheidungen – wie auch bei allen Ermessensentscheidungen – unzulässig sei[513].

Diese Auffassung wird von anderer Seite[514] mit dem Argument modifiziert, bei der Planung sei eine Ergebniskontrolle immer notwendig. Die Vorgangskontrolle (als Begründungskontrolle) bleibe nämlich (denk-)notwendig lükkenhaft, da Bewertungen einbeschlossen seien, die nicht nachvollzogen, sondern nur auf Grenzüberschreitungen untersucht werden könnten; solche Grenzüberschreitungen – Fehlgewichtungen oder Disproportionalitäten – würden erst bei einer Betrachtung des Gesamtergebnisses erkennbar. Zudem unterlägen Vorgang und Ergebnis auch nicht denselben Maßstäben; während die Disproportionalität nur als Ergebnisfehler in Betracht komme, könnten die übrigen Anforderungen des Abwägungsgebots nur den Abwägungsvorgang betreffen[515].

Einer weiteren Meinungsrichtung[516] nach sei ein Zerreißen des einheitlichen Prozesses der Plan(ung) in der Weise, daß manche Phasen ausschließlich dem Abwägungsvorgang, manche ausschließlich dem Abwägungsergebnis zuzuordnen seien, nicht möglich. Stattdessen sei, da die Entscheidung sowohl Vorgang als auch Ergebnis bezeichne, der Abschluß des Planungsvorgangs identisch mit dem Planungsprodukt, dem Plan: die Phase des Ausgleichs der Belange entsprechend ihrem objektiven Gewicht markiere den Endpunkt des Abwägungsvorgangs und stelle gleichzeitig das Produkt des Abwägens dar[517].

Diese Auffassung dürfte eher den Vorzug verdienen. Auf ihrem Boden kann die (auch von den anderen Ansätzen betonte[518]) Feststellung getroffen werden, daß die Einhaltung der Anforderungen des Abwägungsgebots nur einmal überprüft werden kann. Außerdem läßt sie deutlich werden, daß wegen der inneren Verbindung zwischen Vorgang und Ergebnis der Konkretisierung einerseits im Vorgang vorgenommene und sich im Ergebnis abspiegelnde Bewertungen eine Trennung von Prozeß und Produkt kaum rechtfertigen können[519] und andererseits die Aufstellung unterschiedlich strenger Rechtmäßigkeitsanforderungen ausgeschlossen ist[520].

---

[512] Koch, DVBl. 1983, 1125 [1128]; ders., DVBl. 1989, 399 [403f.]; zustimmend Alexy, JZ 1986, 701 [709].

[513] Koch, DVBl. 1983, 1125 [1127f.].

[514] Kühling, Fachplanungsrecht, Rdnrn. 178ff.

[515] Kühling, Fachplanungsrecht, Rdnr. 179.

[516] Steinberg, Nachbarrecht, III Rdnrn. 157ff. [162].

[517] Steinberg, Nachbarrecht, III Rdnr. 162; so auch Funke, DVBl. 1987, 511 [513].

[518] Mit Ausnahme freilich derer, die eine kumulative Überprüfung bei Maßstabsidentität befürworten, s. die Angaben oben, 3. Kap. C II 2, Fn. 499; gegen die kumulative Überprüfung zuletzt Wahl, NVwZ 1990, 426 [436 m. Fn. 153].

Im Hinblick auf diese innere Verbindung und die Notwendigkeit einer Vorgangskontrolle kann auch hier davon ausgegangen werden, daß die gerichtliche Kontrolle der Planungsentscheidung die Frage betrifft, ob der Planfeststellungsbeschluß von einer völlig verfehlten Erfassung und Zusammenführung der entscheidungserheblichen Gesichtspunkte getragen wird[521]. Ist dies der Fall, so ist der Planfeststellungsbeschluß auch dann aufzuheben, wenn die gerichtliche Feststellung möglich ist, daß eine nicht völlig verfehlte Erfassung und Zusammenführung der entscheidungserheblichen Gesichtspunkte das von der Planfeststellungsbehörde präsentierte Ergebnis tragen kann[522].

Diese auf den Abwägungsvorgang abstellende Kontrolle führt zu einer erheblichen Verringerung der verwaltungsgerichtlichen Bestandskraft des Planfeststellungsbeschlusses. Dabei kann aber nicht angenommen werden, daß jeder Fehler zur Aufhebung des Planfeststellungsbeschlusses führt; angesichts der berechtigten Rechtsschutzinteressen Betroffener auf der einen und der drohenden Gemeinwohldefizite und der entsprechenden Ergebnisverantwortung der Verwaltung sowie ggf. der Interessen der von der Planung Begünstigten auf der anderen Seite drängt sich als ausgleichender Faktor der Gedanke einer (flexibel) eingeschränkten Durchschlagskraft von Fehlern auf.

Diesen Gedanken hat die Rechtsprechung schon mehrfach zum Ausdruck gebracht. Im Hinblick auf den Abwägungsvorgang selbst geht sie zu Recht davon aus, daß fehlerhafte Erwägungen bei einer Planungsentscheidung nur dann zur Rechtswidrigkeit des Abwägungsvorgangs führen, wenn sie sich in diesem Vorgang auch ausgewirkt haben können; deshalb machen Irrwege der Behörde, die diese erkennbar wieder verlassen hat, oder fehlerhafte oder unzureichende Überlegungen, die aufgegeben und durch sachgerechte ersetzt worden sind, den Abwägungsvorgang und die Entscheidung nicht fehlerhaft[523].

Auch im Hinblick auf das Verhältnis von Prozeß und Produkt entsprechen ihrer Sicht Einschränkungen der Wirkung von Fehlern: ein Mangel des Abwägungsvorgangs führt nur dann zur Rechtswidrigkeit des Planfeststellungsbe-

---

519 Insofern entgegen Kühling, Fachplanungsrecht, Rdnr. 179, sowie Erbguth, DVBl. 1986, 1230 und Blumenberg, DVBl. 1989, 86 [90].

520 Insofern entgegen BVerwG, U. v. 7. 7. 1978 – 4 C 79.76 u. a. – E 56, 110 [128], das von unterschiedlich dichten Anforderungen an die Individualisierung der Belange bei Vorgang und Ergebnis ausgeht, s. dazu oben, 3. Kap. C I 1 b (2), Fn. 385.

521 Vgl. nur Koch, DVBl. 1989, 399 [400ff., 401]; Steinberg, Nachbarrecht, III Rdnr. 162.

522 Vgl. Koch, DVBl. 1983, 1125 [1128ff.]; Steinberg, Nachbarrecht, III Rdnr. 162. Das bedeutet aber (entgegen Koch, DVBl. 1983, 1125 [1128ff.]) nicht, daß eine Begründbarkeitskontrolle entweder überflüssig oder unzulässig ist; ihre Funktion ist nicht, die fehlerhafte Entscheidung zu retten, sondern der Verwaltung in eindeutig gelagerten Fällen zu zeigen, daß sie zu diesem Ergebnis nicht kommen darf.

523 Vgl. BVerwG, U. v. 5. 12. 1986 – 4 C 13.85 – E 75, 214 [245].

schlusses, wenn er sich i.S. konkreter Möglichkeit[524] auf das Ergebnis ausgewirkt haben kann[525]. Diese Sicht erzielt eine problemgerechte Lösung. Mit der Abstellung auf die konkrete Betrachtungsweise werden sowohl das Erfordernis eines kaum jemals zu erbringenden konkreten Nachweises der Auswirkung auf das Ergebnis als auch die als Maßstab ebenfalls denkbare – und bei beschränkt kontrollierbaren Entscheidungen kaum auszuschließende – abstrakte Möglichkeit einer solchen Auswirkung verworfen und ein gemäßigter Mittelweg beschritten. Die darauf aufbauende Bemessung der verwaltungsgerichtlichen Bestandskraft der Entscheidung verhindert ihrerseits zum einen, daß die realistischen Rechtsschutzinteressen Betroffener beschnitten werden, und zum anderen sinnvollerweise die Aufhebung eines Planfeststellungsbeschlusses, der mit ziemlicher Sicherheit mit demselben Inhalt wieder erlassen worden wäre.

Die hier gebotene Kausalitätsprüfung dürfte vor dem Hintergrund des Konkretisierungs- und Verantwortungszusammenhangs dahingehend zu umschreiben sein, daß vom Gericht als fehlerhaft betrachtete Konkretisierungserwägungen nicht zur Aufhebung führen, wenn angesichts des Gewichts und dementsprechend des Einflußpotentials des in Rede stehenden Gesichtspunktes sowie des Gesamtzusammenhangs der planerischen Überlegungen der Planfeststellungsbehörde angenommen werden kann, daß das Ergebnis noch ihren Vorstellungen entspricht.

Das kann im Zusammenhang mit jeder fachplanungsbedingten Betroffenheit anzunehmen sein. Bei Betroffenheiten etwa, die die fachplanungsrechtliche Zumutbarkeitsgrenze überschreiten und daher ausgleichsbedürftig sind, dann, wenn der Mangel nicht „von so großem Gewicht ist, daß dadurch nicht nur der einzelne Betroffene benachteiligt, sondern die Ausgewogenheit der Gesamtplanung oder eines abtrennbaren Planungsteils überhaupt in Frage gestellt wird“[526]; aber auch bei enteignungsrechtlich relevanten Betroffen-

---

[524] Vgl. BVerwG, U. v. 5. 12. 1986 – 4 C 13.85 – S. 96 des amtl. Umdrucks (insoweit in E 75, 214 nicht abgedruckt).

[525] Vgl. BVerwG, U. v. 5. 12. 1986 – 4 C 13.85 – E 75, 214 [251 und 252]. Zur entsprechenden Problematik im Bauplanungsrecht s. BVerwG, U. v. 21. 8. 1981 – 4 C 57.80 – E 64, 33 [39f.] (zu § 155 b Abs. 2 Satz 2 BBauG – jetzt § 214 Abs. 3 Satz 2 BauGB); aus der Diskussion zuletzt Dolde, BauR 1990, 1 [6] m.zahlr.N.

[526] BVerwG, U. v. 6. 12. 1985 – 4 C 59.82 – DVBl. 1986, 416 [418] (insoweit in E 72, 282 nicht abgedruckt); vgl. auch BVerwG, U. v. 7. 7. 1978 – 4 C 79.76 u.a. – E 56, 110 [133]; BVerwG, U. v. 13. 9. 1985 – 4 C 64.80 – BayVBl. 1986, 153 [154] m.w.N.

Nach dieser Rspr. korrespondiert der objektiven Rechtswidrigkeit des PlfB dort, wo die Ausgewogenheit der Gesamtplanung nicht in Frage gestellt wird und sich eine gebotene, im PlfB noch nicht angeordnete Schutzauflage nachholen läßt, ohne daß dadurch die Gesamtkonzeption der Planung in einem wesentlichen Punkt berührt und ohne daß in dem Interessengeflecht der Planung nunmehr andere Belange nachteilig betroffen werden, ein subjektiver Anspruch des Betroffenen nicht auf Planaufhebung, sondern allein auf Planergänzung. Der damit verbundene Hinweis des BVerwG darauf, daß die Frage „wesentlich von der Größe des Planvorhabens“ abhängt (s. U. v. 7. 7. 1978 – 4 C

heiten, wenn diese auch bei Behebung des Fehlers unverändert bestehen blieben[527].

Außerdem kann davon bei jedem Fehler auszugehen sein, d. h. nicht nur bei Fehlgewichtungen, sondern auch dann, wenn sich die Einstellung in die Abwägung eines vom Gericht als entscheidungserheblich erkannten Gesichtspunkts (Belangs oder Planungsalternative) nicht nachweisen läßt[528], also bei

79.76 u.a. – E 56, 110 [133]) und daß „in der Regel" der Anspruch auf Planergänzung anzunehmen sei (s. U. v. 6. 12. 1985 – 4 C 59.82 – DVBl. 1986, 416 [418]; vgl. auch BVerwG, B. v. 3. 4. 1990 – 4 B 50.89 – NVwZ-RR 1990, 454 [455]) berücksichtigt zutreffend das (flexibel) beschränkte Einflußpotential solcher Betroffenheiten im Gesamt(planungs)zusammenhang. Vgl. auch BVerwG, U. v. 22. 3. 1985 – 4 C 63.80 – E 71, 150 [160f.], wo das BVerwG die Planung nicht als abwägungsfehlerhaft betrachtet hat, weil die Minderung der Bedeutung der Lärmschutzbelange der Kläger wegen fehlerhafter Beurteilung der Erheblichkeitsgrenze des § 17 Abs. 4 FStrG für Wohngebiete nur die Entscheidung über den Verzicht auf Lärmschutzeinrichtungen, nicht aber die Entscheidung über die nördliche Verlegung der Trasse und die Hochlage sowie über die Ablehnung der Alternativplanung der Kläger getragen hat: es muß eben immer darauf ankommen, was die Erwägungen der Plfbeh vor Erlaß des PlfB erkennen lassen (vgl. aber über einen Sonderfall BayVGH, U. v. 10. 2. 1987 – 8 B 86.02977 u.a. – BayVBl. 1987, 538).

Gegenüber dieser flexiblen Handhabung überzeugen weder diejenigen Ansichten, die bei Fehlern im Umkreis der Schutzauflagenvorschriften immer Aufhebung des PlfB verlangen (vgl. etwa Engelhardt, BayVBl. 1981, 389 [391ff., 397]), noch die eine weiter erhöhte verwaltungsgerichtliche Bestandskraft des PlfB befürwortenden Auffassungen. Für letzteres ist Kühling, Fachplanungsrecht, Rdnr. 424 mit dem Argument eingetreten, daß aus der Sicht des Betroffenen sich auch aus weitreichenden Folgeproblemen einer zu seinen Gunsten anzuordnenden Schutzauflage kein weiterreichendes Rechtsschutzinteresse ergebe; die Entscheidung, ob eine Planung insgesamt durch eine solche Schutzmaßnahme unausgewogen werde, könne der Planungsbehörde überlassen bleiben, die jederzeit in der Lage sei, ihre Absichten durch eine Änderung des Planes neuen Anforderungen anzupassen. Dieser Sicht kann nicht zugestimmt werden. Wenn die Frage der Behandlung eines fehlerhaft erfaßten oder übersehenen Belangs nicht von den übrigen wesentlichen Erwägungen der Plfbeh absorbiert wird, ist das gerichtlich verfolgbare Interesse der Betroffenen daran zu bejahen, daß die verantwortliche Verwaltung bei sachgerechter Gesamtabwägung zu einem für sie günstigeren Ergebnis kommt.

[527] Vgl. dazu BVerwG, U. v. 18. 3. 1983 – 4 C 80.79 – E 67, 74 [77]; BayVGH, B. v. 16. 4. 1981 – 20 CS 80 D.61 – BayVBl. 1981, 401 [405]; VGH BW, U. v. 19. 6. 1989 – 5 S 3111/87 – DVBl. 1990, 108 [109, Ls. 26]; dagegen etwa Kügel, Der Planfeststellungsbeschluß, S. 237, der aber die eigene planerische Überlegungen des Gerichts ausschließende konkrete Betrachtungsweise bei der Kausalitätsprüfung und die Ergebnisverantwortung der Verwaltung nicht berücksichtigt.

[528] Dieser Nachweis erfolgt nicht nur aufgrund der Begründung des PlfB, die nur die wichtigsten Punkte anzusprechen braucht und ansprechen sollte (so zutr. BVerwG, U. v. 27. 3. 1980 – 4 C 34.79 – DVBl. 1980, 999 [1001] m.w.N.) und die den Ausschluß von Planungsalternativen nicht mitumfaßt, deren Verwirklichung mit der planerischen Konzeption ersichtlich unvereinbar ist (vgl. BVerwG, U. v. 5. 12. 1986 – 4 C 13.85 – E 75, 214 [239]), sondern auch aufgrund aller Verwaltungsvorgänge (vgl. BVerwG, U. v. 27. 3. 1980 – 4 C 34.79 – DVBl. 1980, 999 [1001]; auch BVerwG, B. v. 28. 12. 1988 – 4 B 227.88 – NVwZ-RR 1989, 528f.); Heranzuziehen sind dabei etwa Pläne, Bauverkehrsverzeichnisse, Grunderwerbsverzeichnisse, Erörterungsniederschriften, Stellungnahmen von Fachbehörden, Zeugen (vgl. Broß, VerwArch. 1984, 425 [432f.]; Heinze, NVwZ 1986, 87 [91 m. Fn. 22]).

Abwägungsdefiziten jeder Art[529]. Nichts anderes läßt sich dem Bild richterlicher Kompetenz zur Planungskontrolle entnehmen, das der 4. Senat des BVerwG gezeichnet hat: „Es ist zwar nicht ausgeschlossen, sondern häufig sogar geboten, daß im verwaltungsgerichtlichen Verfahren aufgeklärt und festgestellt wird, ob abwägungserhebliche tatsächliche Umstände in Wahrheit gegeben sind oder nicht. So mag z.B. aufgeklärt werden, ob das von der Planfeststellungsbehörde angenommene Strukturdefizit einer Region wirklich besteht (BVerwGE 71, 166, 173 ...), oder ob etwa die Wirtschaftlichkeit einer alternativen Trassenführung zutreffend verneint worden ist (vgl. Urteil vom 14. 4. 1978 – 4 C 68.76 – Buchholz 407.4. § 18 Nr. 7). Es ist ferner nicht zu beanstanden, wenn das Gericht weitere Berechnungen – zur Bekräftigung der Richtigkeit des Abwägungsergebnisses – in seine Erwägungen einbezieht... Ergibt sich daraus, daß die nach Meinung der Beschwerde im Planfeststellungsbeschluß „lediglich knapp dokumentierte Planungsalternative" in Wahrheit abwägungsfehlerfrei erkannt und verworfen worden ist, so liegt darin keine unzulässige Nachbesserung des Planfeststellungsbeschlusses (Beschluß vom 25. 8. 1987 – 4 B 149.87 –). Läßt sich aus der Begründung über die der Abwägung zugrunde liegenden Tatsachen und planerischen Überlegungen der Planfeststellungsbehörde in einzelnen Punkten ein für die gerichtliche Entscheidung ausreichendes Bild nicht gewinnen, so führt das nicht schon auf rechtliche Bedenken gegen die Planfeststellung, sondern zur Pflicht des Tatsachengerichts, gemäß § 86 Abs. 1 VwGO die ihm notwendig erscheinenden Ermittlungen selbst anzustellen. Erst wenn sich dabei herausstellen sollte, daß eine Abwägung nicht oder auf der Grundlage eines nur unzureichend ermittelten Abwägungsmaterials stattgefunden hat, darf das Gericht daraus den Schluß auf die Rechtswidrigkeit des Planfeststellungsbeschlusses ziehen (vgl. Urteil des Senats vom 27. 3. 1980 – 4 C 34.79 – DVBl. 1980, 999, und vom 1. 11. 1974 – 4 C 38.71 – DVBl. 1975, 492).

Unzulässig sind wesentliche Ergänzungen der planerischen Erwägungen in dem verwaltungsgerichtlichen Verfahren und insbesondere die gerichtliche

---

529 Vgl. als weiteres Beispiel etwa BVerwG, U. v. 11. 4. 1986 – 4 C 53.82 – NVwZ 1986, 834. In diesem Fall hatte die Plfbeh den Plan für eine Bundesautobahn festgestellt. Nach einer Änderung des Gesetzes über den Ausbau der Bundesfernstraßen, wonach anstelle der vierstreifigen Bundesautobahn nur noch eine zweistreifige Bundesstraße vorgesehen wurde, erklärte sie ihre Absicht, auf der Grundlage des PlfB für die Autobahn und grundsätzlich entsprechend der Lage der darin vorgesehenen nördlichen Richtungsfahrbahn die Bundesstraße zu bauen. Das BVerwG geht zutreffend davon aus, daß die Unterschiede zwischen einer Bundesautobahn und einer Bundesstraße auch unterschiedliche Erwägungen verlangen und stellt deshalb ein folgenschweres Fehlen der im Hinblick auf das beabsichtigte Vorhaben gebotenen Abwägung fest: „Die fehlende Abwägung kann im gerichtlichen Verfahren nicht nachträglich durch Überlegungen ersetzt werden, ob und inwieweit sich diese Unterschiede in diesem Fall näher auswirken. Planungsdefizite der bezeichneten Art sind – auch wenn sie erst durch eine Planänderung in Erscheinung treten – im gerichtlichen Verfahren grundsätzlich nicht auszufüllen."

„Heilung“ eines Abwägungsdefizits. Ist z. B. das Abwägungsmaterial für die Abwägung aller nach Lage der Dinge einzustellenden Belange unzureichend, so ist der Mangel im Gerichtsverfahren nicht heilbar. Das Gericht hat zu prüfen, ob die Planung – so wie sie bei Erlaß des Planfeststellungsbeschlusses erfolgt ist – rechtsfehlerhaft ist, nicht dagegen, auf welche Weise rechtsfehlerfrei hätte geplant werden können (§§ 113 Abs. 1, 114 VwGO).“[530]

„In dem hiernach gezogenen Rahmen der gerichtlichen Kontrollbefugnis von Planungsentscheidungen hält sich ein Gericht auch dann, wenn es für die Frage, ob ein Anspruch auf Planergänzung oder auf Planaufhebung besteht, nachvollziehend prüft, welchen Einfluß ein festgestelltes Abwägungsdefizit aus der Sicht der planenden Behörde auf deren Entscheidung für die Gesamtplanung gehabt hätte, und wenn es hierzu die maßgeblichen Umstände des Einzelfalles ermittelt und würdigt.“[531]

Sinngemäß dürfte die Lage nicht anders zu beurteilen sein, wenn das Defizit im Umkreis einer enteignungsrechtlich relevanten Betroffenheit besteht; denn auch hier obliegt dem Gericht eine Kausalitätsprüfung, für die es sich die notwendige Tatsachengrundlage zu verschaffen hat. Daß hier für die Bemessung des konkreten Einsatzes dieses Gedankens auch das größere Gewicht der Enteignungsbetroffenheit und ihr entsprechendes Einflußpotential mit in die Gesamtrechnung einzustellen ist, dürfte keine besondere Hervorhebung benötigen.

---

530 BVerwG, U. v. 25. 2. 1988 – 4 C 32 u. 33.86 – DVBl. 1988, 844; kritisch dazu – aber in seiner Kritik zu weitgehend, weil die Relevanz des Abwägungsvorgangs grundsätzlich verneinend – Heinze, NVwZ 1989, 121. Vgl. aus der Rspr. auch BVerwG, U. v. 22. 5. 1987 – 4 C 33 – 35.83 – NJW 1987, 2886 (insofern in DVBl. 1987, 907 nicht abgedruckt); VGH BW, U. v. 23. 6. 1988 – 5 S 1030/87 – NVwZ-RR 1989, 349 [353].

531 BVerwG, B. v. 3. 4. 1990 – 4 B 50.89 – NVwZ-RR 1990, 454 [455]. S. aber auch den Beschluß des 7. Senats vom 10. 2. 1989 – 7 B 171.88 – NuR 1989, 347: Daß ein Verwaltungsgericht einen Mangel im Abwägungsvorgang nicht durch eigene Ermittlungen und Bewertungen zu dem defizitären Abwägungskomplex nachbessern dürfe, gelte grundsätzlich auch für die Anordnung von Schutzauflagen. Habe die Planfeststellungsbehörde die Situation eines Planbetroffenen erst gar nicht oder nur unzureichend erfaßt und damit auch unzulänglich gewichtet, so sei es nicht Aufgabe des auf die Rechtskontrolle beschränkten Gerichts, dies nachzuholen und auf der so von ihm ermittelten Tatsachengrundlage die Frage der Zumutbarkeit und damit der Notwendigkeit von Ausgleichsmaßnahmen zu beantworten. Es sei vielmehr Sache der planenden Behörde, einen solchen Mangel im Abwägungsvorgang zu beheben.

Diese restriktive Tendenz wird der angeführten Problematik nicht gerecht. Auch wenn ein Abwägungsdefizit vorliegt, entspricht der Plan den Vorstellungen der Behörde erst dann nicht, wenn wesentliche Belange übersehen wurden. Hat sich dagegen die Plfbeh ein hinreichendes (und ausreichend konkretes) Bild von dem Material verschafft, so sind die dies komplettierenden eigenen Ermittlungen des Gerichts nicht nur nicht unzulässig, sondern im Rahmen und zum Zweck der Kausalitätsprüfung geradezu geboten.

Literaturverzeichnis

Alexy, Robert: Argumentation und Hermeneutik in der Jurisprudenz, Rechtstheorie-Beiheft 1, 1979, S. 59.

– Theorie der juristischen Argumentation. Die Theorie des rationalen Diskurses als Theorie der juristischen Begründung, Frankfurt a. M. 1983 (zitiert: Alexy, Theorie).

– Rechtsregeln und Rechtsprinzipien, ARSP 25 (1985), 13.

– Theorie der Grundrechte, Frankfurt a. M. 1986 (zitiert: Alexy, Grundrechte).

– Ermessensfehler, JZ 1986, 701.

Bachof, Otto: Beurteilungsspielraum, Ermessen und unbestimmter Rechtsbegriff im Verwaltungsrecht, JZ 1955, 97.

– Neue Tendenzen in der Rechtsprechung zum Ermessen und zum Beurteilungsspielraum. Zum Beschluß des Gemeinsamen Senats der obersten Gerichtshöfe des Bundes vom 17. 10. 1971, JZ 1972, 641.

– Diskussionsbeiträge, in: Götz, Volkmar / Klein, Hans Hugo / Starck, Christian (Hrsg.), Die öffentliche Verwaltung zwischen Gesetzgebung und richterlicher Kontrolle, Göttinger Symposion, München 1985, S. 179 und 242 (zitiert: Bachof, in: Götz / Klein / Starck (Hrsg.), Die öffentliche Verwaltung).

Badura, Peter: Verwaltungsrecht im liberalen und im sozialen Rechtsstaat, Tübingen 1966 (Recht und Staat 328) (zitiert: Badura, Verwaltungsrecht).

– Auftrag und Grenzen der Verwaltung im sozialen Rechtsstaat, DÖV 1968, 446.

– Das Planungsermessen und die rechtsstaatliche Funktion des Allgemeinen Verwaltungsrechts, in: Verfassung und Verwaltungsrechtsprechung, Festschrift zum 25-jährigen Bestehen des BayVerfGH, München 1972, S. 157.

– Diskussionsbeitrag, VVDStRL 34 (1976), S. 294.

– Gestaltungsfreiheit und Beurteilungsspielraum der Verwaltung, bestehend aufgrund und nach Maßgabe des Gesetzes, in: Festschrift für Otto Bachof zum 70. Geburtstag, München 1984, S. 169.

– Rechtsfragen der Flughafenplanung, in: Freiheit und Verantwortung im Verfassungsstaat, Festgabe zum 10jährigen Jubiläum der Gesellschaft für Rechtspolitik, München 1984, S. 27.

– Das normative Ermessen beim Erlaß von Rechtsverordnungen und Satzungen, in: Gedächtnisschrift für Wolfgang Martens, Berlin 1987, S. 25.

Battis, Ulrich: Allgemeines Verwaltungsrecht, Heidelberg 1985.

– Das Planfeststellungsverfahren nach dem Verwaltungsverfahrensgesetz, Die Verwaltung 1988, 23.

Battis, Ulrich / *Krautzberger,* Michael / *Löhr,* Rolf-Peter: Baugesetzbuch, Kommentar, 3. Aufl. München 1991 (zitiert: Bearbeiter, in: B/K/L, BauGB).

Bauer, Hartmut: Geschichtliche Grundlagen der Lehre vom subjektiven öffentlichen Recht, Berlin 1986 (Schriften zum Öffentlichen Recht Bd. 507), (zitiert: Bauer, Geschichtliche Grundlagen).

Becker, Bernd: Öffentliche Verwaltung. Lehrbuch für Wissenschaft und Praxis, Percha 1989.

– Einführung in künftige Rechts- und Vollzugsprobleme des neuen Bundesgesetzes über die Umweltverträglichkeitsprüfung, BayVBl. 1990, 353.

Beckmann, Martin: Das Verhältnis der verwaltungsgerichtlichen Kontrolldichte zur gesetzlichen Regelungsdichte, DÖV 1986, 505.

– Die Umweltverträglichkeitsprüfung und das rechtssystematische Verhältnis von Planfeststellungsbeschlüssen und Genehmigungsentscheidungen, DÖV 1987, 944.

Benda, Ernst / *Maihofer,* Werner / *Vogel,* Hans-Jochen (Hrsg.): Handbuch des Verfassungsrechts der Bundesrepublik Deutschland, Berlin 1983 (zitiert: Bearbeiter, in: Benda / Maihofer / Vogel, Handbuch).

Bender, Bernd: Probleme des Grundeigentumsschutzes bei der Planung von Straßen und anderen Projekten der Fachplanung, DVBl. 1984, 301.

Bender, Bernd / *Sparwasser,* Reinhard: Umweltrecht, 2. Aufl. Heidelberg 1990.

Bettermann, Karl-August: Über die Rechtswidrigkeit von Staatsakten, in: Recht als Prozeß und Gefüge, Festschrift für Hans Huber zum 80. Geburtstag, Bern 1981, S. 25.

Blümel, Willi: Die Bauplanfeststellung. Erster Teil: Die Planfeststellung im preußischen Recht und im Reichsrecht, Stuttgart 1961 (res publica, Beiträge zum Öffentlichen Recht Bd. 5), (zitiert: Blümel, Bauplanfeststellung I).

Blumenberg, Hildegard: Neuere Entwicklung zu Struktur und Inhalt des Abwägungsgebots im Bauplanungsrecht, DVBl. 1989, 86.

Böckenförde, Ernst-Wolfgang: Die Methoden der Verfassungsinterpretation – Bestandsaufnahme und Kritik, NJW 1976, 2089.

Böhmer, Werner: Grundfragen der verfassungsrechtlichen Gewährleistung des Eigentums in der Rechtsprechung des Bundesverfassungsgerichts, NJW 1988, 2561.

Börger, Michael: Genehmigungs- und Planungsentscheidungen unter dem Gesichtspunkt des Gesetzesvorbehalts. Grundtypen exekutivischer Handlungsformen im Hinblick auf mögliche Entscheidungsfreiräume der Verwaltung, Münster 1987 (Beiträge zum Siedlungs- und Wohnungswesen und zur Raumplanung Bd. 111), (zitiert: Börger, Genehmigungs- und Planungsentscheidungen).

Bonner Kommentar, Kommentar zum Bonner Grundgesetz, Heidelberg, Stand: Mai 1990 (zitiert: Bearbeiter, in: BK).

Breuer, Rüdiger: Die hoheitliche raumgestaltende Planung. Wirkungsbereich und Zusammentreffen von Planfeststellungen, fachlichen Nutzungsregelungen, Bauleitplänen und Plänen der Raumordnung, Bonn 1968 (Bonner rechtswissenschaftliche Abhandlungen Bd. 80), (zitiert: Breuer, Die Planung).

– Direkte und indirekte Rezeption technischer Regeln durch die Rechtsordnung, AöR 101 (1976), S. 46.

– Legislative und administrative Prognoseentscheidungen, Der Staat 16 (1977), S. 21.

– Die Bedeutung des § 8 BNatSchG für Planfeststellungen und qualifizierte Genehmigungen nach anderen Fachgesetzen, NuR 1980, 89.

– Urteilsanmerkung, DVBl. 1981, 971.

– Die Kontrolle der Bauleitplanung – Analyse eines Dilemmas, NVwZ 1982, 273.

Brohm, Winfried: Die Dogmatik des Verwaltungsrechts vor den Gegenwartsaufgaben der Verwaltung, VVDStRL 30 (1972), S. 245.

– Zum Funktionswandel der Verwaltungsgerichtsbarkeit, NJW 1984, 8.

– Die staatliche Verwaltung als eigenständige Gewalt und die Grenzen der Verwaltungsgerichtsbarkeit, DVBl. 1986, 321.

– Verwaltung und Verwaltungsgerichtsbarkeit als Steuerungsmechanismen in einem polyzentrischen System der Rechtserzeugung, DÖV 1987, 265.

Broß, Siegfried: Zur (fern)straßenrechtlichen Planfeststellung, VerwArch. 1984, 425.

v. Brünneck, Alexander: Die Eigentumsgarantie des Grundgesetzes, Baden-Baden 1984 (zitiert: v. Brünneck, Eigentumsgarantie).

– Das Wohl der Allgemeinheit als Voraussetzung der Enteignung. Zugleich eine Auseinandersetzung mit dem Boxberg-Urteil des BVerwG, NVwZ 1985, 739, NVwZ 1986, 425.

Bülow, Oskar: Gesetz und Richteramt, Neudruck der Ausgabe Leipzig 1885, Aalen 1972.

Bullinger, Martin: Unbestimmte Gesetzesbegriffe in der neueren deutschen und französischen Verwaltungsrechtsprechung, in: Festschrift für Hermann Jahrreiß zum 80. Geburtstag, Köln u. a. 1974, S. 19.

– Das Ermessen der öffentlichen Verwaltung. Entwicklung, Funktionen, Gerichtskontrolle, JZ 1984, 1001.

Canaris, Claus-Wilhelm: Systemdenken und Systembegriff in der Jurisprudenz, Berlin 1969 (Schriften zur Rechtstheorie Heft 14).

Chryssogonos, Kostas: Verfassungsgerichtsbarkeit und Gesetzgebung. Zur Methode der Verfassungsinterpretation bei der Normenkontrolle, Berlin 1987 (Schriften zum Öffentlichen Recht Bd. 522), (zitiert: Chryssogonos, Verfassungsgerichtsbarkeit).

Dolde, Klaus-Peter: Das Recht der Bauleitplanung 1984/85, NJW 1986, 815.

– Die „Heilungsvorschriften“ des BauGB für Bauleitpläne, BauR 1990, 1.

Drews, Bill / *Wacke*, Gerhard / *Vogel*, Klaus / *Martens*, Wolfgang: Gefahrenabwehr. Allgemeines Polizeirecht (Ordnungsrecht) des Bundes und der Länder, 9. Aufl. Köln u. a. 1986 (zitiert: Drews / Wacke, Gefahrenabwehr).

Eberl, Wolfgang / *Martin*, Dieter / *Petzet*, Michael: Bayerisches Denkmalschutzgesetz, Kommentar, 3. Aufl. Köln u. a. 1985 (zitiert: Eberl / Martin / Petzet, BayDSchG, Kommentar).

Ehmke, Horst: „Ermessen" und „unbestimmter Rechtsbegriff" im Verwaltungsrecht, Tübingen 1960 (Recht und Staat 230/231), (zitiert: Ehmke, Ermessen).

Engelhardt, Siegfried: Die Anordnung über Schutzanlagen im Planfeststellungsbeschluß, BayVBl. 1981, 389.

Engisch, Karl: Logische Studien zur Gesetzesanwendung, 3. Aufl. Heidelberg 1963.

— Einführung in das juristische Denken, 8. Aufl. Stuttgart u.a. 1983 (zitiert: Engisch, Einführung).

Erbguth, Wilfried: Weiterentwicklungsbedarf im Bodenschutzrecht?, NuR 1986, 137.

— Neue Aspekte zur planerischen Abwägungsfehlerlehre?, DVBl. 1986, 1230.

— Gemeinschaftsrechtliche Impulse zur Weiterentwicklung des nationalen Verwaltungsrechts. Der integrative Ansatz der Umweltverträglichkeitsprüfung nach EG-Recht, DÖV 1988, 481.

— Auswirkungen des Planfeststellungsverfahrens auf die Bauleitplanung, NVwZ 1989, 608.

Erbguth, Wilfried / *Püchel,* Gerald: Die Luftreinhaltepläne im Abwägungsvorgang der Bauleit- und Landesplanung, NVwZ 1982, 649.

— Materiellrechtliche Bedeutung des Umweltschutzes in der Fachplanung, NuR 1984, 209.

Erichsen, Hans-Uwe: Die sog. unbestimmten Rechtsbegriffe als Steuerungs- und Kontrollmaßgaben im Verhältnis von Gesetzgebung, Verwaltung und Rechtsprechung, DVBl. 1985, 22.

Erichsen, Hans-Uwe / *Martens,* Wolfgang (Hrsg.): Allgemeines Verwaltungsrecht, 8. Aufl. Berlin 1988 (zitiert: Bearbeiter, in: Erichsen / Martens, AllgVerwR).

Ernst, Werner / *Hoppe,* Werner: Das öffentliche Bau- und Bodenrecht, Raumplanungsrecht, 2. Aufl. München 1981 (zitiert: Bearbeiter, in: Ernst / Hoppe, Baurecht).

Ernst, Werner / *Zinkahn,* Willy / *Bielenberg,* Walter: Bundesbaugesetz, Kommentar, Bd. 1, München, Stand März 1987 (zitiert: Bearbeiter, in: E/Z/B, BBauG).

Esser, Josef: Vorverständnis und Methodenwahl in der Rechtsfindung. Rationalitätsgrundlagen richterlicher Entscheidungspraxis, Frankfurt a.M. 1972 (zitiert: Esser, Vorverständnis).

Fickert, Hans Carl: Planfeststellung für den Straßenbau, Köln 1978 (zitiert: Fickert, Planfeststellung).

— Inhalt, Rechtswirkungen und Anwendungsbereich der straßenrechtlichen Planfeststellung, in: Bartlsperger, Richard / Blümel, Willi / Schroeter, Hans-Wolfgang (Hrsg.), Ein Vierteljahrhundert Straßenrechtsgesetzgebung, Hamburg 1980, S. 385.

Fikentscher, Wolfgang: Methoden des Rechts in vergleichender Darstellung, Band IV (Dogmatischer Teil) Tübingen 1977 (zitiert: Fikentscher, Methoden).

Fingerhut, Reinhard: Zur Kontrolldichte richterlicher Entscheidungen bei planungsrechtlichen Gemeindenachbarklagen, Münster 1976 (Beiträge zum Siedlungs- und Wohnungswesen und zur Raumplanung Bd. 31), (zitiert: Fingerhut, Kontrolldichte).

Forsthoff, Ernst: Zur Lage des verfassungsrechtlichen Eigentumsschutzes, in: Festgabe für Theodor Maunz, München 1971, S. 89.

Franßen, Everhardt: (Un)bestimmtes zum unbestimmten Rechtsbegriff, in: Festschrift für Wolfgang Zeidler, Bd. 1 Berlin 1987, S. 429.

Frenzel, Michael: Das öffentliche Interesse als Voraussetzung der Enteignung, Berlin 1978 (Schriften zum Öffentlichen Recht Bd. 354), (zitiert: Frenzel, Das öffentliche Interesse).

Funke, Hans Friedrich: Die Lenkbarkeit von Abwägungsvorgang und Abwägungsergebnis zugunsten des Umweltschutzes, DVBl. 1987, 511.

Gaentzsch, Günter: Wie kann das Planungsrecht weniger rechtsmittelanfällig gemacht werden?, DVBl. 1985, 29.

– Konkurrenz paralleler Anlagengenehmigungen, NJW 1986, 2787.

Gassner, Erich: Die Überwindungslast bei der Abwägung öffentlicher Interessen durch die Verwaltung, DVBl. 1984, 703.

Geitmann, Roland: Bundesverfassungsgericht und „offene" Normen. Zur Bindung des Gesetzgebers an Bestimmtheitserfordernisse, Berlin 1971 (Schriften zum Öffentlichen Recht Bd. 154), (zitiert: Geitmann, Bundesverfassungsgericht).

Gern, Alfons: Güterabwägung als Auslegungsprinzip des öffentlichen Rechts, DÖV 1986, 462.

– Die Rangfolge der Auslegungsmethoden von Rechtsnormen, VerwArch. 1989, 415.

Grimm, Dieter: Die Aufgabenverteilung zwischen Justiz und Verwaltung bei der Genehmigung kerntechnischer Anlagen, in: van Buiren, Shirley / Ballerstedt, Eike / Grimm, Dieter, Richterliches Handeln und technisches Risiko, Baden-Baden 1982, S. 25.

– Verfahrensfehler als Grundrechtsverstöße, NVwZ 1985, 865.

Groh, Bernd Martin: Konfliktbewältigung im Bauplanungsrecht. Umweltschutz durch Bebauungsplanung und Anlagengenehmigungsrecht, Düsseldorf 1988 (zitiert: Groh, Konfliktbewältigung).

Gusy, Christoph: Parlamentarischer Gesetzgeber und Bundesverfassungsgericht, Berlin 1985 (Schriften zum Öffentlichen Recht Bd. 482), (zitiert: Gusy, Gesetzgeber).

Häberle, Peter: Öffentliches Interesse als juristisches Problem. Eine Analyse von Gesetzgebung und Rechtsprechung, Bad Homburg 1970 (zitiert: Häberle, Öffentliches Interesse).

– Grundrechte im Leistungsstaat, VVDStRL 30 (1972), S. 43.

Heinze, Christian: Das planungsrechtliche Abwägungsgebot, NVwZ 1986, 87.

– Keine Heilung der Nichtberücksichtigung relevanter Belange bei einer planerischen Abwägung im gerichtlichen Verfahren?, NVwZ 1989, 121.

Henle, Victor: Die Masse im Massenverfahren – Dargestellt am Beispiel des Planfeststellungsverfahrens für den Flughafen München, BayVBl. 1981, 1.

Hesse, Konrad: Funktionelle Grenzen der Verfassungsgerichtsbarkeit, in: Recht als Prozeß und Gefüge, Festschrift für Hans Huber zum 80. Geburtstag, Bern 1981, S. 261.

– Grundzüge des Verfassungsrechts der Bundesrepublik Deutschland, 17. Aufl. Heidelberg 1990 (zitiert: Hesse, Grundzüge).

Hiddemann, Hartmut: Die Planfeststellung im Flurbereinigungsgesetz, Münster 1970 (Schriftenreihe für Flurbereinigung Heft 54), (zitiert: Hiddemann, Die Planfeststellung).

Hill, Hermann: Diskussionsbeitrag, in: Götz, Volkmar / Klein, Hans Hugo / Starck, Christian (Hrsg.), Die öffentliche Verwaltung zwischen Gesetzgebung und richterlicher Kontrolle, Göttinger Symposion, München 1985, S. 236ff.

– Das fehlerhafte Verfahren und seine Folgen im Verwaltungsrecht, Heidelberg 1986 (Lorenz-von-Stein-Institut Schriftenreihe Bd. 7), (zitiert: Hill, Das fehlerhafte Verfahren).

– Normkonkretisierende Verwaltungsvorschriften, NVwZ 1989, 401.

Hirschberg, Lothar: Der Grundsatz der Verhältnismäßigkeit, Göttingen 1981 (Göttinger rechtswissenschaftliche Studien Bd. 106).

Hofer-Zeni, Herbert: Das Ermessen im Spannungsfeld von Rechtsanwendung und Kontrolle, Wien 1981 (Forschungen aus Staat und Recht 56), (zitiert: Hofer-Zeni, Ermessen).

Hoppe, Werner: Die Schranken der planerischen Gestaltungsfreiheit (§ 1 Abs. 4 und 5 BBauG). Das Urteil des Bundesverwaltungsgerichts vom 12. Dezember 1969 zum Abwägungsgebot (§ 1 Abs. 4 Satz 2 BBauG) und seiner Rechtskontrolle, BauR 1970, 15.

– Zur Rechtskontrolle von Bebauungsplänen, in: Öffentliches Recht und Politik, Festschrift für Hans Ulrich Scupin zum 70. Geburtstag, Berlin 1973, S. 121.

– Zur Struktur von Normen des Planungsrechts. Bemerkungen zu rechtsstaatlichen Anforderungen an die Begriffsbildung im Planungsrecht, DVBl. 1974, 641.

– Verwaltungsverantwortung und Verwaltungsgerichtsbarkeit, DVBl. 1975, 684.

– Planung und Pläne in der verfassungsgerichtlichen Kontrolle, in: Bundesverfassungsgericht und Grundgesetz, Festgabe aus Anlaß des 25jährigen Bestehens des Bundesverfassungsgerichts, Bd. I., Tübingen 1976, S. 663.

– Die „Zusammenstellung des Abwägungsmaterials" und die „Einstellung der Belange" in die Abwägung „nach Lage der Dinge" bei der Planung, DVBl. 1977, 136.

– Gerichtliche Kontrolldichte bei komplexen Verwaltungsentscheidungen. Ein Beitrag zu „zieldiktierten" Planungs- und komplexen Prognoseentscheidungen, in: Verwaltungsrecht zwischen Freiheit, Teilhabe und Bindung, Festgabe aus Anlaß des 25jährigen Bestehens des BVerwG, München 1978, S. 295.

– Staatsaufgabe Umweltschutz, VVDStRL 38 (1980), S. 211.

– Planung und Pläne in der verwaltungsgerichtlichen Kontrolle, in: System des verwaltungsgerichtlichen Rechtsschutzes, Festschrift für Christian-Friedrich Menger zum 70. Geburtstag, Köln u.a. 1985, S. 747.

Hoppe, Werner / *Beckmann,* Martin: Umweltrecht, München 1989.

Hoppe, Werner / *Erbguth,* Wilfried: Möglichkeiten und Aufgaben des Bundes im Bereich der Raumordnung zur Durchsetzung von Umwelterfordernissen, DVBl. 1983, 1213.

Hoppe, Werner / *Schlarmann,* Hans: Rechtsschutz bei der Planung von Straßen und anderen Verkehrsanlagen, 2. Aufl. München 1981 (zitiert: Hoppe / Schlarmann, Rechtsschutz).

Hufen, Friedhelm: Zur Systematik der Folgen von Verfahrensfehlern – eine Bestandsaufnahme nach zehn Jahren VwVfG, DVBl. 1988, 69.

Ibler, Martin: Die Schranken planerischer Gestaltungsfreiheit im Planfeststellungsrecht, Berlin 1988 (Schriften zum Öffentlichen Recht Bd. 544), (zitiert: Ibler, Schranken).

– Die Differenzierung zwischen Vorgangs- und Ergebniskontrolle bei planerischen Abwägungsentscheidungen, DVBl. 1988, 469.

– Die Kontrolle straßenrechtlicher Planfeststellungen. Zugleich Anmerkung zum Urteil des Hessischen Verwaltungsgerichtshofs vom 20. 1. 1987 – 2 UE 1292/85 – NuR 1988, 250, NuR 1989, 247.

– Die Gerichtskontrolle mehrstufiger Fachplanungen, insbesondere der Abfallentsorgungsplanung, DVBl. 1989, 639.

Ipsen, Jörn: Verfassungsrechtliche Schranken des Richterrechts, DVBl. 1984, 1102.

Jakobs, Michael Ch.: Der Grundsatz der Verhältnismäßigkeit – Mit einer exemplarischen Darstellung seiner Geltung im Atomrecht, Köln u. a. 1985 (Osnabrücker rechtswissenschaftliche Abhandlungen Bd. 3).

Jarass, Hans D.: Konkurrenz, Konzentration und Bindungswirkung von Genehmigungen. Probleme und Lösungen am Beispiel der baulichen Anlagen, Berlin 1984 (Schriften zum Öffentlichen Recht Bd. 458), (zitiert: Jarass, Konkurrenz).

– Grundstrukturen des Gesetzes über die Umweltverträglichkeitsprüfung, NuR 1991, 201.

Jesch, Dietrich: Unbestimmter Rechtsbegriff und Ermessen in rechtstheoretischer und verfassungsrechtlicher Sicht, AöR 82 (1957), S. 163.

Karwath, Peter: Die Konzentrationswirkung der Planfeststellung nach dem Bundesfernstraßengesetz, Bad Godesberg 1968 (Schriftenreihe der Arbeitsgruppe „Straßenverwaltung" Heft 5), (zitiert: Karwath, Die Konzentrationswirkung).

Kaufmann, Arthur: Analogie und „Natur der Sache". Zugleich ein Beitrag zur Lehre vom Typus, 2. Aufl. Heidelberg 1982 (zitiert: Kaufmann, Analogie).

Kellner, Hugo: Einiges zum behördlichen Ermessen, DÖV 1969, 309.

Kirchhof, Paul: Richterliche Rechtsfindung, gebunden an „Gesetz und Recht", NJW 1986, 2275.

Kloepfer, Michael: Rechtsschutz im Umweltschutz, VerwArch. 1985, 371.

– Umweltrecht, München 1989.

Knack, Hans-Joachim (Hrsg.): Verwaltungsverfahrensgesetz, Kommentar, 3. Aufl. (bearbeitet von: Busch, Jost-Dietrich / Clausen, Wolfgang / Klappstein, Walter / Möllgaard, Jürgen / Schwarze, Karl-Robert) Köln u. a. 1989 (zitiert: Bearbeiter in: Knack, VwVfG).

Koch, Hans-Joachim: Unbestimmte Rechtsbegriffe und Ermessensermächtigungen im Verwaltungsrecht. Eine logische und semantische Studie zur Gesetzesbindung der Verwaltung, Frankfurt a.M. 1979 (zitiert: Koch, Unbestimmte Rechtsbegriffe).

— Das Abwägungsgebot im Planungsrecht – Einige Bemerkungen zur Intensität verwaltungsgerichtlicher Kontrolle, veranlaßt durch BVerwG, Urteil vom 21. 8. 1981, DVBl. 1983, 1125.

— Allgemeines Verwaltungsrecht, Frankfurt 1984.

— Abwägungsvorgang und Abwägungsergebnis als Gegenstände gerichtlicher Plankontrolle, DVBl. 1989, 399.

Koch, Hans-Joachim / *Hosch,* Rüdiger: Baurecht, Raumordnungs- und Landesplanungsrecht, Stuttgart u. a. 1988 (zitiert: Koch / Hosch, Baurecht).

Koch, Hans-Joachim / *Rüßmann,* Helmut: Juristische Begründungslehre, München 1982.

Kodal, Kurt / *Krämer,* Helmut: Straßenrecht, 4. Aufl. München 1985.

Kopp, Ferdinand O.: Verwaltungsverfahrensgesetz, Kommentar, 4. Aufl. München 1986 (zitiert: Kopp, VwVfG).

Korbmacher, Günter: Bauleitplanung und Fachplanung in der Rechtsprechung des Bundesverwaltungsgerichts, DÖV 1978, 589.

Korinek, Karl: Die Verfassungsgerichtsbarkeit im Gefüge der Staatsfunktionen, VVDStRL 39 (1981), S. 7.

Krebs, Walter: Kontrolle in staatlichen Entscheidungsprozessen. Ein Beitrag zur rechtlichen Analyse von gerichtlichen, parlamentarischen und Rechnungshof-Kontrollen, Heidelberg 1984 (Münsterer Beiträge zum Öffentlichen Recht Bd. 3), (zitiert: Krebs, Kontrolle).

Kriele, Martin: Theorie der Rechtsgewinnung – entwickelt am Problem der Verfassungsinterpretation, 2. Aufl. Berlin 1976 (Schriften zum Öffentlichen Recht Bd. 41), (zitiert: Kriele, Theorie).

Krohn, Günter / Löwisch, Gottfried: Eigentumsgarantie, Enteignung, Entschädigung, 3. Aufl. Köln 1984 (zitiert: Krohn / Löwisch, Eigentumsgarantie).

Kügel, Wilfried: Der Planfeststellungsbeschluß und seine Anfechtbarkeit. Zugleich ein Beitrag zur Auslegung der §§ 74, 75 VwVfG, Berlin 1985 (Münsterische Beiträge zur Rechtswissenschaft Bd. 10), (zitiert: Kügel, Der Planfeststellungsbeschluß).

Kühling, Jürgen: Fachplanungsrecht, Düsseldorf 1988.

— Rechtsprechung des Bundesverwaltungsgerichts zum Fachplanungsrecht, DVBl. 1989, 221.

Kuschnerus, Ulrich: Die Berücksichtigung von Umweltbelangen beim Straßenbau – Zur praktischen Anwendung des Abwägungsgebots im Straßenrecht, DÖV 1987, 409.

Lang, Alfred: Naturschutz und wasserrechtliche Planfeststellung, BayVBl. 1981, 679.

Larenz, Karl: Methodenlehre der Rechtswissenschaft, 5. Aufl. Berlin 1983 (zitiert: Larenz, Methodenlehre).

Laubinger, Hans-Werner: Der Umfang der Konzentrationswirkung der Planfeststellung, VerwArch. 1986, 77.

Lecheler, Helmut: „Funktion“ als Rechtsbegriff?, NJW 1979, 2273.

Lerche, Peter: Art. „Ermessen“ in: Görres-Gesellschaft (Hrsg.), Staatslexikon, Bd. 3, 6. Aufl. Freiburg 1959, Spalte 12.

– Übermaß und Verfassungsrecht. Zur Bindung des Gesetzgebers an die Grundsätze der Verhältnismäßigkeit und der Erforderlichkeit, Köln u.a. 1961 (zitiert: Lerche, Übermaß).

– Stil, Methode, Ansicht. Polemische Bemerkungen zum Methodenproblem, DVBl. 1961, 690.

– Die Verwaltungsgerichtsbarkeit im Geflecht der Rechtskontrollen, BayVBl. 1980, 257.

– Bayerisches Schulrecht und Gesetzesvorbehalt, München 1981, (zitiert: Lerche, Schulrecht).

– Kernkraft und rechtlicher Wandel, Bielefeld 1981 (Schriftenreihe der Juristischen Studiengesellschaft Hannover Heft 6), (zitiert: Lerche, Kernkraft).

– Großtechnik und Grundrechte. Gestaltung und Ausgleich grundrechtlich geschützter Interessen im Rechtsbereich großtechnischer Anlagen, atomwirtschaft-atomtechnik 1982, 389.

– Diskussionsbeitrag, VVDStRL 43 (1985), S. 213f.

Lerche, Peter / *Ulmer,* Peter: Kurzberichterstattung im Fernsehen, Baden-Baden 1989 (zitiert: Lerche / Ulmer, Kurzberichterstattung).

Lerche, Peter / *Schmitt Glaeser,* Walter / *Schmidt-Aßmann,* Eberhard: Verfahren als staats- und verwaltungsrechtliche Kategorie, Heidelberg 1984 (zitiert: Verfasser, in: Lerche / Schmitt Glaeser / Schmidt-Aßmann, Verfahren).

Löwer, Wolfgang: Rechtskontrolle von Straßenplanungsentscheidungen, in: Azizi, Josef / Griller, Stefan (Hrsg.), Rechtsstaat und Planung, Wien u.a. 1982, S. 73.

Lohmann, Hans Henning: Die Zweckmäßigkeit der Ermessensausübung als verwaltungsrechtliches Rechtsprinzip, Berlin 1972 (Schriften zum Öffentlichen Recht Bd. 199), (zitiert: Lohmann, Zweckmäßigkeit).

Lorenz, Dieter: Das Landesstraßenrecht in der Rechtsprechung des Verwaltungsgerichtshofs Baden-Württemberg, VBlBW 1984, 329.

Manner, Reinhard: Die rechtsstaatlichen Grundlagen des Planfeststellungsverfahrens, München 1976.

Martens, Joachim: Beurteilungsspielraum zur Quantifizierung unbestimmter Rechtsbegriffe - BSGE 55, 245, JuS 1987, 103.

Maunz, Theodor / *Dürig,* Günter: Grundgesetz, Kommentar (von: Maunz, Theodor / Dürig, Günter / Herzog, Roman / Scholz, Rupert / Lerche, Peter / Papier, Hans-Jürgen / Randelzhofer, Albrecht / Schmidt-Aßmann, Eberhard), München, Stand Dezember 1989, (zitiert: Bearbeiter, in: MDHS, GG).

Maurer, Hartmut: Der Verwaltungsvorbehalt, VVDStRL 43 (1985) S. 135.

– Allgemeines Verwaltungsrecht, 7. Aufl. München 1990.

Meins, Jürgen W.: Systemgerechtigkeit in der Raumplanung, Bayreuth 1980 (zitiert: Meins, Systemgerechtigkeit).

Meyer, Hans / *Borgs-Maciejewski,* Hermann: Verwaltungsverfahrensgesetz, Kommentar, 2. Aufl. Frankfurt a.M. 1982 (zitiert: Meyer / Borgs, VwVfG).

Meyn, Karl-Ulrich: Aspekte zur Problematik von Beurteilungsspielraum und Ermessen, JA 1980, 327.

Michler, Hans-Peter: Bedarfsplanung-Planfeststellung-Immissionsschutz. Bericht über ein Forschungsseminar am Forschungsinstitut für öffentliche Verwaltung bei der Hochschule für Verwaltungswissenschaften Speyer, DVBl. 1988, 229.

Müller, Friedrich: Juristische Methodik, 3. Aufl. Berlin 1989.

Müller-Schwefe, Michael: Die Bestimmung der verwaltungsgerichtlichen Kontrolldichte bei Bebauungsplänen. Eine Argumentationsskizze, Bremen 1982 (zitiert: Müller-Schwefe, Kontrolldichte).

v. Münch, Ingo (Hrsg.): Grundgesetz-Kommentar, Bd. 1 (Präambel bis Art. 20), 3. Aufl. München 1985 (zitiert: Bearbeiter, in: v. Münch (Hrsg.), GG-Kommentar).

– Besonderes Verwaltungsrecht, 8. Aufl. Berlin 1988 (zitiert: Bearbeiter, in: Ingo von Münch (Hrsg.), Besonderes Verwaltungsrecht).

v. Mutius, Albert: Unbestimmter Rechtsbegriff und Ermessen im Verwaltungsrecht, Jura 1987, 92.

Niehues, Norbert: Das Erfordernis der „Planrechtfertigung" als Instrument des verfassungsrechtlichen Eigentumsschutzes (Art. 14 Abs. 3 Satz 1 GG), WiVerw. 1985, 250.

Nierhaus, Michael: Zur gerichtlichen Kontrolle von Prognoseentscheidungen der Verwaltung, DVBl. 1977, 19.

Noll, Peter: Zusammenhänge zwischen Rechtssetzung und Rechtsanwendung in allgemeiner Sicht, ZSR 1974 II, S. 249.

Nüßgens, Karl / *Boujong,* Karlheinz: Eigentum, Sozialbindung, Enteignung, München 1987 (zitiert: Nüßgens / Boujong, Eigentum).

Obermayer, Klaus: Kommentar zum Verwaltungsverfahrensgesetz, 2. Aufl. (herausgegeben von: Ehlers, Dirk / Link, Christoph) Neuwied u. Frankfurt a.M. 1990 (zitiert: Obermayer, VwVfG).

Oberndorfer, Peter: Strukturprobleme des Raumordnungsrechts, Die Verwaltung 1972, 257.

Ossenbühl, Fritz: Verwaltungsvorschriften und Grundgesetz, Bad Homburg v.d.H. u.a. 1968 (zitiert: Ossenbühl, Verwaltungsvorschriften).

– Welche normativen Anforderungen stellt der Verfassungsgrundsatz des demokratischen Rechtsstaats an die planende staatliche Tätigkeit? (Verhandlungen des 50. deutschen Juristentages, München 1974, Bd. 1 (Gutachten), Teil B), (zitiert: Ossenbühl, Gutachten).

– Vom unbestimmten Gesetzesbegriff zur letztverbindlichen Verwaltungsentscheidung, DVBl. 1974, 309.

– Die Kontrolle von Tatsachenfeststellungen und Prognoseentscheidungen durch das Bundesverfassungsgericht, in: Bundesverfassungsgericht und Grundgesetz, Festgabe aus Anlaß des 25jährigen Bestehens des Bundesverfassungsgerichts, Bd. I, Tübingen 1976, S. 458.

– Die gerichtliche Überprüfung der Beurteilung technischer und wirtschaftlicher Fragen in Genehmigungen des Baus von Kraftwerken, DVBl. 1978, 1.

– Aktuelle Probleme der Gewaltenteilung, DÖV 1980, 545.

– Der Vorbehalt des Gesetzes und seine Grenzen (Referat), in: Götz, Volkmar / Klein, Hans Hugo / Starck, Christian (Hrsg.), Die öffentliche Verwaltung zwischen Gesetzgebung und richterlicher Kontrolle, Göttinger Symposion, München 1985, S. 9 (zitiert: Ossenbühl, in: Götz / Klein / Starck (Hrsg.), Die öffentliche Verwaltung).

– Diskussionsbeitrag, in: Götz, Volkmar / Klein, Hans Hugo / Starck, Christian (Hrsg.), Die öffentliche Verwaltung zwischen Gesetzgebung und richterlicher Kontrolle, Göttinger Symposion, München 1985, S. 198ff. (zitiert: Ossenbühl, in: Götz / Klein / Starck (Hrsg.), Die öffentliche Verwaltung).

– Die richterliche Kontrolle von Prognoseentscheidungen der Verwaltung, in: System des verwaltungsgerichtlichen Rechtsschutzes, Festschrift für Christian-Friedrich Menger, Köln u.a. 1985, S. 731.

Paefgen, Christian: Gerichtliche Kontrolle administrativer Prognoseentscheidungen, BayVBl. 1986, 513, 551.

Papier, Hans-Jürgen: Die rechtlichen Grenzen der Bauleitplanung, DVBl. 1975, 461.

– Rechtliche Bindung und gerichtliche Kontrolle planender Verwaltung im Bereich des Bodenrechts, NJW 1977, 1714.

– Zur verwaltungsgerichtlichen Kontrolldichte, DÖV 1986, 621.

– Urteilsanmerkung, JZ 1987, 619.

Peine, Franz-Joseph: Raumplanungsrecht, Tübingen 1987.

– Rechtsprobleme des Verkehrslärmschutzes, DÖV 1988, 937.

Penski, Ulrich: Rechtsgrundsätze und Rechtsregeln – Ihre Unterscheidung und das Problem der Positivität des Rechts, JZ 1989, 105.

Peters, Heinz-Joachim: Rechtliche Maßstäbe des Bewertens in der gesetzlichen UVP und die Berücksichtigung in der Entscheidung, NuR 1990, 103.

Pfaff, Richard: Planungsrechtsprechung und ihre Funktionen, Königstein/Ts. 1980 (zitiert: Pfaff, Planungsrechtsprechung).

Pfeifer, Marten: Regeln und Prinzipien im Bauplanungsrecht. Überlegungen zu einem inneren System der Abwägungslehre am Beispiel des Grundsatzes der Konfliktbewältigung, DVBl. 1989, 337.

Philippi, Klaus Jürgen: Tatsachenfeststellungen des Bundesverfassungsgerichts. Ein Beitrag zur rational-empirischen Fundierung verfassungsgerichtlicher Entscheidungen, Köln u.a. 1971 (zitiert: Philippi, Tatsachenfeststellungen).

Pietzcker, Jost: Das Verwaltungsverfahren zwischen Verwaltungseffizienz und Rechtsschutzauftrag, VVDStRL 41 (1983), S. 193.

Pitschas, Rainer: Verwaltungsverantwortung und Verwaltungsverfahren. Strukturprobleme, Funktionsbedingungen und Entwicklungsperspektiven eines konsensualen Verwaltungsrechts, München 1990 (Münchener Universitätsschriften Bd. 76), (zitiert: Pitschas, Verwaltungsverantwortung).

Püttner, Günter: Handlungsspielräume der Verwaltung und Kontrolldichte gerichtlichen Rechtsschutzes (Referat), in: Götz, Volkmar / Klein, Hans Hugo / Starck, Christian (Hrsg.), Die öffentliche Verwaltung zwischen Gesetzgebung und richterlicher Kontrolle, Göttinger Symposion, München 1985, S. 131 (zitiert: Püttner, in: Götz / Klein / Starck (Hrsg.), Die öffentliche Verwaltung).

Redeker, Konrad: Fragen der Kontrolldichte verwaltungsgerichtlicher Rechtsprechung, DÖV 1971, 757.

Rhinow, René A.: Verwaltungsgerichtsbarkeit im Wandel, in: Staatsorganisation und Staatsfunktionen im Wandel, Festschrift für Kurt Eichenberger zum 60. Geburtstag, Basel 1982, S. 657.

Ronellenfitsch, Michael: Die Durchsetzung staatlicher Entscheidungen als Verfassungsproblem, in: Umwelt, Verfassung, Verwaltung, Köln 1982 (Veröffentlichungen der Universität zu Köln Bd. 50), S. 13.

– Einführung in das Planungsrecht, Darmstadt 1986 (zitiert: Ronellenfitsch, Einführung).

– Eingriffe in Natur und Landschaft bei der wasserwirtschaftlichen Planfeststellung, VerwArch. 1986, 177.

– Die Planfeststellung, VerwArch. 1989, 92.

– Standortwahl bei Abfallentsorgungsanlagen: Planfeststellungsverfahren und Umweltverträglichkeitsprüfung, DÖV 1989, 737.

Rubel, Rüdiger: Planungsermessen. Norm- und Begründungsstruktur, Frankfurt a.M. 1982.

Rupp, Hans Heinrich: Grundfragen der heutigen Verwaltungsrechtslehre. Verwaltungsnorm und Verwaltungsrechtsverhältnis, Tübingen 1965 (Tübinger rechtswissenschaftliche Abhandlungen Bd. 15), (zitiert: H. H. Rupp, Grundfragen).

– „Ermessen“, „unbestimmter Rechtsbegriff“ und kein Ende, in: Festschrift für Wolfgang Zeidler, Bd. 1 Berlin 1987, S. 455.

Schäfer, Roland: Konzentrationswirkung der Genehmigung im Abfallbeseitigungsrecht?, NVwZ 1985, 383.

Schenke, Wolf-Rüdiger: Die Bedeutung der verfassungsrechtlichen Rechtsschutzgarantie des Art. 19 Abs. 4 GG, JZ 1988, 317.

Scheuner, Ulrich: Das Gesetz als Auftrag der Verwaltung, DÖV 1969, 585.

Schlarmann, Hans: Rechtskontrolle von Planungen in der Bundesrepublik Deutschland, in: Azizi, Josef / Griller, Stefan (Hrsg.), Rechtsstaat und Planung, Wien u.a. 1982, S. 1.

Schlichter, Otto / *Stich,* Rudolf (Hrsg.): Berliner Kommentar zum Baugesetzbuch, Köln u.a. 1988 (zitiert: Bearbeiter, in: Berliner Kommentar zum BauGB).

Schlink, Bernhard: Abwägung im Verfassungsrecht, Berlin 1976 (Schriften zum Öffentlichen Recht Bd. 299), (zitiert: Schlink, Abwägung).

Schmidbauer, Wilhelm: Enteignung zugunsten Privater, Berlin 1989 (Schriften zum Öffentlichen Recht Bd. 574), (zitiert: Schmidbauer, Enteignung).

Schmidt, Jörg: Die Rechtsprechung zum Naturschutzrecht 1983-1987, NVwZ 1988, 982.

Schmidt-Aßmann, Eberhard: Grundfragen des Städtebaurechts, Göttingen 1972 (zitiert: Schmidt-Aßmann, Grundfragen).

– Verwaltungsverantwortung und Verwaltungsgerichtsbarkeit, VVDStRL 34 (1976), S. 221.

– Anwendungsprobleme des Art. 2 Abs. 2 GG im Immissionsschutzrecht, AöR 106 (1981), 205.

– Das allgemeine Verwaltungsrecht als Ordnungsidee und System. Insbesondere zur Bedeutung von Rechtsform und Verfahren im Verwaltungsrecht, Heidelberg 1982 (zitiert: Schmidt-Aßmann, Ordnungsidee).

– Art. 19 IV GG als Teil des Rechtsstaatsprinzips, NVwZ 1983, 1.

– Funktionen der Verwaltungsgerichtsbarkeit, in: System des verwaltungsgerichtlichen Rechtsschutzes, Festschrift für Christian-Friedrich Menger, Köln u.a. 1985, S. 107.

– Formen der Enteignung (Art. 14 III GG), JuS 1986, 833.

– Bemerkungen zum Boxberg-Urteil des BVerfG, NJW 1987, 1587.

– Struktur und Gestaltungselemente eines Umweltplanungsrechts, DÖV 1990, 169.

Schmidt-Eichstaedt, Gerd: Der Konkretisierungsauftrag der Verwaltung beim Vollzug öffentlich-rechtlicher Normen, DVBl. 1985, 645.

Schmidt-Salzer, Joachim: Der Beurteilungsspielraum der Verwaltungsbehörden, Berlin 1968 (Schriften zum Öffentlichen Recht Bd. 74), (zitiert: Schmidt-Salzer, Beurteilungsspielraum).

Schnapp, Friedrich E.: Der Verwaltungsvorbehalt, VVDStRL 43 (1985), S. 172.

Scholz, Rupert: Verwaltungsverantwortung und Verwaltungsgerichtsbarkeit, VVDStRL 34 (1976), S. 145.

Schröder, Meinhard: Die richterliche Kontrolle des Planungsermessens – Überlegungen zum Urteil des BVerwG vom 5. 7. 1974 – 4 C 50.72 (Flachglasfall), DÖV 1975, 308.

Schulze-Fielitz, Helmuth: Sozialplanung im Städtebaurecht, Königstein/Ts. 1979 (zitiert: Schulze-Fielitz, Sozialplanung).

Schuppert, Gunnar Folke: Self-restraints der Rechtsprechung – Überlegungen zur Kontrolldichte in der Verfassungs- und Verwaltungsgerichtsbarkeit, DVBl. 1988, 1191.

Schwabe, Jürgen: Probleme der Grundrechtsdogmatik, Darmstadt 1977 (zitiert: Schwabe, Grundrechtsdogmatik).

Schwarze, Jürgen: Der funktionale Zusammenhang von Verwaltungsverfahrensrecht und verwaltungsgerichtlichem Rechtsschutz, Berlin 1974 (zitiert: Schwarze, Der funktionale Zusammenhang).

Schwerdtfeger, Gunther: Rechtsfolgen von Abwägungsdefiziten in der Bauleitplanung – BVerwGE 64, 33, JuS 1983, 270.

Sellner, Dieter: Kontrolle immissionsschutzrechtlicher und atomrechtlicher Entscheidungen im Verwaltungsgerichtsprozeß, BauR 1980, 391.

Sendler, Horst: Wer gefährdet wen: Eigentum und Bestandsschutz den Umweltschutz – oder umgekehrt?, UPR 1983, 33.

– Zum Schlagwort von der Konfliktbewältigung im Planungsrecht, WiVerw. 1985, 211.

– Skeptisches zum unbestimmten Rechtsbegriff, in: Verwaltung im Rechtsstaat, Festschrift für Carl Hermann Ule zum 80. Geburtstag am 26. Februar 1987, Köln u. a. 1987, S. 337.

Sieder, Frank / *Zeitler,* Herbert: Bayerisches Straßen- und Wegegesetz, Kommentar, 2. Aufl. München 1972 (zitiert: Sieder / Zeitler, BayStrWG, Komm., 2. Aufl.).

Sieder, Frank / *Zeitler,* Herbert / *Kreuzer,* Konrad / *Zech,* Jochen: Bayerisches Straßen- und Wegegesetz, Kommentar, 3. Aufl., München, Stand: Mai 1990.

Soell, Hermann: Das Ermessen der Eingriffsverwaltung. Zugleich eine Studie zur richterlichen Ermessenskontrolle im Kartellrecht und zur Bedeutung des détournement de pouvoir im französischen Verwaltungs- und europäischen Gemeinschaftsrecht, Heidelberg 1973 (zitiert: Soell, Ermessen).

Soell, Hermann / *Dirnberger,* Franz: Wieviel Umweltverträglichkeit garantiert die UVP? Bestandsaufnahme und Bewertung des Gesetzes zur Umsetzung der EG-Richtlinie über die Umweltverträglichkeitsprüfung, NVwZ 1990, 705.

Starck, Christian: Der Gesetzesbegriff des Grundgesetzes. Ein Beitrag zum juristischen Gesetzesbegriff, Baden-Baden 1970 (zitiert: Starck, Gesetzesbegriff).

– Diskussionsbeitrag, in: Götz, Volkmar / Klein, Hans Hugo / Starck, Christian (Hrsg.), Die öffentliche Verwaltung zwischen Gesetzgebung und richterlicher Kontrolle, Göttinger Symposion, München 1985, S. 190 (zitiert: Starck, in: Götz / Klein / Starck (Hrsg.), Die öffentliche Verwaltung).

– Verwaltungsermessen im modernen Staat – Rechtsvergleichender Generalbericht, in: Bullinger, Martin (Hrsg.), Verwaltungsermessen im modernen Staat. Landesberichte und Generalbericht der Tagung für Rechtsvergleichung 1985 in Göttingen, Baden-Baden 1986, S. 15 (zitiert: Starck, in Bullinger (Hrsg.), Verwaltungsermessen).

Staupe, Jürgen: Parlamentsvorbehalt und Delegationsbefugnis. Zur „Wesentlichkeitstheorie" und zur Reichweite legislativer Regelungskompetenz, insbesondere im Schulrecht, Berlin 1986 (Schriften zum Öffentlichen Recht Bd. 506), (zitiert: Staupe, Parlamentsvorbehalt).

Steinberg, Rudolf: Evaluation als neue Form der Kontrolle final programmierten Verwaltungshandelns, Der Staat 15 (1976), 185.

– Planrechtfertigung und Planungsleitsätze in der straßenrechtlichen Planfeststellung, NVwZ 1986, 812.

– Das Nachbarrecht der öffentlichen Anlagen. Nachbarschutz gegen Planfeststellungen und sonstige Anlagen der öffentlichen Hand, Stuttgart u. a. 1988 (zitiert: Steinberg, Nachbarrecht).

– Bemerkungen zum Entwurf eines Bundesgesetzes über die Umweltverträglichkeitsprüfung, DVBl. 1988, 995.

– Die Bewertung der Umweltauswirkungen eines Vorhabens nach dem Gesetz über die Umweltverträglichkeitsprüfung (UVPG), DVBl. 1990, 1369.

Stelkens, Paul / *Bonk,* Heinz Joachim / *Leonhardt,* Klaus: Verwaltungsverfahrensgesetz, Kommentar, 3. Aufl. (bearbeitet von: Stelkens, Paul / Bonk, Heinz Joachim / Sachs, Michael) München 1990 (zitiert: Bearbeiter, in: Stelkens / Bonk / Leonhardt, VwVfG).

Stelkens, Paul / *Pagenkopf,* Martin: Rechtliche Bindung und gerichtliche Kontrolle planender Verwaltung im Bereich des Bodenrechts, DVBl. 1977, 668.

Stellungnahme des Rates von Sachverständigen für Umweltfragen zur Umsetzung der EG-Richtlinie über die Umweltverträglichkeitsprüfung in das nationale Recht, DVBl. 1988, 21.

Stüer, Bernhard: Bericht. Bedarfsplanung – Planfeststellung – Immissionsschutz – Forschungsseminar des Forschungsinstituts für öffentliche Verwaltung Speyer und des Arbeitsausschusses „Straßenrecht" der Forschungsgesellschaft für Straßen- und Verkehrswesen, DÖV 1988, 507.

Tettinger, Peter J.: Rechtsanwendung und gerichtliche Kontrolle im Wirtschaftsverwaltungsrecht, München 1980 (Studien zum öffentlichen Recht und zur Verwaltungslehre Bd. 24), (zitiert: Tettinger, Rechtsanwendung).

– Überlegungen zu einem administrativen "Prognosespielraum", DVBl. 1982, 421.

Uechtritz, Michael: Wasserrechtliches Planfeststellungsverfahren und Bauplanungsrecht, NVwZ 1988, 316.

Ule, Carl Hermann: Zur Anwendung unbestimmter Rechtsbegriffe im Verwaltungsrecht, in: Gedächtnisschrift für Walter Jellinek, München 1955, S. 309.

– Verwaltungsprozeßrecht, 9. Aufl. München 1987.

Ule, Carl Hermann / *Laubinger,* Hans-Werner: Verwaltungsverfahrensrecht, 3. Aufl. Köln 1986.

Viehweg, Theodor: Topik und Jurisprudenz. Ein Beitrag zur rechtswissenschaftlichen Grundlagenforschung, 5. Aufl. München 1974 (zitiert: Viehweg, Topik).

Wahl, Rainer: Rechtsfragen der Landesplanung und Landesentwicklung, Bd. 1, Berlin 1978 (Schriften zum Öffentlichen Recht Bd. 341/I), (zitiert: Wahl, Rechtsfragen).

– Genehmigung und Planungsentscheidung – Überlegungen zu zwei Grundmodellen des Verwaltungsrechts und zu ihrer Kombination, DVBl. 1982, 51.

– Verwaltungsverfahren zwischen Verwaltungseffizienz und Rechtsschutzauftrag, VVDStRL 41 (1983), S. 151.

– Entwicklung des Fachplanungsrechts, NVwZ 1990, 426.

Weber, Albrecht / *Hellmann,* Ulrich: Das Gesetz über die Umweltverträglichkeitsprüfung (UVP-Gesetz), NJW 1990, 1625.

Weber, Werner: Eigentum und Enteignung, in: Neumann, Franz L. / Nipperdey, Hans Carl / Scheuner, Ulrich (Hrsg.), Die Grundrechte, Bd. 2, Berlin 1954, S. 331.

Weyreuther, Felix: Rechtliche Bindung und gerichtliche Kontrolle planender Verwaltung im Bereich des Bodenrechts, BauR 1977, 293.

– Die Bedeutung des Eigentums als abwägungserheblicher Belang bei der Planfeststellung nach dem Bundesfernstraßengesetz, DÖV 1977, 419.

– Über die Erforderlichkeit von Bebauungsplänen, DVBl. 1981, 369.

– Verwaltungsverantwortung und gerichtliche Kontrolle, UPR 1986, 121.

Winter, Gerd: Bedürfnisprüfung im Fachplanungsrecht, NuR 1985, 41.

Wolff, Hans J. / *Bachof,* Otto: Verwaltungsrecht I, 9. Aufl. München 1974.

FSC
www.fsc.org
MIX
Papier | Fördert gute Waldnutzung
FSC® C083411

Kolibri 360 GmbH
Ferdinand-Jühlke-Straße 7
99095 Erfurt, Deutschland
produktsicherheit@kolibri360.de

Druck:
CPI Druckdienstleistungen GmbH
im Auftrag der
Kolibri 360 GmbH
Ferdinand-Jühlke-Str. 7
99095 Erfurt